高等学校经济与工商管理系列教材

电子商务创业教程

主编 魏 莺

清华大学出版社
北京交通大学出版社
·北京·

内 容 简 介

本书介绍了电子商务创业的基本流程：团队构建、数据收集与分析、项目评估与风险分析、创业融资与资产管理、项目规划、市场营销、信息系统、企业资源管理等，具有较强的技能性和实用性。本书不仅在章节内插入电子商务创业的小案例，还在最后一章完整地阐述了电子商务创业过程，具有较强的可读性。

本书可作为高等院校本、专科电子商务创业教育的通用教材，也可作为拓宽视野、增长知识的自学用书。

本书封面贴有清华大学出版社防伪标签，无标签者不得销售。
版权所有，侵权必究。侵权举报电话：010-62782989　13501256678　13801310933

图书在版编目（CIP）数据

电子商务创业教程 / 魏莺主编. —北京：北京交通大学出版社：清华大学出版社，2019.1
（2020.7 重印）
（高等学校经济与工商管理系列教材）
ISBN 978-7-5121-3786-8

Ⅰ. ① 电… Ⅱ. ① 魏… Ⅲ. ① 电子商务-创业-高等学校-教材 Ⅳ. ① F713.36

中国版本图书馆 CIP 数据核字（2018）第 257944 号

电子商务创业教程
DIANZI SHANGWU CHUANGYE JIAOCHENG

责任编辑：黎　丹
出版发行：清 华 大 学 出 版 社　邮编：100084　电话：010-62776969　http://www.tup.com.cn
　　　　　北京交通大学出版社　　邮编：100044　电话：010-51686414　http://www.bjtup.com.cn
印 刷 者：艺堂印刷（天津）有限公司
经　　销：全国新华书店
开　　本：185 mm×260 mm　印张：15.5　字数：387 千字
版　　次：2019 年 1 月第 1 版　2020 年 7 月第 2 次印刷
书　　号：ISBN 978-7-5121-3786-8/F・1846
印　　数：2 001～4 000 册　定价：48.00 元

本书如有质量问题，请向北京交通大学出版社质监组反映。对您的意见和批评，我们表示欢迎和感谢。
投诉电话：010-51686043，51686008；传真：010-62225406；E-mail：press@bjtu.edu.cn。

前　言

党的十七大报告明确提出，要"实施扩大就业的发展战略，促进以创业带动就业"。把鼓励创业、支持创业摆到比就业工作更加突出的位置。为了推动高等学校创业教育科学化、制度化、规范化建设，切实加强普通高等学校创业教育工作，教育部制定了《普通本科学校创业教育教学基本要求（试行）》。近几年，电子商务在我国快速发展，电子商务创业成为大众瞩目的领域。

本书是在电子商务迅猛发展和国家大力支持创新创业的背景下，结合大学生群体的实际特点编写而成。本书在编写过程中主要体现如下特点。

1. 实用性强。本书介绍了电子商务创业的基本流程：团队构建、数据收集与分析、项目评估、融资与财务管理、项目规划、市场营销、信息系统，具有较强的技能性和实用性。

2. 案例丰富。本书不仅在章节内插入电子商务创业的小案例，还在最后一章完整地阐述了电子商务创业过程，具有较强的可读性。

本书适合高等院校各专业作为开展创新创业教育的通用教材，也可作为拓宽视野、增长知识的自学用书。

本书共有10章，第1章是电子商务创业概述，介绍了电子商务创业的概念、意识、途径及政策；第2～8章分别介绍了电子商务创业过程中的团队构建、数据收集与分析、项目评估与风险分析、创业融资与资产管理、项目规划、市场营销、信息系统等；第9章介绍了企业资源管理，第10章以案例的形式展示了大学生电子商务创业的全过程。

本书是江西省高等学校教育改革研究课题"电子商务创新创业人才培养模式改革研究"（批准号：JXJG-16-1-58）研究成果及"江西省高校中青年教师国外访问学者项目""南昌大学中青年教师出国研修计划"资助项目成果。

本书由南昌大学管理学院魏莺老师担任主编。在本书的编写过程中，得到了相关领导和老师的大力支持。中国互联网协会刘芳主任、南昌大学管理学院龚花萍院长、刘春年主任为本书的付梓做了大量的工作。同时感谢北京交通大学出版社和清华大学出版社，感谢责任编辑黎丹老师为本书出版所付出的心血。

由于编者水平有限，疏漏和错误在所难免，敬请读者批评指正。

为了方便教学，我们制作了与教材配套的电子课件，欢迎与出版社联系（cbsld@jg.bjtu.edu.cn）或与作者直接联系，电子邮箱 qzjwy@163.com。

编　者
2018 年 11 月

目　　录

第1章　电子商务创业概述 ·· 1
　1.1　电子商务创业的含义 ··· 1
　　　1.1.1　电子商务的概念 ·· 1
　　　1.1.2　创业的定义 ·· 2
　　　1.1.3　电子商务创业 ··· 2
　1.2　电子商务创业条件 ·· 5
　　　1.2.1　创业者的创业意识 ··· 5
　　　1.2.2　创业者的创业素质 ··· 7
　　　1.2.3　电子商务创业途径 ··· 9
　1.3　大学生电子商务创业 ··· 10
　　　1.3.1　大学生创业知识途径 ·· 10
　　　1.3.2　大学生创业优劣势分析 ·· 11
　　　1.3.3　大学生创业的问题 ··· 11
　　　1.3.4　大学生创业领域 ·· 13
　1.4　电子商务创业政策 ·· 15
　　　1.4.1　电子商务创业政策梳理 ·· 16
　　　1.4.2　大学生创业新政策 ··· 18
　　　1.4.3　各地鼓励大学生创业新举措 ·· 19

第2章　团队构建 ··· 22
　2.1　团队构建的必要性 ·· 22
　2.2　创业团队人才类型 ·· 25
　　　2.2.1　优秀团队人才优势调查 ·· 25
　　　2.2.2　创业团队人才类型 ··· 27
　2.3　创业团队管理 ··· 32
　　　2.3.1　创业团队管理过程中的误区 ·· 32
　　　2.3.2　解决团队管理误区的措施 ··· 33
　2.4　大学生创业团队的思考与建议 ·· 34

第3章 数据收集与分析 ... 36
3.1 数据的意义 ... 36
3.2 数据收集 ... 36
3.2.1 抽样调查概述 ... 36
3.2.2 抽样调查的分类 ... 37
3.2.3 抽样调查的步骤 ... 40
3.2.4 抽样调查的方法 ... 41
3.3 数据分析 ... 45
3.3.1 数据分析概述 ... 45
3.3.2 数据分析的一般过程 ... 46
3.3.3 数据分析遵循的一般原则 ... 46
3.3.4 四种简要的数据分析方法 ... 47

第4章 项目评估与风险分析 ... 50
4.1 项目评估 ... 50
4.1.1 项目评估与创业的关系 ... 51
4.1.2 创业项目评估的内容 ... 52
4.1.3 创业项目评价关系与程序 ... 54
4.1.4 创业项目评估体系与方法 ... 55
4.2 创业风险分析 ... 57
4.2.1 创业风险的定义 ... 58
4.2.2 创业风险的来源与分类 ... 60
4.2.3 如何降低创业风险 ... 62

第5章 创业融资与资产管理 ... 65
5.1 创业融资 ... 65
5.1.1 创业融资概述 ... 65
5.1.2 创业融资的程序 ... 67
5.1.3 创业融资的策略 ... 68
5.1.4 创业融资的实践 ... 69
5.2 财务管理 ... 72
5.2.1 财务基本知识 ... 72
5.2.2 创业与财务的关系 ... 73
5.2.3 财务分析 ... 75

第6章 项目规划 ... 77
6.1 项目简述 ... 77
6.1.1 项目的定义 ... 77
6.1.2 项目的特征 ... 77
6.1.3 项目的阶段和项目的生命周期 ... 78
6.2 项目的目的与目标 ... 82
6.3 项目环境分析 ... 83

		6.3.1 项目环境分析概述	83

      6.3.1 项目环境分析概述 ································ 83
      6.3.2 项目环境分析的原理 ···························· 84
      6.3.3 项目风险分析 ······································ 85
  6.4 项目成本管理 ··· 87
  6.5 项目执行 ··· 88
      6.5.1 项目分解 ·· 88
      6.5.2 时间管理 ·· 89
      6.5.3 责任与分工 ·· 92
      6.5.4 项目执行 ·· 92
  6.6 项目盈利模式分析 ··· 94
  6.7 项目验收 ··· 94

第 7 章 市场营销

  7.1 市场营销环境 ··· 97
      7.1.1 宏观环境分析 ······································ 97
      7.1.2 微观市场营销环境 ······························· 98
      7.1.3 市场营销环境的特点 ·························· 100
      7.1.4 市场营销环境对企业营销的影响 ······· 100
  7.2 消费者市场和购买行为分析 ··························· 101
      7.2.1 消费者市场与消费者行为模式 ··········· 101
      7.2.2 消费者购买决策过程 ·························· 106
  7.3 营销战略 ··· 107
  7.4 营销计划、营销组织和营销控制 ··················· 108
      7.4.1 营销计划 ·· 108
      7.4.2 营销组织 ·· 111
      7.4.3 营销控制 ·· 113
  7.5 营销案例:上方堂营销推广路径 ··················· 113

第 8 章 信息系统

  8.1 信息系统的概述 ··· 127
  8.2 电子商务环境下的信息系统:淘宝店铺实例展示 ··· 128
      8.2.1 淘宝店铺开店流程 ······························· 128
      8.2.2 淘宝店铺经营展示 ······························· 138
  8.3 电子商务环境下的信息系统:微店实例展示 ··· 142
      8.3.1 个人开店流程 ······································ 142
      8.3.2 企业开店流程 ······································ 143

第 9 章 企业资源管理

  9.1 ERP 的概述 ··· 145
      9.1.1 ERP 的定义 ··· 145
      9.1.2 ERP 的发展阶段 ·································· 145
      9.1.3 ERP 的管理思想 ·································· 147

9.2 电子商务环境下的 ERP ... 147
9.3 ERP 的实施与评价 ... 150
 9.3.1 ERP 的项目实施 ... 151
 9.3.2 ERP 的绩效评价 ... 153

第 10 章 大学生创业案例精选：盛宇家纺商城 ... 155
10.1 创业背景 ... 155
 10.1.1 中国家纺市场背景 ... 155
 10.1.2 家纺行业电子商务现状 ... 159
 10.1.3 自建商城的优势与劣势 ... 162
10.2 盛宇公司现状 ... 163
 10.2.1 公司简介 ... 163
 10.2.2 战略布局 ... 164
 10.2.3 态势分析 ... 164
10.3 市场分析 ... 169
 10.3.1 竞争者分析 ... 169
 10.3.2 直营店与加盟店分析 ... 172
 10.3.3 消费者分析 ... 174
10.4 网站优化 ... 180
 10.4.1 盛宇家纺官网的可用性测试 ... 180
 10.4.2 盛宇家纺官网优化 ... 183
10.5 运营模式 ... 186
 10.5.1 适合传统零售企业的 O2O 模式 ... 186
 10.5.2 关于 O2O 模式的市场调查 ... 187
 10.5.3 盛宇家纺自建商城模式的提出 ... 189
10.6 产品定位 ... 192
 10.6.1 互动型产品 ... 192
 10.6.2 个性化定制 ... 194
 10.6.3 功能性礼品家纺 ... 198
10.7 营销推广 ... 199
 10.7.1 总体营销战略 ... 199
 10.7.2 平台推广实践 ... 200
 10.7.3 导购网站 ... 215
 10.7.4 整合营销方案 ... 230

参考文献 ... 237

第1章

电子商务创业概述

> 互联网已经从"网民""网友"时代进入"网商"时代。
>
> ——马云

1.1 电子商务创业的含义

1.1.1 电子商务的概念

电子商务是指在全球广泛的商业贸易活动中,运用互联网(internet)、企业内部网(intranet)和增值网(value added network,VAN)的网络环境,以浏览器/服务器应用及信息网络技术为手段,以商品交换、交易及相关服务为对象,进行的电子交易贸易活动。通过电子交易的贸易活动,消费者可以网上购物、线上支付,商户之间可以线上交易、线上支付,各种商务交易及相关的综合服务都可以实现电子化。电子商务也可以说是电子化、网络化、信息化基础之上的一种新型的商业运营模式。

电子商务是以信息网络技术为手段、以商品交易为中心的商务活动。也可以理解为在互联网、企业内部网和增值网上以电子交易方式进行交易活动和相关服务的活动,是传统商业活动各环节的电子化、网络化、信息化。

狭义上讲,电子商务(electronic commerce,EC)是指通过使用互联网等电子工具(这些工具包括电报、电话、广播、电视、传真、计算机、计算机网络、移动通信等)在全球范围内进行的商务贸易活动。

广义上讲,电子商务一词源自于"electronic business",就是通过电子手段进行的商业事务活动。通过使用互联网等电子工具,使公司内部、供应商、客户和合作伙伴之间,通过电子业务共享信息,实现企业间业务流程的电子化,配合企业内部的电子化生产管理系统,提高企业的生产、库存、流通和资金等各个环节的效率。

联合国国际贸易程序简化工作组对电子商务的定义是:采用电子形式开展商务活动,它包括在供应商、客户、政府及其他参与方之间通过任何电子工具,如EDI、Web技术、电子邮件等共享非结构化商务信息,并管理和完成在商务活动、管理活动和消费活动中的各种交易。

1.1.2 创业的定义

创业,简而言之,是实现价值,开创事业,是创业者对自己拥有的资源或通过努力能够拥有的资源进行优化整合,从而创造出更大经济或社会价值的过程。创业是一种劳动方式,是一种需要创业者运营、组织,运用服务技术、器物思考、推理和判断的行为。

20 世纪 80 年代起,创业研究开始作为一个学术研究领域出现,无数学者纷纷加入创业研究的行列,创业研究得以迅速发展。1987 年,美国管理学会将创业作为一个单独的分领域正式纳入管理学科。其后十年里,许多学校开设了创业学课程。到 90 年代末,创业研究和其他学术领域之间已经建立了很密切的联系,许多不同领域的学者从各自的角度来研究创业问题,并为创业研究领域带来了各自的理论与实证研究方法。但是对于创业的概念,学术界至今没有形成一个统一的意见。

杰夫里·提蒙斯(Jeffry Timmons)所著的创业教育领域的经典教科书《创业创造》(*New Venture Creation*)的定义提出:创业是一种思考、推理结合运气的行为方式,它为运气带来的机会所驱动,需要在方法上全盘考虑并拥有和谐的领导能力。亦有学者提出创业是一个人发现了一个商机并加以实际行动转化为具体的社会形态,获得利益,实现价值。本书认为,创业是指创立基业或创办事业,也就是自主地开拓和创造业绩与成就,是愿意吃苦、有创新精神的人,通过整合资源,捕抓商机,并把商机转化为盈利模式的过程。创业作为一个商业领域,致力于理解创造新事物(新产品、新市场、新生产过程或原材料,组织现有技术的新方法)的机会。

1.1.3 电子商务创业

"互联网+"像一场社会革命一样,席卷全球,让人类从思维到习惯,都在发生着翻天覆地的变化。于此之上的电子商务,也正以惊人的速度,蔓延、渗透至各行各业,并日新月异地飞跃发展,几乎每个人的生活都离不开电子商务。随着网民人数的不断增加,市场份额的不断扩大,新兴模式的不断涌现,数万亿的市场规模吸引了数百万的创业者和投资者。

1. 电子商务创业的优势

(1) 较低的成本投入

对创业者来说,如果不是开展很大的项目,不需要大量的启动资金,一根网线、一台计算机、一个人,就构成了创业的基础。免房租、低税费、发达的网络通信可以节省大量推广和营销费用,运营成本低廉。跟实业比起来,电子商务创业不需要投入庞大的资金、不必承担所谓的投资风险,资本原始积累也完成得相当快捷,其所带来的低风险、短周期是任何一种传统实业模式所不可比拟的。

(2) 较少的条件限制

网络拥有一个公正、公平、合理、开放的创业环境,只要符合国家有关互联网的法律法规,便能享有互联网带来的无限商机。既没有传统就业市场存在的诸多难以跨越的门槛,也没有创业环境的障碍。

(3) 灵活的团队构建

很多创业者初期都是白手起家,一人包揽所有职务,不需要为员工费用及员工的管理、工资及福利等考虑。在事业发展过程中,可以按照矩阵式组织结构灵活招募团队,灵活进行团队构建。

(4) 广阔的市场发展

互联网时代的广阔市场空间带来了大量的创业机会，成功与否取决于创业者个人设定的目标及愿意为这个事业付出的努力。创业机会俯首皆是，只要努力就会发掘大量的商机。

(5) 永恒的资产拥有

传统实业要先积累经验、学习知识。而电子商务创业是在创造财富中不断提高自己，充实自己的知识。

2. 电子商务模式

电子商务创业已经成为时下最流行的一种创业方式，无数人对其趋之若鹜。根据对电子商务参与角度和程度的不同，电子商务可分为ABC、B2B、B2C、C2C、B2M、B2G（即B2A）、M2C、O2O、C2B、B2B2C、B2T 11种模式。电子商务创业者可以根据电子商务的具体模式选择相应的创业模式。

(1) ABC 模式

ABC（agents to business to consumer）模式是新型电子商务模式的一种，是由代理商（agents）、商家（business）和消费者（consumer）共同搭建的集生产、经营、消费为一体的电子商务模式。典型代表有淘众福。ABC模式被誉为继阿里巴巴模式、京东商城模式及天猫、淘宝模式之后电子商务界的第四大模式。

(2) B2B 模式

B2B（business to business）模式是商家（泛指企业）对商家的电子商务模式，即企业与企业之间通过互联网进行产品、服务及信息的交换。通俗的说法是指进行电子商务交易的供需双方都是商家（企业或公司），他们使用Internet技术或各种商务网络平台，完成商务交易的过程。这些过程包括：发布供求信息，订货及确认订货，支付过程；票据的签发、传送和接收及确定配送方案并监控配送过程等。有时写作B to B，但为了简便，干脆用其谐音B2B（"2"即"to"）。B2B模式的典型代表是阿里巴巴、百纳网、中国网库、中国制造网、敦煌网、慧聪网、瀛商网、中国114黄页网等。B2B按办事对象可分为外贸B2B及内贸B2B。按行业性质可分为综合B2B和垂直B2B。垂直B2B有中国化工网、鲁文建筑办事网。

(3) B2C 模式

B2C（business to customer）模式是商家对消费者之间的电子商务，是我国最早产生的电子商务模式，以8848网上商城正式运营为标志。淘宝商城就是这种模式，只是淘宝商城本身是不卖东西的，而是提供了完备的销售配套。它有庞大的购物群体，有不变的网站平台，有完备的支付体系，这些促进了卖家进驻卖东西、买家进去买东西。目前是淘宝一家占市场份额较大，相似的有京东、拍拍、易趣等网上商城，但与淘宝商城相比还有一定差距。

(4) C2C 模式

C2C（consumer to consumer）模式是用户对用户的电子商务模式。C2C同B2B、B2C一样，都是电子商务的几种模式之一。C2C模式就是通过为买卖双方提供一个在线交易平台，使卖方可以主动提供商品上网拍卖，而买方可以自行选择商品进行竞价。C2C模式的典型代表是淘宝网、拍拍网等。但是日益壮大的C2C需要成立更有效的监督机制，防止商务平台操纵金融漏洞，给金融界、众多卖家带来金融风险。

（5）B2M 模式

B2M（business to manager）模式是相对于 B2B、B2C、C2C 的电子商务模式而言的，是一种全新的电子商务模式。而这种电子商务模式与 B2B、B2C、C2C 有着本质的不同，其根本的区别在于目标客户群的性质不同，前三者的目标客户群都是以消费者的身份出现，而 B2M 模式是企业通过网络平台发布该企业的产品或者服务，职业经理人通过网络获取该企业的产品或者服务信息，并且为该企业提供产品销售或者提供企业服务，企业通过经理人的服务达到销售产品或者获得服务的目的。

（6）B2G 模式

B2G（business to government）模式是企业与政府管理部门之间的电子商务，如海关报税的平台、国税局和地税局报税的平台等。

（7）M2C 模式

M2C（manager to consumer）模式是针对 B2M 模式而出现的延伸概念，指生产厂家对消费者提供自己生产的产品或服务的一种电子商务模式，特点是减少流通环节，保障产品货量和售后服务。

（8）O2O 模式

O2O（online to offline）模式是新兴的一种电子商务模式，即将线下商务的机会与互联网结合在一起，让互联网成为线下交易的平台。这样线下服务就可以用线上来揽客，消费者可以用线上来筛选服务，成交可以在线结算。该模式最重要的特点是：推广效果可查，每笔交易可跟踪。

（9）C2B 模式

C2B（customer to business）模式是消费者对企业的一种电子商务模式。C2B 模式的核心是通过聚合数量庞大的分散用户形成一个强大的采购集团，以此来改变 B2C 模式中消费者对商家的一对一出价的弱势地位，使之享受到以大批发商的价格买单件商品的利益。

（10）B2B2C 模式

B2B2C（business to business to customers）是一种新的电子商务模式。第一个 B 是指广义的卖方，即成品、半成品、材料等的提供商，第二个 B 是指交易平台，即提供卖方与买方的联系平台，同时提供优质的附加服务，C 指买方。卖方不仅仅是公司，可以包括个人，即一种逻辑上的买卖关系中的卖方。

（11）B2T 模式

B2T（business to team）模式是继 B2B、B2C、C2C 后的又一电子商务模式。B 通常指商家，T 指团队。团购本来是"团体采购"的意思，而今，网络的普及让团购成为很多人参与的消费革命。所谓网络团购，就是互不认识的消费者，借助互联网的"网聚人的力量"来聚集资金，加大与商家的谈判力度，以求得最优的价格。尽管网络团购出现的时间不长，却已成为网民中流行的一种消费方式。据了解，网络团购的主力军是年龄 25 岁到 35 岁的年轻群体，在北京、上海等大城市十分普遍。

【案例1】淘宝网

2003 年 5 月 10 日，淘宝网成立，由阿里巴巴集团投资创办。10 月推出第三方支付工具

"支付宝",以"担保交易模式"使消费者对淘宝网上的交易产生信任。当年成交总额为3 400万元。

2004年,推出"淘宝旺旺",将即时聊天工具和网络购物联系起来。

2005年,淘宝网超越易趣(eBay),并且开始把竞争对手远远地抛在身后。5月,淘宝网超越雅虎(Yahoo),成为亚洲最大的网络购物平台。2005年淘宝网成交额破80亿元,超越沃尔玛(Walmart)。

2006年,淘宝网成为亚洲最大购物网站,就在这一年,淘宝网第一次在中国实现了一个可能——互联网不仅仅是作为一个应用工具存在,它将最终构成生活的基本要素。调查数据显示,每天有近900万人上淘宝网"逛街"。

2007年,淘宝网不再是一家简单的网站,而是亚洲最大的网络零售商圈。这一年,淘宝网全年成交额突破400亿元,成为中国第二大综合卖场。

2008年,淘宝B2C新平台淘宝商城(天猫前身)上线。2008年9月份,淘宝网单月交易额突破百亿大关。

2009年,淘宝网成为中国最大的综合卖场,全年交易额达到2 083亿元。

2010年1月1日,淘宝网发布全新首页,此后聚划算上线,然后又推出一淘网。

2011年6月16日,阿里巴巴集团旗下淘宝公司分拆为三个独立的公司,即沿袭原C2C业务的淘宝网(taobao)、平台型B2C电子商务服务商淘宝商城和一站式购物搜索引擎一淘网(etao)。在新的架构中,分拆后的三家公司采用总裁加董事长的机制运营。

2012年1月11日上午,淘宝商城正式宣布更名为"天猫"。2012年3月29日,天猫发布全新标识。2012年11月11日,天猫借光棍节大赚一笔,宣称13小时卖100亿元,创世界纪录。2012年,11月11日,淘宝加天猫平台,将网购单日纪录刷新为191亿元。

2013年,阿里巴巴集团调整为25个事业部,通过其全资子公司阿里巴巴(中国),以5.86亿美元购入新浪微博公司发行的优先股和普通股,占新浪微博公司稀释摊薄后总股份的约18%,将淘宝电商和社会性网络服务(SNS)的结合进行到底。

2013年11月11日(简称"双11"),天猫及淘宝的总成交额达350.19亿元。

2014年"双11",淘宝及天猫成交额达到571亿元。

2015年"双11",淘宝及天猫成交额创新纪录,达到912亿元。

2016年"双11",淘宝及天猫成交额创新纪录,达到1 327亿元。

1.2 电子商务创业条件

1.2.1 创业者的创业意识

创业意识,是指一个人根据社会和个体发展的需要所引起的创业动机、创业意向、创业愿望。它以提高物质生活和精神生活的需要为出发点,这种需要在很大程度上取决于具体的社会历史条件。创业意识的激发、产生是受历史条件制约的,具有社会历史的制约性。科学家对人类大脑的研究表明,人的大脑潜能几乎是相同的,每个人都具有创业的潜能,这是自然属性。但是,从创业实践中不难看出,人与人创业能力的差异很大,受各种社会环境、家庭环境和个人环境的影响,也受社会机制和历史条件的限制。进入知识经济时代,要求每一个创业者必须具备现代创业意识。创业者应该具备以下 8 种现代创业意识。

1. 创业主体意识

创业是一项艰难的事业。计划经济时期缺乏创业的条件，普通人也无法成为创业的主体。改革开放的深入发展、网络经济的兴起和国家创业政策的推行，给创业主体创造了条件和机会。创业主体意识、主体观念、主体地位成为创业者拼搏的巨大力量，鼓舞他（她）们抓住机遇，迎战风险，承受压力和困难，从而实现自身的价值。因此创业主体意识的树立，是创业者在创业中必须具备的重要的内在要素。创业者应当理解、抓住、培育、提升认识，树立创业主体意识——创业是人生路上的一个转折点，是知识增加、能力提升的极好机会。

2. 迎战风险意识

创业者对可能出现和遇到的风险准备和认识不足，是我国当前创业活动中的一个普遍现象。这种创业风险意识的缺位，突出表现在以下 4 个方面：在心理准备上，对创业可能遇到的困难准备不足；在决策上，不敢决策、盲目决策或随意决策；在管理上，不抓管理、不善管理、不敢管理；在经营上，盲目进入市场，随意接触客户，轻率签订商务合同。这些认识的不足，是创业者无风险意识的典型表现。风险意识是中国企业与国际接轨中应着重增强的一种现代意识，也是创业企业和创业者急需培养和增强的一种重要的创业意识。

3. 知识更新意识

创业者创业后需要面对的第一个，也是最普遍的问题就是知识恐慌。原有的知识和劳动技能，已经不足以支撑他们应对创业中大量的新情况和新问题。创业者应该随时进行知识的更新，才能适应和满足繁重的创业需求。例如，在天津市妇女创业服务中心入驻的企业中，不仅进行常规的科学文化知识和营销管理理念的学习，还进行了电子商务、走信息化创业之路等新知识的学习，以满足创业者对现代创业理念的需要，这种做法在社会上引起了很大的反响。经过现代网络知识的学习和培训，很多创业者发现，网上自有大市场，外面的世界很精彩，外面的商机很丰富，网络给他们打开了眼界和思路。

4. 资源整合意识

整合意识是现代营销学中的崭新理念，是在全球经济一体化的新形势下，跨国集团寻求企业最大利润空间的一种战略能力和进击能力。资源整合的原则不仅是创业设计中的一个重要原则，也是在创业中借势发展、巧用资源、优势互补、实现双赢的重要方法。任何一个创业者都需要解决创业中所涉及的问题，备足创业资源。这里的关键点在于合理引导创业者，放眼看现代企业的发展趋势，把握崭新的创业理念，进行各种最佳创业要素的整合。

5. 创业战略策划意识

市场的竞争从某种意义上说，就是经营韬略的竞争。策划是一种智力引进，是一种思维的科学。它是用辩证的、动态的、发散的思维方式整合行为主体的各种资源和行动，使其达到效益或效果最佳化的一个智力集聚的过程。大到企业发展战略，小到一句广告语，都要经过战略策划的过程。因此，从本质上讲，策划就是对其进行战略设计的过程，也是对每一个创业步骤和行动进行战略思索的过程。可是，相当多的创业者，习惯于"两眼一睁，忙到三更"，却不善于研究企业发展战略，不善于进行市场策划，走弯路的例子屡见不鲜。

很多创业企业能够快速崛起，一个十分重要的原因就是他们十分注重策划。例如，寰昊科技有限公司经过两年的发展迅速崛起起来，计划投资 2 000 万元上马 RO 膜中小生产线。公司总经理感到心中无底，就聘请了由 8 人组成策划班子，历经 30 天，进行了大量的调查研究，帮助其写出了两万多字的项目策划方案。最后，项目顺利实施，少走了很多弯路。

6. 树立充分利用信息资源意识

信息是资源，是财富。但是很多的创业者不懂得信息的价值和信息资源的重要性，不会寻找和利用信息资源，更不懂得去开发信息资源中的价值。

正如一个创业者所讲的：刚创业时不懂得摸信息、找商机，每天只懂得"傻愣愣的站，傻愣愣的喊"，结果，一天下来，腰酸腿疼，还不挣钱。后来，知识产权局的同志来给创业者做报告，还带来了20万条的过期专利，提供给创业者进行筛选。在信息筛选中，这个创业者获知国际上需求超薄型针织服装的信息。她立刻加紧运作，从香港引进细羊绒和蚕丝制成了冬暖夏凉而重量十分轻的超薄型针织面料。紧接着添置了先进设备，培训员工，充实了技术人员，很快就让自己生产的春、夏、秋、冬四季超薄型针织服装上市，尝到了利用信息资源的甜头。从此她懂得了信息的重要，不仅订阅了大量信息刊物，还参加了社会上开办的"下岗女工零起步电子商务培训班"，听专家讲解和介绍网络营销的技能和技巧，学习利用网络技术去搜索信息、捕捉商机。

7. 寻找和抓住创收点的意识

创业者创业就想盈利，但是相当多的人却不知道如何盈利，这一点突出表现在经营中抓不住创收点。创收点是企业的获利点。现代商业中知识的含量、科技的含量越来越高，已经成为了重要的获利点。创业者要认识到：商机是商业模式设计的着眼点，创收是经营运作的落脚点。好的创业模式都必须能够最大限度地创造商业价值才行。因此，每一个创业者在创业模式设计中不仅要找准创收点，而且要紧紧围绕创收点进行商业运作和拼搏。

例如，有一位创业经理在经营服装中不懂定价艺术，看到别人的服装卖得贵，她也涨价，和人家竞争，结果人家的服装靠名气卖，她的服装就卖不动了。后来听了南开大学和创业中心专家关于"走向成功的营销"的报告以后，她明白了构成一种实物的价格中有一种附加价值，这就是技术含量和品牌价值。从此她开始研究提升自己产品的技术含量和品牌价值，并且将新创的服装式样申请了专利。她经营的服装品牌价值很快得到了提升，企业经济效益上了一个新台阶，找到了创收点。此后她又开始进行品牌的扩展和输出，由开始创业时的自加工型演变为外加工型，再次提高了自己的创收点。

8. 确立挑选优化环境意识

创业环境是重要的创业要素，也是创业企业快速崛起的重要支撑。一个十分优越的创业环境，对于创业企业的快速发展和崛起具有十分重要的意义和作用。创业环境包含的内容很多。这里所讲的对环境的挑选，主要是指挑选那些优化了的微观环境。

1.2.2 创业者的创业素质

电子商务的快速发展在方便人们生活的同时，也为许多人提供了创业的契机。与传统的创业方式相比，电子商务的门槛更低，可选择面也更加广泛。但随着新晋创业者的不断涌现和传统企业的陆续加入，竞争越来越激烈，也对网商的能力和素质提出了较高的要求。在此笔者总结出了创业者必须具备的四大素质，以帮助更多的人走向成功。

1. 诚实谦虚、公道正派

中华民族的美德是诚实和谦虚，它能带来他人对创业者的信任，这是巨大的无形资产。公道正派和对事业的无私，能在创业者身上产生巨大的向心力和凝聚力，这也是创业者首先需要具备的基础素质。电子商务是隔空交易，无法面对面沟通，只有做到诚信公正经营，才能提供更好的服务，才能给予客户更好的体验和更高的满意度。

2. 自信坚毅、克制忍耐

自信是成功的基础，只有自己相信自己，才能够成功。没有一家网店一上线就人尽皆知，强大到无人可匹敌，成功都是一步步积累起来的。例如，在今天看来相当成功的凡客诚品也有一个从小到大的过程，凡客诚品是批批吉的后来者，也没有批批吉那样雄厚的资金，只能不断去寻找成本低、效果好的广告合作方式，最后通过 CPS 佣金分成、与大型门户网站进行战略合作等形式，将自己的广告遍布互联网。这里的忍耐是指在不与对手正面竞争的同时，不断蓄积力量，完善经营模式，等待机会实现逆转。创业者只有具备强烈的责任感、使命感，下定决心将电子商务作为自己的创业方向，在经营中不论是一帆风顺还是屡遭挫折，都有完成事业的决心，坚持做下去，这样才能取得更大的成就。

3. 积极乐观、勤奋热情

创业是需要全身心投入的事业，积极的态度才能使创业成功。创业过程中，没有人会给予部署安排，创业者可能会面临许多困难、问题、危机，创业者只有积极乐观地去寻求、勤奋热情的去寻找，才能取得应有的创业效益。创业者是企业的核心，他对事业的热情会感染企业的职员，增加正能量。同时成功的人一定都是最勤奋的人。在创业初期，网商要体勤，当网店做大后，网商就要脑勤，一方面要建立好的制度，促使服务人员用好的态度、精的技巧来推进业务；另一方面，要进行战略策划，规划网店的发展方向，通过加盟、拓展产品等形式实现网店业务量的快速倍增。此外，还要思考如何实现品牌化运营等。

4. 创新创意、发展思变

创业是一个发现和捕捉机会，创造出新颖的产品，提升服务，实现其潜在价值的过程。在这个过程中，创业者要在以下 5 个方面锻炼自己。

① 积极参与社交活动并与他人互动，尝试风险并乐于体验不确定性。
② 追求变化，尝试新奇事物。
③ 喜欢思考，创新想法。
④ 观察人际互动，随时注意别人反应。
⑤ 愿意主动承担领导责任。

赢过别人，努力追求个人最大成就，这样才能发挥自己的潜能，打破各种条条框框，开创新的局面，不断迈向成功的台阶。

【案例 2】京东商城 CEO 刘强东的创业故事

京东是中国最有影响力的综合网上购物商城之一，销售超数万品牌，囊括家电、手机、计算机、母婴、服装等 13 大品类。

刘强东，1996 年毕业于中国人民大学社会学系。尽管大学期间学的是文科专业，但酷爱编程的他将所有课余时间用在了学习编程上，并通过独立开发几个项目挖掘到了人生中的第一桶金，为今后的创业之路奠定了坚实的基础。手里攒了一些钱的刘强东在大四时决定自己开餐厅。在向家里借了一些钱后，刘强东以 24 万元的价格承包了学校附近的一家餐厅。然而令他没有想到的是，由于缺乏管理，餐厅处于一种放任自流的状态，员工乱报账、做假账时有发生,餐厅不到一年就关门了。餐厅倒闭时,刘强东欠了20多万元的债。大学毕业后的两年间他选择了到外企工作,希望在那里能够学到外企先进的管理经验。

1998年,刘强东辞掉了日企的工作。"再次创业前我自己做了许多心理上的准备,吃苦不是问题,关键是要战胜自己的内心,能不能承受再次失败,能不能承受他人的不理解。"刘强东说。

辞职后,刘强东在中关村开了一家代理光磁产品的柜台——京东多媒体(京东商城的前身),开始了站柜台的日子。如同所有的企业刚刚起步一样,要想获得客源,没有辛苦的付出是不行的。发小广告、跑到柜台外拉客源成了家常便饭。"但是做这些工作时并不觉得自己卑微,这个时候心里有个信念——这是我伟大事业的起点,我与其他发小广告的人并不同。"刘强东说。

2003年的"非典"迫使刘强东改变传统经营模式,涉足电子商务领域,并亲自带领团队进行信息系统建设。第二年,京东商城就正式上线了。

2007年,刘强东领导的京东商城迎来了丰收的一年:成功吸引千万美元的风险投资;销售额完成从千万元到亿元的完美逾越;受到业界及用户的广泛关注与好评;作为创业者"老刘"也在同年的"IT两会""中国信息产业经济年会""中国IT渠道精英"等多个评选活动中获得嘉奖。刘强东是一个在创业道路上充满坚定信念的人,踏实地走好每一步路是他信奉的人生准则。

2016年"双11",全网销售额全天共计1770.4亿元,其中天猫占比68.2%,京东占比22.7%,苏宁易购以2.2%的占比排在第三,其后依次是国美在线、一号店、亚马逊。从2009年至今"双11"已经经历了7年的历史,成为大众眼中国内最大的购物狂欢节。2016"双11"全网销售额分布如图1-1所示。

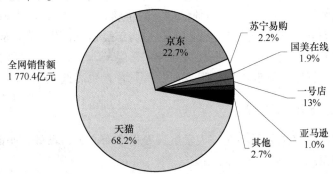

图1-1 2016年"双11"全网销售额分布

1.2.3 电子商务创业途径

电子商务创业是借助网络优势,组合劳动、知识、技术、管理、资本等生产要素进行创造性生产的活动。目前电子商务创业途径有以下6种。

1. 网上咨询与竞拍

电子商务创业的特点之一就是所需的资金不需要太多。针对这一特性,咨询和竞拍无疑是很好的选择。网上咨询与竞拍不但可以通过站点来获取收益、人气,还可以让自己的业务不受局限。

2. 网上交友与出版

网上交友与出版比较简单，但对创业者要求比较高，如交友业务对信息真实性的验证、出版业务对版权纠纷的处理等，毕竟网络还是比较虚拟的，也是比较自由的。

3. 软件开发

软件开发是技术含量较高的工作，要求创业者除了要有过硬的软件开发能力之外，还必须有创意，能够比较准确地把握广大网民的需求，满足他们的需要。

4. 网上炒股

在网上进行炒股投资是很方便的，可以及时地了解行情，实时监控股市，并且还可以模拟操作。网上炒股应确保自己的计算机安全，防止黑客攻击和病毒感染。

5. 网络公司

建立网络公司必须具备一定的经济基础。建立网络公司要有一个合理的规划，找到突破与其他网络公司雷同化瓶颈的方法，走出自己的发展路线。

6. 网上开店

网上创业最普遍的就是网上开店，因为相对其他途径而言更容易。它的投入不像建立网络公司那么大，也不需要太多的技术要求，风险又比较低。所以，网上开店是一种趋势。从互联网的发展来看，越来越多的企业开始重视网络营销。

1.3 大学生电子商务创业

年轻的创业家在全球的影响力越来越大。根据硅谷著名天使投资人康韦（Ron Conway）对超过 500 家初创企业的调查，发现在市场价值超过 5 亿美元的初创企业中，有 67%的创始人创办企业时年纪都低于 30 岁。年轻是他们创业的优势，显然有助于创业的成功，但年龄绝不是创业的障碍。创立高潜力企业的创业者，其平均年龄是 35 岁左右，60 岁才开始创办企业的创业者为数也不少。关键是要掌握相关的技术、经验、关系网，这些有助于识别和捕捉商机。创业没有年龄界限，创业不分早晚，创业者只有素质高低。

1.3.1 大学生创业知识途径

如今是信息时代，信息无所不在，大学生只要做个有心人，就能在平时的学习和生活中学到所需的创业知识。

1. 学校

如今，不少大学都开设了创业指导课，教授创业管理、创业心理等内容，帮助大学生打好创业知识的基础。大学图书馆也提供创业指导方面的书籍，大学生可过阅读增加对创业市场的认识。此外，大学社团活动也为大学生锻炼综合能力提供了大量的实践机会。通过这种途径获得创业知识，无疑是最经济、最方便的。

2. 媒体

创业是目前媒体报道的热门领域，无论是传统媒体，还是网络媒体，每天都提供大量的创业知识和信息。一般来说，经济类、人才类媒体是首要选择，比较出名的有《创业家》《21世纪经济报道》《第一财经》，以及"中华创业网""中国创业论坛"等专业网站。此外，各地创业中心，大学生科技园，留学生创业园等机构的网站，也蕴藏着丰富的创业知识。通过这种途径获得的创业知识，往往针对性较强。

3. 商界人士

商业活动无处不在，大学生平时可多与有创业经验的亲朋好友交流，甚至还可通过 E-mail 和电话拜访自己崇拜的商界人士，或向一些专业机构咨询。这些"过来人"的经验之谈往往比看书本的收获更多。通过这种途径能获得最直接的创业技巧与经验，将使大学生在创业过程中受益无穷。

4. 创业实践

大学生创业大赛、创业计划书大赛等创业实践活动，是大学生学习创业知识、积累创业经验的最好途径。此外，大学生还可通过创业见习、职业见习、兼职打工、求职体验、市场调查等活动来接触社会，了解市场，磨炼心志，提高自己的综合素质。

1.3.2 大学生创业优劣势分析

大学生创业有自身的特点，只有深刻认识自己的优点和缺点后，才能扬长避短、准确定位。

1. 大学生创业的优势

① 文化水平高，对事物有较强的领悟力。
② 自主学习知识的能力强。
③ 接受新事物快，是潮流的引领者。
④ 思维活跃，敢于创新。
⑤ 运用 IT 信息的能力强。
⑥ 年轻，有激情，精力旺盛，自信心较足。
⑦ 无家庭负担。

2. 大学生创业的劣势

① 缺乏工作经历和经验，人际关系匮乏。
② 缺乏有商业前景的创业项目，创业设想大而空，市场预测盲目乐观，项目经不起市场的考验。
③ 缺乏商业信用，在校大学生信用档案与社会没有接轨，导致融资借贷困难重重。
④ 喜欢纸上谈兵，眼高手低，好高骛远。
⑤ 独立人格没有完全形成，缺乏对社会和个人的责任感，心理承受能力差，遇到挫折就放弃。

1.3.3 大学生创业的问题

杭州师范大学阿里巴巴商学院"中国大学生电商创业研究报告"显示，我国在校大学生电商创业的人数较少，仅占在校大学生人数的1.94%，并且在大学生电商创业群体中，高职、大专层次学生占62.23%，而研究生仅占1.45%，分布不平衡。从总体看，大学生缺乏创业意识，自主创业风气在高校中远未形成。在电商创业过程中，绝大部分学生选择了"网上销售"这种"投资少、门槛低、见效快"的电商创业模式，主要以第三方平台开店为主。在各开店平台中，淘宝网以79.64%的比例成为大学生电商创业者的首选，经营的种类少，成功率低。另外，大学生电商创业规模都比较小，70.75%网店的资金投入在1 000元以下，71.14%的网店创业人员数量在 2 人以下。在月均净收入方面，1 000 元以内的占到了 79.14%，很大一部分网店甚至没有实现盈利。由此，可以看出，大学生电商创业的形势并不乐观，要促进大学生电商创业的发展，还有很多问题需要解决。

1. 行业饱和，竞争加剧

走进"创业时代"，全民创业处于非常活跃的状态，行业饱和，竞争加剧，创业成功的概率并没有完全随着创业者数量增多而水涨船高，这对创业者的素质提出了越来越高的要求。行业饱和，大多是数量的饱和，而在质量上则是短缺的。经济快速持续增长，全面统筹协调发展，为创业者提供了大量机会。同时竞争程度越激烈，越要求创业者具备创业精神和创新能力。要创业成功，创业者就得解放思想，加强学习，提高创业能力。创业精神是成功创业的内因，缺乏创业精神，就谈不上干事、成事。当前，发展环境在优化，创业外因已经具备，关键是创业者要抓住机遇，乘势而上，勇创新业，在创业中实现自我价值和社会价值。

2. 抄袭攀比，盲目跟风

据了解，目前很多应届大学毕业生都有自主创业的想法，但苦于找不到适合自己的项目，很多毕业生不知如何将自己的所学知识和创造经济效益联系在一起，并创造出经济价值。大多数大学生没有自主创业的实践和经验。无论是生存型创业，还是机会型创业，创业者常常不知道选择什么项目？怎么创业？任何一个创业者，选择一种创业项目，首先要有自己的优势。这种"优势"就是组合生产要素的优势。盲目套用其他公司的成功经验，结果可能是机构臃肿，反应迟钝，决策缓慢，执行力不强。

3. 缺乏理性，低估风险

大学生创业热情很高，创业冲劲很强，但是创业缺乏理智，认为创业就是一种赌博，而不是进行周密的市场调查和预测，进行科学决策。其实，成功的创业者会预期风险，并通过与他人一起分担风险，来避免风险或最小化风险。同时把风险分割成可接受、可消化的若干部分，以避免承担更多的、不必要的风险。

4. "善小而不为"

善小，利薄，只要有钱赚，创业就能成功。作为创业者必须寻找和发现合适的创业空间，也就是常说的"在夹缝中生存"。当前，同质化的企业众多，创业路径选择也多有雷同，只有细分市场，创造新的需求，找到创业的切入点和立足点，坚持正道而行，企业才能有发展壮大的一天。市场经济是诚信经济，诚信是创业成功的一大基石，聪明的创业者一定要打牢这一根基。

5. 眼高手低，贪多求快

创业企业都是由小到大逐步成长的，欲速则不达，几乎没有一家新企业可以在少于 3~4 年的时间里打牢基础。企业的成功，发展的加快，无一不是靠扎实务实、诚信诚实、开拓创业。市场不相信大话、空话和豪言壮语，贵在求真务实。投资战线拉长并不等于回报就多，因为还受到资金、技术、管理等要素的制约，不可能有那么多的精力干好每一件事情，而精力不集中正是创业的大忌。小而专、小而新、小而特是创业者的理智选择。小项目、小产品通过产业集聚，照样可以做大做强，贪大贪多做不精、做不新。只有集中精力，瞄准一个目标，全力以赴，才能迈向成功。

6. 单枪匹马，低估团队

大量创业事例告诉我们，单个创业者通常只能维持生计。要想单枪匹马地发展一家高潜力的企业是极其困难的。成功的创业者通常是组建自己的团队、自己的组织，然后是自己的公司。他们与同事、顾问、投资者、重要顾客、关键供应商等都要保持有效的工作关系。团队合作一要有开阔的眼界，二要有广阔的胸怀。

7. 缺少经验，疏于管理

目前大学生缺乏社会经验已经成了通病，如果毕业后选择自主创业，必须要有丰富的社会经验，对自己的创业条件进行分析，制订自己的创业计划，看自己是否具备老板的气质和心理素质，比如承担风险的能力、创新的能力、决策的能力和领导能力。还要做好市场调查和分析，准确掌握市场信息。有的公司组成了自己的管理团队，其成员里不乏名校的MBA，但大多数公司的管理能力还是相当薄弱的。在这些公司中，员工多是要好的朋友，这有助于团结，却加大了管理的难度。另外，虽然团队的管理人员学历很高，却大多缺乏实际的运作经验，在短时间内无法进行有效的管理。

8. 缺乏人脉，资金不足

有效的社会关系是自主创业的保障，一个初期开办的公司，往往需要得到各方面的帮助才能发展。"天时、地利、人和"，创业者需要在社会环境中调动一切有利的因素。学生创业者欠缺的是广泛的社会关系，竞争中也常常处于不利地位。资金也是困扰他们的一大难题。虽然政府有政策，大学生自筹资金不足部分可以按规定申请失业人员小额担保贷款，但一些大学生认为优惠政策中的贷款金额太少，办理手续太烦琐。

1.3.4 大学生创业领域

在就业环境并不乐观的情况下，大学生创业不能不说是缓解就业压力的一剂良药，特别是在网络技术、网络传播日益兴盛的今天，大学生网络创业无疑为大学生就业又开辟了一条新的道路。创业是一项庞大的工程，涉及融资、选项、选址、营销等诸多方面，因此在创业前，一定要进行细致的准备。通过各种渠道增强这方面的基础知识，根据自己的实际情况选择合适的创业项目，可以为创业开一个好头。随着互联网的进一步普及应用，互联网用途的多元化及电子商务的不断发展，这些都为大学生网络创业打好了基础。

1. 电子商务领域

随着BBS系统的使用，个人建BBS站点也不再是件难事，只要有少量的资金、一般程度的网络技术，买个域名、买个空间，调试代码，运行网络，填充信息，发布站点，一个简单的、可以公开的BBS站点就建成了。这种简单便捷的操作模式，也成为大学生创业的一种途径。博客网站开创了博客全频道互动式博客网。全频道互动成为新一代互联网最为显著的特征，这就决定了它必须在进行全频道互动中选新的盈利模式，投放广告盈利方式不再是互动性博客的主要形式，或者说，就是广告投放也不是大众化，而是走向个性化，或者说小众化。博客网站盈利对大学生来说既是挑战也是机遇，应当有很大的吸引力。同时还可以借鉴"信息可用"这一互联网的发展思路，做特色信息类的网站，如论文专著型、出行旅游型、房屋或商品购买参考型等。创业者可以对信息收费，也可以依靠信息网站高点击率的优势投放广告。

2. 高科技领域

处于高新科技前沿的大学生，在这一领域创业有着"近水楼台先得月"的优势，"易得方舟""视美乐"等大学生创业企业的成功，就是得益于创业者的技术优势。但并非所有的大学生都适合在高科技领域创业,一般来说,技术功底深厚、学科成绩优秀的大学生才有成功的把握。有意在这一领域创业的大学生,可积极参加各类创业大赛,获得脱颖而出的机会,同时吸引风险投资。

3. 智力服务领域

智力是大学生创业的资本,在智力服务领域创业,大学生游刃有余。例如,家教领域就非常适合大学生创业,一方面,这是大学生勤工助学的传统渠道,为大学生创业积累了丰富的经验。另一方面,大学生能够充分利用高校教育资源,更容易赚到"第一桶金"。此类智力服务创业项目成本较低,一张桌子、一部电话就可开业。

4. 连锁加盟领域

根据统计数据,在相同的经营领域,个人创业的成功率低于20%,借助连锁加盟的个人创业有的则高达80%。对创业资源十分有限的大学生来说,借助连锁加盟的品牌、技术、营销、设备优势,可以较少的投资、较低的门槛实现自主创业。但连锁加盟并非"零风险",在市场鱼龙混杂的现状下,大学生涉世不深,在选择加盟项目时更应注意规避风险。一般来说,大学生创业者资金有限,适合选择启动资金不多、人手配备要求不高的加盟项目,从小本经营开始。此外,最好选择运营时间在5年以上、拥有10家以上加盟店的成熟品牌。

5. 开实体店

大学生开店,一方面可充分利用高校的学生顾客资源;另一方面,由于熟悉同龄人的消费习惯,因此入门较为容易。由于走"学生路线",要靠价廉物美来吸引顾客。此外,由于大学生资金有限,不可能选择热闹地段的店面,因此推广工作尤为重要,需要经常在校园里张贴广告或和社团联办活动,才能广为人知。

6. 技术创业

大学生,在校学习的理论很难应用到实际工作中,学习一门技术,可以很快融入社会。有一技之长后进可开店创业,退可打工积累资本。好酒不怕巷子深,有一技之长的大学生在开店创业的时候,可以避开热闹地段,节省部分门面租金,把更多的创业资金用到经营活动中去。

【案例3】读书创业两兼顾

卢美琼是四川农业大学农业资源与环境专业的大三学生,来自海南。因为怀揣创业梦想,她通过两年的不懈努力,终于联合另外两名同学,以奖学金做本钱,开办起了学校里第一家鲜榨果饮店。小店顺利运营后,他们又打算将店做大做强,开始筹划将分店开到四川大学和西南民族大学……

1. 兼职打工为创业做准备

卢美琼是一个喜欢吃水果的女孩,进入大学后,她发现学校没有专门的水果超市。她想,如果在学校创办一家水果超市,应该很受师生喜爱。于是,在学校开办一家水果店的想法暗暗萌发。

由于刚进入大学,她对新的环境还很陌生,而且也没有创业经验,很多条件都不成熟,所以她并没有贸然采取行动。

发现商机后,为了学习到一些基本的管理和服务知识,卢美琼到学校的碰碰冰水吧应聘做兼职，并留意其基本运营模式。为了解水果销售行情，她还尝试在学校卖了几个星期的水果。

2. 两年努力实现创业梦想

进入大二后，除了保证平时正常的学习生活外，卢美琼开始积极为创业做准备。俗话说"说时容易做时难"，她觉得自己创业经验足够的时候，两大关键问题摆在了她眼前：一是创业资金从何而来？二是如何选定和租赁门面？

升入大三后的一天，卢美琼把自己的创业想法及遇到的困难讲给好友胡江、刘国容后，他们积极支持她的创业想法。经过与两位好友商量，他们当即同意入股合办一家果坊。两位好友拿出自己三年所得的奖学金入股，卢美琼又找其他朋友借了一点，终于凑到了6万元。

资金问题解决后，卢美琼拿着钱开始寻找开店门面。但是过了很久，依然没有任何进展，她只好再次等待机会降临。

一直在等待机会的卢美琼，在获悉学校打算拆掉二区的停车位新修食堂时，她欣喜若狂，机会终于来了。接下来的日子，她成了学校后勤处的"常客"。当她第一次去后勤处将创办水果超市的想法告诉后勤处负责人时，当即被否定了。

卢美琼没有轻易放弃这次机会，将创业想法写成了具体的书面实施方案，并再次递给后勤处。这次，后勤处对她的行为给予了鼓励，经过一遍又一遍地修改完善方案，最终得到了后勤处的认可。卢美琼终于申请到了一间 $10 m^2$ 的门面。

门面租到后，卢美琼同两位好友买回了伸缩式货架，并从吉林购买了冰淇淋机，从成都买回了榨汁机和冰箱。

经过两年多的努力，卢美琼和两位好友合伙开办的多味果坊终于开张了。

3. 生意红火要开连锁店

因为是第一次开店，在人员管理上还存在很大的问题。虽然他们三人根据平时上课时间的不同，可以轮流照看小店，但若遇到三人都有课时，他们就只好暂时把店关上 1~2 h。还有就是由于雅安天气多变，常常给水果采购带来不便。虽然还处于创业起步阶段，但她对未来充满信心。

学校团委老师李钰认为，卢美琼他们的创业精神是值得肯定的，他们开果坊的经历，可以为毕业以后的创业打下良好的基础，是人生一笔宝贵的财富。

卢美琼告诉记者，他们正着手筹划在四川大学和西南民族大学开连锁店，待果坊运营更成熟些时便开始实施。她说："目前，经营管理等方面都在慢慢摸索，这需要很多的时间和精力。等到果坊运营成熟后，接下来的连锁店应该就会相对容易些。"

1.4 电子商务创业政策

创业不仅是实现理想的过程，更是使投资者（股东）的投资保值增值的过程。创业者和投资者是一个事物的两个方面，大家只有通过企业这个载体才能达到双赢的目标。就业与创业紧密联系、不可分割，人们可以在就业过程中创业，在创业过程中就业。在2014年9月的夏季达沃斯论坛上，李克强总理发出了"大众创业、万众创新"的号召。他提出，要在960万平方公里土地上掀起"大众创业""草根创业"的新浪潮，形成"万众创新""人人创新"的新势态。此后，他在首届世界互联网大会、国务院常务会议和各种场合中频频阐释这一关键词。每到一地考察,他几乎都要与当地年轻的"创客"会面。他希望激发民族的创业精神和创新基因。

政府部门有很多鼓励创业、创新的政策,尤其是对电子商务创业的鼓励和支持。创业时一定要注意尽量"用足"相关政策,如免税优惠,在某地注册企业可享受比其他地区更优惠的税率等。这些政策可大大减少创业初期的成本,使创业风险降低。创业者首先选择与学习和工作密切相关的领域创业,其中积累的经验和资源是最大的创业财富,要善于利用这些资源,同时要慎重选择合作伙伴,重视团队的巨大作用。

1.4.1 电子商务创业政策梳理

2015年1月30日,国务院印发了《国务院关于促进云计算创新发展培育信息产业新业态的意见》,文件从壮大新业态、强化产业支撑、加强安全保障三个方面提出了6项主要任务。

① 增强云计算服务能力。
② 提升自主创新能力。
③ 探索电子政务云计算发展新模式。
④ 加强大数据开发与利用。
⑤ 统筹布局云计算基础设施。
⑥ 提升安全保障能力。

2015年3月7日,国务院印发了《国务院关于同意设立中国(杭州)跨境电子商务综合试验区的批复》(以下简称《批复》)。《批复》明确了该综合试验区的定位和作用,提出要着力在跨境电子商务各环节的技术标准、业务流程、监管模式和信息化建设等方面先行先试,打造跨境电子商务完整的产业链和生态链,逐步形成一套适应和引领全球跨境电子商务发展的管理制度和规则,为推动我国跨境电子商务发展提供可复制、可推广的经验。

2015年5月7日,国务院印发了《国务院关于大力发展电子商务加快培育经济新动力的意见》,提出了7个方面的政策措施。

① 营造宽松发展环境,降低准入门槛,合理降税减负,加大金融服务支持,维护公平竞争。
② 促进就业创业,鼓励电子商务领域就业创业,加强人才培养培训,保障从业人员劳动权益。
③ 推动转型升级,创新服务民生方式,推动传统商贸流通企业发展电子商务,积极发展农村电子商务等。
④ 完善物流基础设施,支持物流配送终端及智慧物流平台建设。
⑤ 提升对外开放水平,加强电子商务国际合作,提升跨境电子商务通关效率,推动电子商务走出去。
⑥ 构筑安全保障防线,保障电子商务网络安全,确保电子商务交易安全,预防和打击电子商务领域的违法犯罪行为。
⑦ 健全支撑体系,健全法规标准体系,加强信用体系建设,强化科技与教育支撑,协调推动区域电子商务发展。

2015年6月20日国务院办公厅印发了《关于促进跨境电子商务健康快速发展的指导意见》,这是在新形势下,促进跨境电子商务加快发展的指导性文件,该文件提出了5个方面的支持措施。

① 优化海关监管措施，优化跨境电子商务海关进出口通关作业流程。

② 完善检验检疫监管政策措施，对跨境电子商务经营主体及商品实施备案管理制度。

③ 明确、规范进出口税收政策，制定跨境电子商务零售进口税收政策。

④ 完善电子商务支付结算管理，鼓励境内银行、支付机构依法合规开展跨境电子支付业务。

⑤ 提供财政金融支持，向跨境电子商务外贸综合服务企业提供有效的融资、保险支持。

2015年7月1日，国务院印发了《国务院关于积极推进"互联网+"行动的指导意见》，提出了以下11个具体行动。

① "互联网+"创业创新，推动各类要素资源集聚、开放和共享。

② "互联网+"协同制造，加速制造业服务化转型。

③ "互联网+"现代农业，构建依托互联网的新型农业生产经营体系。

④ "互联网+"智慧能源，推进能源生产和消费智能化。

⑤ "互联网+"普惠金融，拓展互联网金融服务创新的深度和广度。

⑥ "互联网+"益民服务，大力发展线上线下新兴消费和基于互联网的医疗、健康、养老、教育、旅游、社会保障等新兴服务。

⑦ "互联网+"高效物流，完善智能物流配送调配体系。

⑧ "互联网+"电子商务，大力发展农村电商、行业电商和跨境电商，推动电子商务应用创新。

⑨ "互联网+"便捷交通，创新便捷化交通运输服务。

⑩ "互联网+"绿色生态，推动互联网与生态文明建设深度融合。

⑪ "互联网+"人工智能，提升终端产品智能化水平。

2015年9月18日，国务院办公厅印发了《国务院办公厅关于推进线上线下互动加快商贸流通创新发展转型升级的意见》，提出了以下7个方面的政策措施。

① 推进简政放权，调整完善市场准入资质，推进一照多址、一址多照、集群注册等住所登记制度改革。

② 创新管理服务，开展商务大数据建设和应用。

③ 加大财税支持力度，促进电子商务进农村，积极推广网上办税服务和电子发票应用。

④ 加大金融支持力度，发展第三方支付、股权众筹等互联网金融。

⑤ 规范市场秩序，创建公平竞争的创业创新环境和规范诚信的市场环境。

⑥ 加强人才培养，建设电子商务人才继续教育基地，开展实用型电子商务人才培训。

⑦ 培育行业组织，建立良性商业规则，促进行业自律发展。

2015年10月23日，国务院印发了《国务院关于促进快递业发展的若干意见》（以下简称《意见》）。这是国务院出台的第一部全面指导快递业发展的纲领性文件。《意见》提出，到2020年，快递市场规模稳居世界首位，基本实现乡乡有网点、村村通快递，快递年业务量达到500亿件，年业务收入达到8 000亿元；建设一批辐射国内外的航空快递货运枢纽，形成具有国际竞争力的大型骨干快递企业；国内重点城市间实现48 h送达，国际快递服务通达范围更广、速度更快，服务满意度稳步提高；年均新增就业岗位约20万个，全年支撑网络零售交易额突破10万亿元，日均服务用户2.7亿人次以上，基本建成普惠城乡、技术先进、服务优质、安全高效、绿色节能的快递服务体系，形成覆盖全国、联通国际的服务网络。

2015年10月31日，国务院办公厅印发了《国务院办公厅关于促进农村电子商务加快发展的指导意见》，提出了以下7个方面的政策措施。

① 加强政策扶持力度。深入开展电子商务进农村综合示范。制定出台农村电子商务服务规范，引导、推动电商扶贫。

② 鼓励和支持开拓创新。开展农村电子商务创新创业大赛和农村电子商务强县创建活动。

③ 大力培养农村电商人才。实施农村电子商务百万英才计划，培养农村电商人才。

④ 加快完善农村物流体系。加强农村物流服务网络和设施的共享衔接，加快完善县乡村农村物流体系；加强农产品产地集配和冷链等设施建设。

⑤ 加强农村基础设施建设。完善电信普遍服务补偿机制，加快农村信息基础设施建设和宽带普及；促进宽带网络提速降费，加快农村公路建设。

⑥ 加大金融支持力度。加大对农村网商的电子商务创业，尤其是加大青年农村网商的授信和贷款支持，简化农村网商小额短期贷款手续。符合条件的农村网商，可按规定享受创业担保贷款及贴息政策。

⑦ 营造规范有序的市场环境。加强网络市场监管，打击制售假冒伪劣等违法行为；推进农村电子商务诚信建设。

1.4.2 大学生创业新政策

2015年4月27日，国务院印发了《国务院关于进一步做好新形势下就业创业工作的意见》，其中涉及大学生创业新政策的有以下10个方面。

1. 民办企业"三证合一"

深化商事制度改革，进一步落实注册资本登记制度改革，坚决推行工商营业执照、组织机构代码证、税务登记证"三证合一"，年内出台推进"三证合一"登记制度改革意见和统一社会信用代码方案，实现"一照一码"。

2. 注册企业场所可"一址多照"

放宽新注册企业场所登记条件限制，推动"一址多照"、集群注册等住所登记改革。

3. 推进创客空间等孵化模式

总结推广创客空间、创业咖啡、创新工场等新型孵化模式，加快发展市场化、专业化、集成化、网络化的众创空间，实现创新与创业、线上与线下、孵化与投资相结合，为创业者提供低成本、便利化、全要素、开放式的综合服务平台和发展空间。

4. 众创空间税收优惠

落实科技企业孵化器、大学科技园的税收优惠政策，对符合条件的众创空间等新型孵化机构，适用科技企业孵化器税收优惠政策。有条件的地方可对众创空间的房租、宽带网络、公共软件等给予适当补贴。

5. 提高创业担保贷款额度

将小额担保贷款调整为创业担保贷款，针对有创业要求、具备一定创业条件但缺乏创业资金的就业重点群体和困难人员，提高其金融服务可获得性，明确支持对象、标准和条件，贷款最高额度由针对不同群体的5万元、8万元、10万元统一调整为10万元；鼓励金融机构参照贷款基础利率,结合风险分担情况,合理确定贷款利率水平,对个人发放的创业担保贷款,在贷款基础利率基础上上浮3个百分点以内的,由财政给予贴息。

6. 整合发展就业创业基金

整合发展高校毕业生就业创业基金,完善管理体制和市场化运行机制,实现基金滚动使用,为高校毕业生就业创业提供支持。

7. 税收减免

高校毕业生等重点群体创办个体工商户、个人独资企业的,可依法享受税收减免政策。高校毕业生毕业年度内从事个体经营,在3年内以每户每年8 000元为限额依次扣减当年应缴纳的城市维护建设税、教育费附加、地方教育附加和个人所得税,限额标准最高可上浮20%。

8. 优先转移科技成果

鼓励利用财政性资金设立的科研机构,通过合作实施、转让、许可和投资等方式,向高校毕业生创设的小微企业优先转移科技成果。

9. 支持举办创新创业活动

支持举办创业训练营、创业创新大赛、创新成果和创业项目展示推介等活动,搭建创业者交流平台,培育创业文化,营造鼓励创业、宽容失败的良好社会氛围,让大众创业、万众创新蔚然成风。

10. 大力加强创业教育

把创新创业课程纳入国民教育体系。《国务院办公厅关于深化高等学校创新创业教育改革的实施意见》(国办发〔2015〕36号),从健全创新创业教育课程体系、创新人才培养机制、改进创业指导服务等9个方面促进大学生创新创业。

1.4.3 各地鼓励大学生创业新举措

为了鼓励大学生进行创新创业,全国各个地市都相继提出了具有地方特色的大学生创业优惠政策,以江西为例,高校学生可休学创业,学籍最多可保留7年;财政每年注入1 000万元资金充实青年创业就业基金,每年重点支持1 000名大学生返乡创业。下面将天津、河北、黑龙江、湖北、云南等地鼓励大学生创业新举措进行简要描述。

1. 天津市:外地高校毕业生在津创业准予落户

将大学生创业扶持期由3年延长至7年,即毕业前2年和毕业后5年。外地高校毕业生在天津市创业的,准予落户,并给予相应的政策扶持。

已经认定的众创空间,分级分类给予100万~500万元的一次性财政补助,用于初期开办费用,高校众创空间补助资金由市财政负担,区县及滨海新区各功能区众创空间补助资金由市和区县财政按7:3的比例负担。

引导众创空间运营商设立不少于300万元的种子基金,主要用于对初创项目给予额度不超过5万元、期限不超过2年的借款。收购创业者的初创成果,市财政按30%比例参股,不分享基金收益,基金到期清算时如出现亏损,优先核销财政资金权益。对众创空间企业招用高校毕业生的,给予1年岗位补贴和3年社会保险补贴。大学生创业且租赁房屋的,据实给予补贴,最高不超过每月1 800元,补助期为2年。

2. 河北省:设立不低于10亿元的风险补偿基金

设立河北省天使投资引导基金,支持创业导师、天使投资人、创业孵化机构等共同组建天使投资基金，重点支持孵化企业和创客项目；省级资金按一定比例参股，不分享基金收益，基金到期清算时，如出现亏损优先核缴省级资金权益。

设立不低于 10 亿元的风险补偿基金，重点支持创业导师、金融机构、投资机构在河北建立科技支行、科技担保机构、科技保险机构等科技投融资机构。

支持众创空间等新型孵化机构开展创业路演、创业大赛、创业论坛等各类创业活动，按其举办各类创业活动实际支出的 20% 给予补助，单个机构每年支持金额最高不超过 50 万元。

3. 黑龙江省：各级政府采购优先选择大学生创业企业

符合条件的大学生创业企业入驻各类大学生创业孵化器，享受 1~2 年免费，第三年按 50% 缴费的优惠扶持政策，用包括大学生创业"种子资金"在内的各类专项资金对孵化器相关费用给予补贴。

大学生创办小微企业直接参与政府采购投标的，在评审时给予 6%~10% 的价格扣除。以营业执照注册地为准，供货 100 km 以内加 5 分，200 km 以内加 4 分，300 km 以内加 3 分。各级政府向社会力量购买服务项目时，同等条件优先选择大学生创业企业。

支持大学生通过科技成果转化实现创业。大学生在校期间参与教师科研项目或自己研究取得发明专利成果，其创业成果转化成功的，可利用省科技成果转化引导基金，按照技术交易额的 10%，给予不超过 20 万元的资金奖励。

4. 云南省：实施"贷免扶补""两个 10 万元""二次贷款贴息"政策

实施大学生鼓励创业"贷免扶补"政策。对首次创业高校毕业生，提供不超过 10 万元的免担保、免利息创业贷款。减免相关税收。为创业人员提供创业扶持政策、法律等方面的指导咨询和培训服务。对首次创业并稳定 1 年以上的，给予 1 000~3 000 元创业补贴。

实施"两个 10 万元"微型企业培育工程。带动 5 人以上就业的企业，投资达 10 万元以上且实际货币投资 7 万元以上的，每户给予 3 万元补助。有贷款需求的，给予 10 万元以下银行贷款支持。

实施"二次贷款贴息"，对经"贷免扶补"或小额担保贷款政策扶持，稳定经营 2 年以上，带动就业 5 人以上，偿还贷款记录良好，并按期纳税的优秀大学生经营实体，经过评审后，每年评审 1 000 个，协调金融机构再次给予 2 年期 50 万元以内的贷款扶持，按照人民银行公布的同期贷款基准利率的 60% 给予贴息。

对毕业多年和离校未就业高校毕业生开办网店，持续经营半年以上，且月收入超过当地最低工资标准，经认定后，一次性给予 2 000 元资金补贴。

5. 湖北省：大学生创业"十免"扶持"五有"保障

3 年内免费提供如下 10 种扶持：办公场地及水电、办公桌椅等办公设备、网络接入服务、客户接待室及会议室、创业培训服务、创业政策咨询服务、科技项目申报服务、政策指导服务、创业沙龙活动场所、专利申请服务。

对大学生创业有如下 5 个方面的保障。

① 有资金扶持，给予 1 万元创业补贴，最高 50 万元无息贷款，成立三支天使基金扶持创业。

② 有办公场所，大学生创业孵化器，免费为入驻企业提供 30 m² 左右的办公场所。

③ 有厂房，大学生创业加速器，按入驻企业发展需求，免费提供面积 500~1 000 m² 的厂房。

④ 有住房，创业大学生公寓和人才公寓，按标准为创业者提供免房租住房需求。

⑤ 有创业导师，聘请知名企业家和本地成功企业家作为创业导师，一对一为创业者提供成长支持。

对经认定符合国家产业政策和技术要求，市场前景看好，具有引领带动，推动本行业科技创新的创业项目，给予最高 20 万元的一次性资金资助。成功经营一年的，经认定给予实际到位资本金 30%，最高 5 万元的一次性创业补助。

毕业生创办企业申请小额担保贷款，不受出资额和注册资金的限制，按生产规模和流动资金需求确定担保额度。个人独立创办企业的，可申请不超过 10 万元的小额担保贷款。合伙创办微型企业的，可申请不超过 50 万元的小额担保贷款。创办劳动密集型企业的，可申请不超过 200 万元的小额担保贷款。对超过国家小额担保贷款额度政策的贷款利息从支持大学生创业就业专项资金中给予贴息。对初次申请的小额担保贷款到期后，可申请二次小额担保贷款。贴息期限不超过 2 年。毕业生创办企业的各项增值税、企业所得税及团队成员个人所得税地方留成部分，5 年内全额奖励纳税人。

思考题

1. 试述电子商务包括哪些模式，并举例说明适合大学生创业的电子商务模式。
2. 结合创新创业课程要求，简要归纳创业者应具备的创业意识和创业素质。
3. 结合个人经历，试述大学生创业的优势和劣势。
4. 分析大学生创业出现的问题，并提出解决方案。
5. 分组搜集和整理各省市鼓励大学生创业的新政策和举措，领会国家对大学生创业的精神，并讨论如何更好地利用政策优势进行大学生创业活动的开展。

第 2 章

团队构建

> 不管一个人多么有才能,但是集体常常比他更聪明和更有力。
> ——奥斯特洛夫斯基

创业团队是指有着共同目标的两个及两个以上的个体组成,共同组建一个团队,从事创业活动。这是一群才能互补、责任共担,愿为共同的创业目标而奋斗的人所组成的特殊群体。大学生普遍具有较强的专业基础知识,他们年轻、思维活跃,想象力丰富,行事不受经验束缚。具有强烈的创新意识,这些是创业团队获得成功最重要的条件。如果从事本专业或与专业相关的创业活动,成功的机会就会很大。即使是创业失败,其所带来的经验教训,也会使创业者学会更好地应对失败。

2.1 团队构建的必要性

人们经常说的一句话是一个好汉三个帮。一个人的力量终归是有限的,没有人能够拥有企业不断发展扩大所需的全部技能、经验、关系或者声誉。因此,一个创业者至关重要的工作是组建一个核心团队。比如校园的各种比赛,要求以团队的形式参加,因为现在社会,追求的就是一加一大于二的效率。在团队合作过程中,不仅考验每一个团队成员的个人能力,更考验大家的集体责任感与组织协调能力,这是现代企业、现代创业必不可少的基本素质。

德·塔普利和施瓦兹对237家的个人计算机软件创业者所做的研究发现,其中有68个个案是属于个人创业者的形式,超过三分之二的厂商有两个或多个合伙人。蒂蒙斯观察到个人创业家很难建立每年上百万美元营业额的新创企业。奥伯迈尔发现在他的研究样本中,10个个人创业企业中有3个达到每年600万美元营业额或更高规模的企业,然而在23家以创业团队创业的企业中有16家企业达到上述的成长规模。德提出,创业团队的大小对于企业的成功相当重要,且平均来说,创业团队比个人创业更容易成功。

现通过对大家所熟知的两家英语培训机构:新东方与疯狂英语的对比分析,说明创业团队构建的重要性及必要性。这两家英语培训机构的教学方法不做讨论,就单纯讨论两者的团队构建。

【案例】新东方与疯狂英语的对比分析

接触过新东方演讲的同学们都感受得到,新东方是一个以团队的形式出现在人们的视野中的培训机构,大家分工合作,偶尔在观众面前相互调侃,演讲效果甚好。对于新东方的成功,俞敏洪曾经不止一次地说过绝不仅仅属于他一个人。

俞敏洪这么说那是一点都不错,俞敏洪刚开始创业的时候不论从哪方面的资源来说都算不上有什么优势。当时是一没资本,二没场地,三没后台,最要命的是没有什么名气招不来学生。但是这所有的不足都被新东方都一步一步克服掉了。这中间俞敏洪的作用当然是举足轻重的,但是如果光靠俞敏洪和他的妻子夫妻两人里外忙活的话,那无论如何也谈不到今天的成就。尤其是当新东方初具规模的时候,面对新东方将近两万名学生他们就算是不眠不休也难以应付。但是俞敏洪并没有那么傻,新东方也没有停下发展的脚步。新东方从一开始的几十名学生在租来的四面透风的"教室"里上课到今天的这番景象,这中间可以说是一天比一天好。因为为了新东方的健康发展,新东方早就四处招兵买马造就了一个全明星的创业团队。

现在看来新东方之所以在众多英语培训学校中脱颖而出,也要归功于它拥有一群堪称当时国内最优秀的英语老师。这些王牌老师构成了新东方独特的魅力和良好的口碑,最终奠定了新东方在中国英语培训市场上的领导地位。

俞敏洪曾有一个独特的人生价值运算公式:你想知道自己的价值有多少,看看你身边的朋友,选出5个朋友,他们价值的平均值就是你的价值。俞敏洪喜欢交朋友,新东方的发展轨迹也画出了他交朋友的轨迹。新东方第一个阶段是夫妻店阶段,规模小,业务范围狭小。进入第二个阶段后新东方实现了突飞猛进的发展,因为在这之前俞敏洪带着大把的钱出国到欧美去"逛了"一趟。当然,俞敏洪的这第一次国外之旅也不是单纯地出去玩的。实际上当时的俞敏洪也没心思在国外观光,他的新东方还留着两万多名学生呢。把学生当作上帝来看待的俞敏洪怎么会把学生放在国内自己出国游玩呢?他这次出去有一个十分重要的任务,完全可以说俞敏洪的欧美之行的成与败关乎着新东方以后的发展。

因为面对当时的情况,俞敏洪清楚地认识到新东方以后要想有更进一步的发展靠他夫妻两个人的力量恐怕是很难办到的。想要发展就必须要请人,而且还要请能人,没有几个得力的朋友相助,自己就是竭尽全力也只能是维持着现在的这种规模。这时候俞敏洪想来想去就想到了自己在北大的时候的那些同学和同事,俞敏洪知道他们能力都不在自己之下。如果他们能够跟自己一道创业的话,新东方想实现一个跳跃式的发展也不是什么大不了的事情。但是遗憾的是这些优秀的朋友早就跳出了国门,这会儿在国外也混得有声有色的。只有"没出息"的俞敏洪自己出不了国才在国内开办了新东方。但是现在俞敏洪打算出国把他们都请回来,值得庆幸的是经过俞敏洪的努力,为这趟欧美之行画上了一个圆满的句号。因为他的诚意,许多从前的同学、朋友接受了他的邀请纷纷回国,这些在大学时代就已经是俞敏洪非常崇拜的精英人才的加盟,使新东方如虎添翼,不仅在业务组成上实现了多元化,而且由于这些新锐人才的激情演绎,使得"新东方"的品牌知名度大幅度提升。

在新东方的创业团队里,有俞敏洪过去的师长兼同事徐小平,后来被俞敏洪说服,从加拿大回国,他创造了独特的出国留学咨询、人生咨询思想和方法,归纳了流传甚广的"新东方精神"。其新浪博客访问量达到 900 万人次，在总流量排行榜上名列前 200 名之内。在一大堆娱乐明星中，一个教育学者能有如此排名，足见他在网友心目中的地位。

在新东方团队中王强则是一个有名的"书痴"，他曾在著名的贝尔实验室工作，并已经拥有"软件工程师"的小康生活，但是当他和俞敏洪走在美国的街上，看到那么多中国留学生碰到俞敏洪都会叫一声"俞老师"时，深受刺激，最终下定决心回国加入新东方。

他后来在英语教学界享有盛誉，这基于他所做的几件事情。

第一，他在新东方开创了基础英语教学，也就是非应试类的英语培训。

第二，他独创了风靡业界的"美语思维口语教学法"，所谓"美语思维"就是指以英语为母语的人在微观思维（即语言规则或说话习惯）上与我们的不同，有其特殊的规律。王强的贡献在于他把这种认识贯穿到他的教学中，并通过循序渐进的、有规律的练习强化学员的这种微观思维。

第三，他编写了一系列受市场欢迎的高质量的英语教材。

俞敏洪、徐小平和王强组成了著名的"东方马车"，这是新东方发展的第二个阶段最具有标志性的东西。如今，新东方的团队，由当初的三驾马车扩展为上百人的管理团队，有行业精英如陈向东、周成刚等，也有国际空降兵如魏萍、Louis 等。这些管理精锐人才遍布全国的各个新东方和加拿大的多伦多学校，使得新东方的团队不断加强。

在中国近 20 年的英语培训市场上，还有一个与新东方一样堪称奇迹的品牌，那就是由李阳创办的"疯狂英语"。"疯狂英语"提倡一种喊话式英语学习法，曾经在多所大学校园里火热流行。但是进入 21 世纪，"疯狂英语"的风头渐弱，究其原因，"新东方"是一帮人在做一个共同的事业，而"疯狂英语"却是李阳一个人在做，两者在商业模式上的特点，是正规军和游击队的不同。对于这一点，李阳自己也曾反思过，他说："新东方有数千名全亚洲最顶尖的英语老师，而我只是一个老师，差得太远了！"无独有偶，曾有记者采访俞敏洪，问到他和李阳有什么不同，俞敏洪曾如是说："他是个人英雄主义，我是集体英雄主义。"

俞敏洪把新东方的成功归纳为团队的力量。直到现在，新东方上上下下都称俞敏洪为"俞老师"，没有人喊他老板。俞敏洪曾说新东方大量的人才在不同的领域中的思想要比我先进，比如（陈）向东老师是经济学博士毕业的，所以在经济领域，宏观领域中我根本就没法跟他比。像徐小平、王强他们在国外待过好多年，所以在中西文化的理解方面，尤其是西方文化的理解方面我永远没法跟他们比。我唯一能做到的是不管会议上大家讨论得多么激烈，不管意见多么不一致。但是最后我都能够把大家的意见综合起来，采纳中间最好的东西，再重新整合成新东方的战略、文化和发展前景，继续带着大家往前走。

回头看疯狂英语，疯狂英语缺乏一个团队，一批有战斗力的老师。这是最致命的。从疯狂英语推出至今，我们大都只知道李阳，从未听说过疯狂英语的其他老师，一直以来，似乎都是李阳一个人在不停地演讲，不停地战斗。唯一听说的合作者欧总，最后似乎两人之间也因为意见的不和最终没能继续共同打造疯狂英语。李阳绝对是个演讲方面的天才，这一点估计不会有人有疑问。一个天才，如果肯拼命，那么几乎可以肯定他会成功的。李阳就是一个明证。

但是，如果从做事业这样的高度，而不是挣了多少钱出了多大名的角度来评价。尤其是把疯狂英语和新东方比较起来看，也可以比较肯定地说，个人创业与团队创业比较，团队创业更有前途。

新东方是一个团队。俞敏洪本人其实也是一个演讲天才,听过他演讲的人都不会有疑问。但他非常懂得收敛自己,注重发挥团队的威力而不是个人的天才。在新东方初具规模的时候,俞敏洪请了多位主要的老师去顺峰酒楼吃海鲜,每人点了一只王八。俞敏洪就对服务员说:"你端上来的王八,一定要保证所有老师的都比我的那只要大。因为他们都是我的衣食父母。没有他们辛苦的讲课,我连王八尾巴都吃不起。"

有了这样一个坚强的团队,同样是主要的行政负责人出走。胡敏走了之后,新东方依然能够继续发展壮大,还到美国上市了。欧总走了之后,疯狂英语就迅速衰落了。

俞敏洪现在基本不讲课的,资产超过10亿美元(现在经济可能有所下降,但肯定比疯狂英语顶峰的时候还要高出很多),压力总是有,但总的来说他能很好地保护自己,去年还被北大请去给入学新生做演讲。李阳现在只能自己年复一年日复一日地四处奔波讲课,继续拼命,只要他一歇气,疯狂英语这摊生意保证立马关门。

两个例子的对比分析,我们看得出,单枪匹马独战商界必然会步履维艰。其实这样的例子还有很多很多,需要创业者从中去发现团队协作的重要性,为自己的创业之路迈好第一步。

2.2 创业团队人才类型

2.2.1 优秀团队人才优势调查

了解体会到团队的重要性,第二步就需要构建团队。团队都是由各种性格、能力的人聚集起来的。电子商务创业团队都需要哪些类型的人才呢?为此,对创业团队构建做了相关资料的收集与调查。

1. 优秀团队优势调查

一个优秀的团队需具备怎么样的优势?针对此,进行了如表2-1优秀团队优势调查。

表2-1 优秀团队优势调查表

选项	小计	比例
有一个优秀的领导者	101	66.45%
团队的信心和士气	64	42.11%
才华各异的创业团队成员	39	25.66%
团队成员彼此信任	93	61.18%
团队成员有共同的目标	59	38.82%
团队成员有共同的价值观	22	14.47%
团队学习能力强	26	17.11%
团队分工明确,工作效率高	86	56.58%
合理的团队利润分配	14	9.21%
本题有效填写人次	152	

2. 创业团队成员能力调查

哪些能力是在选择创业团队成员时最看重的呢?带着问题的思考,进行了如表2-2创业团队成员能力调查。

表2-2 创业团队成员能力调查表

选项	小计	比例
创新能力	106	69.74%
执行力	82	53.95%
应变能力	108	71.05%
人际沟通能力	123	80.92%
语言表达能力	50	32.89%
文字表达能力	18	11.84%
领导能力	61	40.13%
专业技术能力	68	44.74%
学习能力	73	48.03%
发现问题的能力	77	50.66%
逻辑思维能力	69	45.39%
心理承受能力	94	61.84%
本题有效填写人次	152	

3. 自主创业优势调查

在自主创业方面个体应具备的优势是什么？为此，进行了如表2-3自主创业个体优势调查。

表2-3 自主创业个体优势调查

选项	小计	比例
创新能力	53	34.87%
执行力	58	38.16%
应变能力	70	46.05%
人际沟通能力	81	53.29%
语言表达能力	52	34.21%
文字表达能力	32	21.05%
领导能力	45	29.61%
专业技术能力	37	24.34%
学习能力	91	59.87%
发现问题的能力	65	42.76%
逻辑思维能力	59	38.82%
心理承受能力	81	53.29%
本题有效填写人次	152	

由以上调查看出当代大学生创业团队的构建有着很大的发展优势，并且存在广阔的发展空间。同时，还可以看出，创业团队需要的是多元化人员组合。传奇创业者比尔·格罗斯（Bill

Gross）指出，人员是否多样化是衡量一个创业团队是否强大的一个关键指标。如果创业团队中的每个人都想法类似，性格相近，那么他们就很难在制定策略及执行时有出彩的表现。相反，如果创业团队的人员组成多样而互补，往往能产生意想不到的化学作用。

建立优势互补的创业团队是人力资源管理的关键。团队是人力资源的核心，"主内"与"主外"的不同人才，耐心的"总管"和具有战略眼光的"领袖"，技术与市场两方面的人才都是不可偏废。创业团队的组织还要注意个人的性格与看问题的角度，如果一个团队里能够有总能提出建设性的可行性建议的和一个能不断地发现问题的批判性的成员，对于创业过程将大有效益。

作为创业企业核心成员的首席执行官还有一点需要特别注意，那就是一定要选择对项目有热情的人加入团队，并且要使所有人在企业初创就要有每天长时间工作的准备。任何人才，不管他（她）的专业水平多么高，如果对创业事业的信心不足，将无法适应创业的需求，而这样一种消极的因素，对创业团队所有成员产生的负面影响可能是致命的。创业初期整个团队可能需要每天工作 16 h 不停的工作，甚至在做梦的时候也会梦见工作。

2.2.2　创业团队人才类型

通过本章 2.2.1 节的分析，得出大学生电子商务创业过程中，有 5 类人必不可少。

1. 领导者

这就是传统意义上的领导者。从表 2-1 中可以直观地看到，一个优秀的领导者对一个团队是至关重要的。创业团队中必须有可以胜任的领导者，而这种领导者，并不是单靠资金、技术、专利来决定的，也不是谁出了好的点子谁就能当头的，这种带头人是团队成员在多年同窗、共事过程中发自内心的认可。领导者在团队中必须起到领导大方向，沟通协调的作用。

创业团队领导者必须要有充沛的精力，并全身心地投入。作为领导者不仅要有过人的领导才能，还要懂得分权，不应该过度热心地把所有的事都揽在自己身上。创业团队的领导者一方面是整个团队的核心，另一方面其自身可能就是组织最薄弱的环节。企业组织在起步阶段，各种经营制度和沟通渠道尚未步入正轨，这就要求领导者自身具有很强的协调能力。此外，有限的资源也迫使创业团队领导者必须身兼许多本身并不精通的职务。刚刚起步的企业非常地依赖其创业团队的领导者，只有优秀的创业团队领导者才能保持适度的无私和客观的态度，了解到企业阶段性营运的需要。成功的创业团队领导者展现的重要特质有以下 4 个方面。

1）智慧和精力

创业团队的领导者需要足够的智慧、道德、能力和精力，才能塑造企业组织的文化，推动事业的发展，迅速的发现问题所在。由于企业组织从上到下都要接受他的领导，所以必须全心地投入，领导展现的智慧和精力的层次越高，就越优秀。

2）正直的品行和工作习惯

不论是在团队的内、外部，团队的领导者都必须诚实的对待每一个人，树立好的个人形象，进而转化为企业组织运作的典范。能正视本身优、缺点的领导者，才能较轻易地成为优秀和正直领导者。他们展现了恰如其分的自负，彼此尊重，进而完成组织任务。

3）丰富的阅历

优秀的领导者常见的两个特点是扎实的训练和良好的榜样。这和创业团队领导者创造力和亲和力有关。大公司不会轻易地让优秀的人才外流，潜在的领导者通常具有不同的社团背景，他们一般没有过在大公司工作的经验，也就很少受到大公司管理风格的束缚。与团队成员建立密切的关系。

4）自负和谦逊

过度的自负，会影响团队的士气，引起其他成员的不满。缺乏自负，会使得领导者无法完全地委托权利和责任。因此，出色的创业团队领导者必须能够控制本身在个性上和专业上的自负心态，谦虚的容纳、整合不同专长的人。

现实中，没有任何人是完美的，每一位创业团队领导者不可避免地存在一些缺点。如何处理这些领导者的缺点是很重要的，因为新创企业组织的资源相当的薄弱，很可能一不注意就毁于一旦，因此，优秀的领导者应自觉避免以下4方面的不足。

（1）品行不佳

这类领导者在资源有限的情况下，容易纵容不公正的行为、素质差的成员和不良的工作习惯，从而造成过度的开销等。缺乏经验的团队领导者容易错误地判断他所面临的形势，没有白手起家的心态，工作中固然出色，但在利益分配上要求高薪和所有的津贴，对最初的报酬相当计较，自大和贪婪的驱使，很容易使得企业组织在创业初始阶段就遇到难以克服的瓶颈。

（2）无法扮演鼓舞士气的角色

创业阶段，团队的领导者需要不断向团队成员、顾客和投资者推销公司的愿景和理念。新创企业可能因为许多原因而未能获得投资，但不见得都和企业的生存能力有关。如果领导者不是一位具有说服力的代表，就很可能因为投资者对投资对象的信心不足，而使得投资计划流产。这项弱点与团队领导者的沟通能力有关，而且为这项弱点付出的代价往往相当的高昂。

（3）不当的用人技巧

在有些情况下，新创企业是由技术出身的创业者充当团队的领导，他本身可能就缺乏许多必要的能力。由于缺乏沟通的技巧，不可避免地存有用人失误。一个成功的企业必须不断地寻找，雇佣最适合、最好的人选。如果一个创业团队的领导者达不到这个要求，那么就会使得整个企业的人力素质逐渐下降。

（4）团队组建和管理能力不佳

创业团队领导者若缺乏团队组建和管理的能力，很可能会造成企业在混乱中经营。领导者为了保存自己的决策权，因而妨碍了团队成员管理和发展的潜力。或者，领导者惯用一对一的方式解决所有问题，无法提高团队共同解决问题的能力。这样企业的成败往往就局限于领导者的个人能力。创业阶段，团队的领导者如果没有能力把团队凝聚在一起，这无疑增加了团队内部沟通的成本，不利于打开创业的新局面。

2. 创意型人才

创业初期，一个团队从无到有，一个项目从无到有，这些都需要有想法有创造力的人才。正是这些新奇、独特的想法、点子，才使得这些创业团队脱颖而出，做出成果，乃至引领潮流。

前苹果CEO史蒂夫·乔布斯，他不仅是IT巨头，更是令人景仰的创意大师。从某种意义上说，他改变了人们既有的生活方式——让人们在动画作品中找到自己的影子；让音乐在耳边变得真实而叛逆；用设计改变了世界。

在不到 10 年时间里，史蒂夫·乔布斯在全球卖出了 1 000 万台 iPod，彻底改变了人们听歌的方式。他创立了 iTunes 音乐商店，让欣欣向荣的数字音乐拯救了濒临倒闭的传统唱片市场。无论是 iPod 还是 iTunes，对于音乐产业都是里程碑式的标杆。iPod 和 iTunes 的出现，更大的意义在于改变了音乐产业的发展模式和生存方式。史蒂夫·乔布斯主导下的数字音乐产业，建立了一整条从内容生产、渠道销售到消费购买的产业链条。从此以后，音乐人可以通过分成模式保证自己的收入。唱片公司可以不用担心盗版，用心培养艺人，推出新曲。消费者只需要花不多的钱，就可以消费各种各样的音乐产品。

不仅仅是音乐，史蒂夫·乔布斯在平板、手机方面更是引领了一个时代的潮流。如果说当时苹果推出 App store 时，众人只把它当成是苹果硬件的一项附属功能的话，那现在几乎没人能否认，App store 已经成为一个产业，一个产值过 10 亿美元，从业人员过 10 万的庞大产业链条。App store 最大的意义并不在赚钱，根据现有的分成比例，苹果几年来最多能在这一领域拿到 4 亿美元的收入，这相比于 iTunes 带来的收入可以说是九牛一毛。史蒂夫·乔布斯真正对于 App store 的规划在于，iPhone 是一个封闭系统，拥有 iPhone 就可以拥有海量应用，而 iPhone 才能借此维持其高昂的价格，苹果自身维持高额利润。这是一条真正的循环产业链，也是史蒂夫·乔布斯智慧真正所在。

正是史蒂夫·乔布斯独特、超前的思维，让他看到了世界未来的趋势，或者说这种思维帮助他引导了人们的一种新的习惯。所以对于每一个创业的团队来说，有想法的人才是非常可贵的，只有这样，才能为团队带来源源不断的灵感与动力。才能推陈出新，使团队不会被埋没在时代发展的洪流中。

3. 技术型人才

电子商务是通过网络平台的便捷操作实现交易。所以电子商务创业必须要有能够为团队搭建网络平台的技术型人才，涉及交易，必然涉及资金，还涉及人们最为关心的安全性等问题。这就需要通过技术手段来提高交易平台的安全性与快捷性。有了网络平台作为基础，日常团队还需要对网络平台进行维护，建立庞大的数据库等，同样也需要设计人员对页面的进行设计、优化等日常维护，以提高用户的体验。只有用户体验态度的提升，才能吸引更多的顾客，从而为网站带来更多的流量。

知名企业的创始人或高层，大多也都是技术出身。如微软总裁比尔·盖茨，对计算机有着强烈的兴趣，在他的时代，他算是比较早接触计算机并且有相当强的计算机技术的人才。苹果 CEO 史蒂夫·乔布斯，本身在 IT 技术方面也是成绩斐然的，正是由于前期有了技术这些坚实的基础，才为他后来的创新设计带来了灵感并能够付诸实践。没有技术支持的灵感无异于空想。国内比较知名的电子商务企业京东商城的 CEO 刘强东，大学期间，在完成学业的同时，酷爱计算机技术的他将所有课余时间用来学习编程，自称大学期间把 90% 的时间花在了编程上，"在第一代程序员中还算是比较出色的"。他也是从技术起家，后来转型电子商务。由此可以看出，技术型人才对电子商务的重要性。

特别是创业初期，网络平台的搭建、网站的设计与维护、页面优化等是一个从无到有的过程，这些需要技术人才的大量心血，所以技术型人才是电子商务创业必不可少的一部分。

4. 财务管理类人才

1）财务管理能力，将直接影响到大学生创业团队的发展

财务管理能力对创业团队来说也是相当重要的。其重要性表现在如下 3 个方面。

（1）大学生创业活动的前提和基础

大学生创办企业的前提条件之一就是必须有一定的启动资金。缺乏资金往往是大学生创业过程中普遍存在的问题，且融资能力有限。财务管理的重要职能之一就是资金管理。企业成长的过程就是企业商品流和资金流不断循环壮大的过程。资金对企业的重要程度犹如人体内的血液。企业内部财务管理，就是对企业的资金运动和价值形态的管理，主要是以成本管理和资金管理为中心，透过价值形态管理，达到对事物形态的管理。因此，财务管理是大学生创业活动的前提和基础。

（2）贯穿于大学生创业的全过程

从预测启动资金到筹集资金，从会计账目的设立到会计信息的记录，从成本核算到流动资金的风险控制，从财务报表分析到企业的经营决策，都离不开财务管理。同时，在企业日常经营活动中，财务管理延伸到企业经营的各个角落。每一个部门，每一个职工都会通过资金的使用过程和财务部门发生联系，每一笔资金的合理使用都受到财务部门的指导和审核，受到财务制度的约束。因此，财务管理贯穿于大学生创业的全过程。

（3）大学生创业活动健康成长的重要保障

大学生创业活动的好坏，最终都要反映到财务成果上来，通过财务管理可以分析企业经营活动的执行情况，并分析存在的问题和找到解决的方法。创业活动决策是否正确，经营是否合理，风险是否可控，产品是否畅销，员工是否满意，这些指标都能在企业财务指标上得到重要分析反映。因此，财务管理是否有效是大学生创业活动健康成长的重要保障。

2）提高大学生创业团队的财务管理能力

分析了财务管理对一个创业团队的重要性后，如何提高创业团队自身的财务管理能力？我们认为需要从以下6个方面提高认识。

（1）加强财务管理重要性的认识

大学生创业者首先要认识到资金管理的重要性，认识到财务管理不仅仅是一种记账手段，更重要的是一种管理理念，一种控制风险的手段。在制订创业计划书时就要重视财务管理知识，从创业初期就要建立健全财务管理制度，配备专业财务人员，从而保障在创业初期不会出现严重的财务管理问题。

（2）掌握财务管理基本知识

非财会专业的大学生创业者，要在提高财务管理意识的基础上学习财务管理的基本知识。要学习会计基本概念、法规和借贷记账法，学习企业经营过程的基本核算和资产负债表、利润表、现金流量表的会计报表等填报方法，掌握财务管理的基本知识。财会专业大学生创业者要在原有的专业基础上创新提高，充分借助计算机工具，利用现代的记账软件，让会计信息简洁明了，效率更高。同时，在会计信息基础上，做出专业的财务分析，指导企业生产经营。

（3）加强财务管理模拟训练

财务管理是实践性较强的活动，可以通过企业经营游戏，网上创业模拟训练，ERP沙盘模拟推演等手段提高大学生创业者的财务管理能力。现在的财务管理模拟训练一般包含基本技能，核算能力和管理能力等方面。其中基本技能包括钞票的真假识别、点钞、真假发票辨别、单据的粘贴以及数字书写技能。核算能力包括熟练掌握会计凭证的填制，会计账簿的设置，会计报表的分析，纳税申报表填制等能力。管理能力有预测市场供求关系，核算成本，制定价格、资金回笼、风险控制等能力。

（4）强化实际动手能力

在掌握基本财务知识、强化财务管理模拟训练的基础上，强化自己的实际动手能力。首先，拓宽自己的融资渠道，除了传统的银行贷款、自筹资金、民间借贷外，还可以采用风险投资、典当融资、融资租赁等方式进行。不同的融资方式各有利弊，找到适合自己的融资方式，注意控制风险。其次，要建立完善的会计信息体系，保管好各种会计凭证资料，设置会计账簿，做到企业每笔资金来源和支出都有可靠记录，保证会计信息的可靠性和真实性。做好财务报表的编制、分析工作，为企业的财务分析和财务预测等财务管理工作做好信息准备工作。再次，强化资金管理和财务控制，提高资金的使用效率，使资金运用产生最佳的效果，准确预测资金收回和支付的时间，合理地进行资金分配，流动资金和固定资金的占用应有效配合。最后，建立健全财产物资管理的内部控制制度，建立规范的操作程序。加强存货管理，减少库存压力，避免资金呆滞。加强应收账款管理，定期核对应收账款，制定完善的收款管理办法。对死账、呆账进行妥善的会计处理。

（5）加强与财务专业人员联系

创业初期遇到专业的财务管理问题可以外聘专业的财务管理人员进行咨询，由专业的财务管理人员代理账务，做财务分析。也可以外包财务专业机构管理。还可邀请具有专业财务管理知识的大学生入伙合作创业。

（6）加强与政府相关部门联系

为了提高创业成功率，可以进入有关部门建立的大学生创业孵化器，享受政府提供的有关优惠政策，例如融资、房租、税收、注册资金等一系列优惠政策，减少资金压力。还可通过政府部门、社会组织或高校专业教师对企业财务管理的指导，提高创业企业财务管理能力。通过这些组织或个人的指导，了解有关政策，完善创业项目，提高创业能力，降低创业风险。

5. 外联营销类人才

一个团队，有了优秀的领导者，有了新的思路与想法，有了将创意转化为实践的技术人员，有了负责财务管理的大管家，具备了这些，说明团队的自身条件已经准备就绪，接下来就需要一个营销类人才，采用各种营销方式，对成果进行包装推广。包装推广也称营销推广，它是一个创业项目也是一种宣传手段。

以京东商城为例，京东商城营销策略有如下6个方面。

（1）广告

京东的营销模式决定了其在广告投放方面的特性，以网络营销配合户外广告，扩大知名度提升企业品牌形象，达到增加网站流量吸引客户购买之目的。如在塞班手机论坛等移动端，投放与产品相关的网络广告，使广告达到了有价值目标的精准投放。

（2）促销

京东的促销对于企业的发展至关重要，京东做了很多的促销专场和夜黑风高的抢购，以及送代金券，对销量提升确实起到了巨大作用。

（3）DM宣传

京东要做DM宣传有先天的大量会员优势，又可以在定向的目标中实施大规模，高频率的DM宣传客户覆盖，使之转化为直接的购买行为。京东目前没有在DM宣传方面做出任何行动，可以说是营销传播中的失误。

（4）市场活动

市场活动是配合广告、促销等提高市场占有率的有效行为，如果活动创意突出，而且具有良好的执行性和操作性，无论对于企业的销售额、知名度，还是对于品牌的美誉度，都将起到积极的提高作用。京东在此方面形式单一，只是简单的广告与促销相互渗透，并没有形成品牌与商城特色相适合的市场活动。

（5）公共关系

2007年京东商城宣布与支付宝、财付通正式达成战略合作，成为在线支付渠道。通过支付宝、财付通账户进行网上付款，更加便捷地完成购物环节，促进京东商城的用户量和销售量的大幅提升。神州数码与京东商城的合作，使京东商城实现供货渠道的正规化、集成化和专业化，也是对京东商城在B2C电子商务领域所表现出来的实力与未来发展潜力的认可。

（6）网站

网站的内容化发展将是网站发展的大趋势，京东论坛的单一性与专业购物论坛相距甚远，没有形成完整的营销传播链，与网站论坛内容来带动流量的趋势有一定距离。

由京东商城营销策略可知，广告、促销、DM宣传、市场活动、公共关系及网站都是营销推广创业团队成果的各种手段，单单是完善的团队，良好的创业项目还不够，需要有优良的团队进行包装、营销。这样，才更能吸引用户。

2.3 创业团队管理

理论上讲，团队创业的成长性应比个体创业的好，但研究表明，团队创业的失败率并不比个体创业的低，甚至其失败率还高于个体创业。这是因为，尽管团队创业具有资源优势，但要将优势转化为有效决策和行动并非易事，关键在于创业团队的管理。

2.3.1 创业团队管理过程中的误区

在缺乏组织分工和决策规范的前提下，核心创业者对团队成员的选择，决定了创业团队管理的基础架构，影响创业团队管理的成功。大多数创业者都会从自身社会关系网络中选择创业团队成员，因为彼此熟悉，有信任基础。但这并不意味着创业团队能够胜任创业企业的管理工作。

除了信任，在管理经验的组合方面，创业团队需要多元互补。尽管经验多元不一定确保创业团队成功，但它至少能确保创业企业在重要管理岗位上都有胜任的人选，不会出现管理职能缺失的现象。

除经验多元互补之外，创业团队组建还需考虑到成员的性格等方面的特征，尤其是在中国文化氛围下，个体差异导致的结构不合理可能给核心创业者带来难以逾越的团队管理障碍。

在有效的创业团队组建基础上，成功的创业团队管理可以总结为"内聚力（cohesion）—整合（integration）—分配（distribution）"模式（以下简称CID模式）。CID模式体现了创业团队管理的独特性及内在逻辑，是有效开展创业团队管理的重要方式。

其实，在团队管理过程中也存在许多误区。团队管理的误区是指在团队管理中对团队的发展产生负面影响的行为，这些行为严重的时候可能会颠覆一个团队。

常见的团队管理误区有以下 7 个方面。
① 团队缺少关键技能、知识及解决办法。
② 团队的计划不连贯。
③ 团队成员的傲慢情绪。
④ 团队分工不清，人员责任不明。
⑤ 团队总是追求短期目标。
⑥ 团队中经常有制造混乱的成员。
⑦ 团队成员之间缺少协同工作的习惯等。

2.3.2 解决团队管理误区的措施

1. 提高团队的开发能力

让全体成员分享所有相关的商务信息（商务秘密除外），而且要保证团队成员完全明白这些信息。强化团队发现问题和解决问题的能力。提高团队的整体决策能力。

2. 在经验教训中成长

如果团队已经做出了错误的决定，项目主管应当同团队成员一起坐下来，反省错误的发生的原因，强调从这次教训中可以学到什么。不要指责任何人或滥用职权，只是告诉团队这个错误决定所带来的负面影响，并让团队研究所学到的东西和可采用什么措施以确保这类过失不再发生。

3. 避免短视行为

要确保所有团队成员对该组织的目标和结构有一个基本的认识。团队成员如果不具备团队的基本知识，自然难以认识到一个决议对其他团员和整个公司带来的潜在影响。团队成员接受的全局观点越强，他们在做决策时对整个工作的考虑就会越多，就更能克服短视行为带来的影响。

4. 快刀斩乱麻的魄力

要想在当今时代保持一定的竞争力，经营机构在决策和实施决策计划时必须当机立断，任何延误都会造成严重后果。当决策完全陷入僵局时，应该提出这样一个问题"今天不做决定会有什么样的后果？"或者"如果今天无法做出决定，事情会发展成什么样？"通常情况下，不做任何决定比不利决定产生的行动的后果更严重。

5. 解决反抗与抵制情绪

技术人员的特点，决定了他们对项目主管的要求和指导，当对项目主管的要求产生差异时，一般会有抵制情绪或反抗，特别是团队发展初期。项目主管都应明白这一点，克服团队反抗情绪的最佳策略是把时间和精力都集中在谈论如何实现项目目标上。在这个大前提下，充分激发团队成员的积极性。

6. 工作重点和工作能力

项目主管可能不是技术专家，所以主管的工作重点是调动团队成员的积极性，为解决技术问题创造充分的条件。一个缺少基本技术技能的团队很容易出现问题，而有着良好基础但并没有继续获取和使用新知识的团队，也会在将来陷入困境。所以，只有继续获取和使用新知识，才能走得更远。

2.4　大学生创业团队的思考与建议

我国大学生创业团队大多是由一些私交很好的伙伴在一起共同创业,例如朋友、同事、同学、校友等,多是由人际关系来寻找共同创业的伙伴,或是有相似的理念和观点,例如具有相近技术研发背景的人,基于对某一技术的狂热而结合。可以说,人际上的交集是群体性创业团队成员最重要的条件。

创业团队的人员流失率高是一种普遍的现象。据一家管理咨询公司2007年的调查,在我国100家由大学生创办的成长较快的中小企业中,其中一半的创业团队无法顺利熬过公司创立后的5年内,在12个创业团队的个例中,只有2家在创立后的5年内团队保持初期的完整。随着创业规模的不断扩大,创业团队产生分裂,除了队员能力与发展方向和组织要求不适应之外,更多的冲突源发生于创业团队的创业阶段向集体化阶段过渡时期的团队管理上。

纵观各类创业团队的发展史,大学生创业团队分裂最容易发生在企业从创业阶段向集体化阶段过渡的时期。集体化阶段的特征是企业已经度过了生存期,开始提出明确的目标和方向。部门也随着权力层级、工作分派及劳动分工而建立。在此期间,企业从不规范过渡到正常经营管理状态,创业团队中的很多矛盾很容易暴露出来,这些矛盾正是创业团队分裂的主要原因。导致创业团队不够稳定甚至走向分裂主要有3大因素。

1. **性格差异**

创业成员之间因为性格理念不合,导致目标和策略价值观有冲突。在这种情况下,团队成员的性格差异和处理问题的不同方式就容易被掩盖。有些队员从表面上看,好像大家都在努力工作,但真正全身心投入者只有1~2人,同时团队内又缺乏真正的沟通,实际上还没有形成真正意义上的团队,而若团队成员间目标不一致,那么造成的结果就是1+1<2了。这种情况必定会导致创业团队的解散。

2. **缺乏学习能力不足**

随着企业规模的增长,创业团队成员的能力不足在众多的大学生创办企业中体现得非常明显。很多企业的创业元老缺乏持续的学习精神与吃苦耐劳的品质,当初的成功往往是因为有创业激情,敢拼敢干。随着企业进入一个规范发展的时期,他们自身意志和能力的制约反而会成为企业发展的阻力,在这种情况下,创业团队很有可能走向分裂。

3. **没有明确的利润分配方案**

初创团队没有明确的利润分配方案在企业中是非常普遍的。很多大学生创业团队在企业发展初期,没有考虑到或者是碍于面子,没有明确提出具体的利润分配方案,等到企业规模扩大的时候就开始为利润怎么分配而发生争执。

基于上述分析,建议大学生创业团队考虑,创业不仅仅是需要将一群有激情、有想法的青年组织起来,更重要的是将这些有想法有能力的人组合成一个团队。这个团队需要在领导者的带领下朝着既定的目标不断前进,相互激励,永不言弃。团队要有明确的分工,成员各司其职,更要有严格的系统规章制度,以保障团队有序的运行。只有拥有足够的热情,才能保证团队永久的活力。只有充分发挥团队里每个人的优势,才能更好地团结协作真正实现团队的价值,达到1+1>2的效果。要制定一套明确翔实的制度,才能牢牢地凝聚人心,真正发挥一个创业团队的力量。

思考题

1. 试述优秀创业团队的基本构成。
2. 简述团队领导所应具备的基本素质。
3. 分析大学生创业团队管理中最常见的管理误区有哪些。

第 3 章

数据收集与分析

3.1 数据的意义

数据是根据科学实验、检验、统计等所获得的用于科学研究、技术设计、查证、决策等的数值。数据的重要作用是通过数据汇总、分析的结果,为企业领导做出相应规划、决策提供依据。

数据在企业生产、经营中起着至关重要的作用,它犹如企业的眼睛,反映企业生产、经营等所有经营活动的状况,是企业不可或缺的重要依据。

数据可分为财务数据、生产数据、销售数据、市场数据、人力资源数据等,各类数据,起到的作用也不尽相同。

例如销售数据,可以反映销售状况,通过不同的时间、市场环境的优劣、市场变化趋势等变量,反映企业经营状况。企业经营者要根据数据做判断,指导销售、生产、库存、制订相应的生产计划等。例如,去年焦炭企业连续亏损,企业就要根据市场数据做出生产调整,压缩产能,换取市场价格稳定等。

数据的作用对企业的生存至关重要,数据的缺失,或者不准确,对于企业的经营者、管理者都是非常危险的。数据对于创业团队的健康发展有如下 3 方面的作用。

① 数据能够帮助企业管理者预测未来发展趋势,有助于管理者做出合理决策。
② 数据能够理性地从事实角度解释、说明问题。
③ 用数据说话,简洁明了,直观地反映客观事实。

3.2 数 据 收 集

数据收集的方法主要有普查和抽样调查两种方式,当要求数据非常准确的时候可以采取普查的方式,如为了制作校服,要了解学生的身高、胸围、裤长等数据,就要对逐个个体进行采集,这就是普查方式,普查得到的数据比较准确。当采集的个体比较多,较为费时、费力、经费消耗也较大时,常采用的是抽样调查方法。

3.2.1 抽样调查概述

抽样调查是按照一定的程序和方法,随机原则抽取部分样本,通过对样本的调查,获得样本资料，计算出有关的样本指标（统计量），做出估计和推算，并有效控制抽样误差的一种统计方法。随机原则是抽样调查所必须遵循的基本原则。按随机原则抽样可以保证被抽中的样本在总体中均匀分布，不致出现系统性、倾向性偏差。

抽样调查工作可分为抽样设计、调查、数据处理和估计推断等几个阶段。

在抽样调查中，相关工作人员应遵守以下规定。

① 尊重并保护被调查者的隐私权，调查结果只能用于综合分析，而不应给被调查者造成不必要的麻烦和伤害。

② 要诚实地分析调查资料，不能为得出某个事先期望的结论而随意改动资料。

③ 要做一个具有职业水平的工作者，做出来的东西既要让普通人看得懂，也要让专家看出其内涵。

④ 当调查结果得不出好的结论时，应诚实地加以说明。

⑤ 必须在国家法律法规允许的范围内进行，不做违反社会公众利益的调查。

3.2.2 抽样调查的分类

抽样调查可以按不同的标准进行分类。按抽选样本的不同，抽样调查可分为概率抽样和非概率抽样。

1. 概率抽样

在概率抽样中，如果总体中每个单元被抽中的概率都相等，则为等概率抽样；如果每个单元被抽中的概率不完全相等，则为不等概率抽样。

概率抽样按其组织方式不同，可分为简单随机抽样（如图 3-1 所示）、分层抽样（如图 3-2 所示）、整群抽样（如图 3-3 所示）、系统抽样（如图 3-4 所示）、多阶抽样（如图 3-5 所示）和多相抽样（如图 3-6 所示）等不同类型。

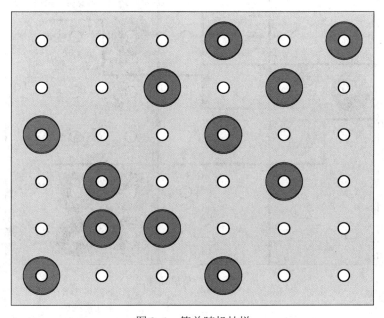

图 3-1　简单随机抽样

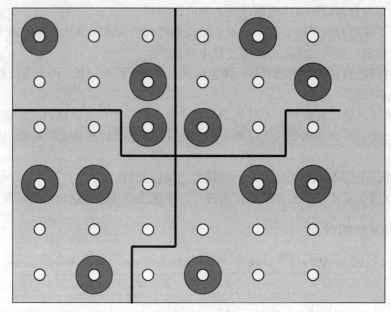

图 3–2 分层抽样

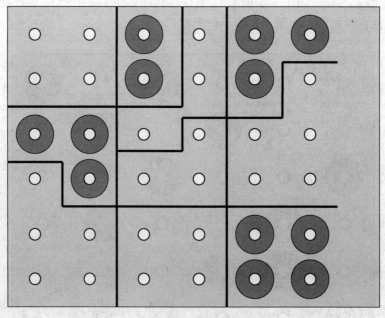

图 3–3 整群抽样

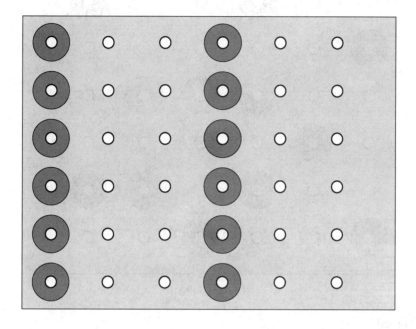

图 3-4　系统抽样

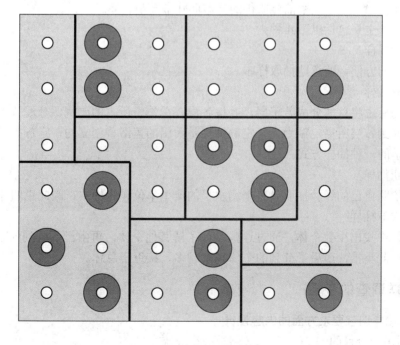

图 3-5　多阶抽样

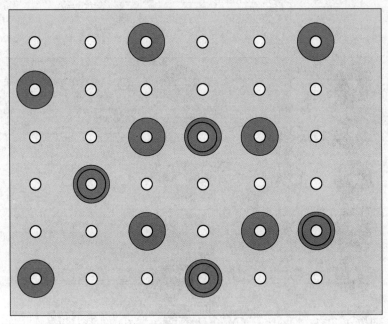

图 3-6 多相抽样

2. 非概率抽样

有时，概率抽样在实际中难以实现，如从海水中抽样，通常只限于一部分；从运煤货车中抽样，一般是从顶部进行等。此时，只能采用非概率抽样。非概率抽样也就是非随机抽样，在抽样过程中不完全按随机原则进行，带有一定的主观随意性，所以无法估计抽样误差，也不能控制抽样误差。用非概率抽样取得的样本叫作非随机样本。

非概率抽样主要包括以下 4 种。

（1）随意抽样

按抽样者的方便，随意地抽取样本。

（2）定额抽样

依一定的标志将总体分成若干层，并按各层在总体中所占的比例，分配样本总量在各层的数额，以抽到各层所需定额为止。定额抽样是美国的盖洛普创立的，定额抽样是非概率抽样中比较科学的一种抽样方式。

（3）判断抽样

抽样者依照自己的经验抽取具有平均水平的典型单位作为样本，因此也叫作典型抽样。

（4）滚雪球抽样

先从总体中找出少数个体，通过这些个体了解其他个体，再由已了解到的个体去发现更多的个体，以此类推，最后了解到的个体越来越多，接近于总体。

3.2.3 抽样调查的步骤

1. 有关抽样调查要求方面的内容设计

① 要明确调查目的。

② 要明确调查对象和调查单位。

③ 要明确精度要求或者误差控制要求。

2. 有关抽样推断工作方面的内容设计

① 确定抽样框。
② 确定抽样的组织方式及方法。
③ 确定样本容量的大小。
④ 确定数据处理方式。
⑤ 确定推断方式。

3. 有关调查内容方面的设计

调查内容就是所要调查的项目或问题,它是抽样调查方案的核心。

4. 有关组织工作方面的内容设计

① 调查人员、组织领导机构的确定,以及调查费用的筹措等。
② 调查人员的培训。
③ 确定搜集资料的具体方法和调查问卷的回收方法等。
④ 制定控制回答质量,减少回答误差的方案。

5. 抽样调查的步骤

抽样调查一般可概括为以下8个基本步骤。

① 明确调查目的要求。
② 编制抽样框。
③ 设计调查问卷。
④ 设计抽样方案,随机抽取样本。
⑤ 培训调查员,组织开展调查。
⑥ 检查调查结果,进行数据处理。
⑦ 分析调查结果,撰写调查报告。
⑧ 积累调查信息,总结调查经验,研究探讨新的调查方式、方法或开拓现有调查方式、方法应用的新领域。

3.2.4 抽样调查的方法

迄今为止,最为普遍的收集数据的方法是邮寄调查、电话调查和面访调查法这3种。近年来,随着计算机辅助调查的崛起,互联网调查已发展成主要的数据收集方法。

1. 数据收集方法的比较

不存在什么最好的数据收集(调查)方法,每一种方法都有自己的长处和不足。在选择数据收集的方法时,要考虑资源、问卷和数据质量等主要因素,此外还需考虑每类主要因素涉及的许多次要因素。就资源因素而言,必须考虑做一项研究需要多少时间,聘用调查员和编码员,购买硬件、软件和补给物品需要多少钱,是否需要使用激励机制,以及是否需要购买或构建一份抽取样本和进行调查的总体的清单(抽样框)等。问卷因素包括为了达到研究的预期目标,数据质量因素涉及某种数据收集方法是否更容易取得调查对象的合作,是否能从调查对象那里得到更为精确或更为完整的数据,以及是否能更全面地对之进行研究等。4种主要的数据收集方法比较如表3-1所示。

明确了各调查方法的特点或优缺点后,还必须回答两个问题:调查的对象是什么人?所研究的问题是否更适合采用某种方法？然后以此为基础选择合适的数据收集方法。

表 3–1　4 种主要的数据收集方法比较

调查涉及的问题	数据收集方法	邮寄调查	互联网调查	电话调查	面访调查
资源因素	费用	低	非常低	低/中等	高
	收集数据的时间/周	长（8~10）	非常短/短（1~3）	短（2~3）	中等/较长（3~12）
	样本的地理分布	可以比较广	可以比较广	可以比较广	必须比较集中
问卷因素	问卷长度/（页/min）	短/中等（3~12）	短（短于 15）	中等/较长（15~35）	较长（30~60）
	问卷复杂程度	必须很简单	可以比较复杂	可以比较复杂	可以比较复杂
	问题复杂程度	简单/中等复杂	简单/中等复杂	简单明了	可以比较复杂
	题序控制	差	差/一般	非常好	非常好
	开放式问题的使用	差	一般/差	一般	好
	可视辅助手段使用	好	非常好	一般不可能	非常好
	住户/个人记录使用	非常好	非常好	一般	好
	亲近度	一般	差/一般	一般/好	非常好
	敏感问题	好	差/一般	一般/好	一般
	无威胁性问题	好	好	好	好
数据质量因素	抽样框偏倚	一般较低	低/高	低（采用 RDD）	低
	回答率	差/好	差/好	一般/好	好/非常好
	回答偏倚	中等/较高（比较适于）	中等/较高（同前）	低	低
文化程度较高的人	对拒访和无法联系的了解	一般	一般	差	一般
	对调查现场的控制	差	差	一般	好
	记录答案的质量	一般/好	一般/好	非常好	非常好

2. 邮寄调查

邮寄调查通常都需要预先给抽出的被调查对象（地址）寄出一封简短的通知信，然后再寄去带有详细说明的封面信件和调查问卷。详细说明的内容应该包括：调查目的、调查的资助者和组织者、问卷应由什么人填写、调查的重要性、关于调查材料保密性的保证和问卷寄回的具体时间（一般在 10 天之内）等。邮寄问卷必须明白易懂，语言必须清楚、简洁，不可夸大其词。封面信应该提供一个电话号码，以便被调查对象在对调查的合法性存有疑虑或对问题不太理解时联系使用。通常为提高回答率而精心设计的调查，都会给没有寄回问卷的调查对象寄去明信片表示感谢，然后再寄去一份封面信和一份问卷。如果还没有回音，最后可能还会通过电话、快递进行特别联系。研究发现，在最初的信件中采用物质的和非物质的奖励有一定效果。

（1）邮寄调查的优点

① 费用远低于电话调查和面访调查。

② 能较成功地收集敏感问题。

③ 所需时间比较固定（不论样本大小和地理分布情况如何，通常是 8～10 周）。

④ 当调查主题是调查对象很关心的问题时，邮寄调查的回答率可能会达到一个比较高的水平。

（2）邮寄调查的缺点

① 当某一子群体较其他子群体更好或更不配合调查时，就会发生回答偏倚问题。

② 邮寄式问卷本身固有的一些特点使得它比由调查员填写的调查效率低，如问卷太长、太复杂或难以填写等。

③ 调查对象对问卷缺乏理解会影响调查结论的质量。

④ 研究人员很难控制调查对象回答问题的次序，甚至问卷的实际填写人。

⑤ 与调查员操作的调查相比，邮寄调查得到的答案往往不够完整和详细。

3. 互联网调查

借助互联网进行的概率抽样调查的抽样，一般以已知或可能的互联网用户的清单为依据。依据抽样框清单所能提供的信息详略不同，可以先通过电话、普通邮件或电子邮件与可能的调查对象进行联系，告知调查组织者的身份，承诺对调查资料的保密，并对如何上网接受调查做必要的指导。为了保证只有被抽到的个体接受调查，且只接受一次调查，要为每个调查对象制定唯一的个人识别码。

调查时，屏幕上首先出现的是一个简短的导言或载有互联网问卷欢迎词的页面。该页除介绍有关调查的目的和如何输入身份识别码的简明指示外，还应该提供电子邮件、电话号码或邮政地址，以便调查对象与研究者联系。采取各种联系手段提醒还没有登录调查网站或没有在规定时间内完成问卷的调查对象登录或完成问卷，提高回答率。

（1）互联网调查的优点

① 费用低。

② 数据收集速度快。所需时间一般为 7～20 天，有时还会更短。一项大学生做的互联网调查中，完成调查问卷的 30%是第一天收到的，而完成调查问卷的 50%是在第 3 天收到的。

③ 在线网络调查可以包含比较复杂的跳跃式选项。

④ 跟邮寄调查相比，能得到相对完整和详细的开放式问题的答案。

⑤ 能创造一种人机互动情景。

（2）互联网调查的缺点

① 相当大一部分成年人还没有上网的途径，无法通过互联网设计和执行一个针对全体人口的概率抽样调查。

② 低回答率和由此导致的潜在的回答偏倚。例如，一个互联网的大学生调查，其回答率只有 31%。

③ 互联网调查比由调查员进行的调查的效率低。

④ 不太适合敏感问题的数据收集。

4. 电话调查

电话调查是当今使用最广泛的抽样调查方法。某些研究表明，电话调查的数据质量与其他调查方法大致相当,但对所需收集的数据形式和数量必须有所限制。其费用居于邮寄调查和面访调查之间。进行电话调查,需要具备以下条件:调查员、一个相对集中的电话中心和调查员工作的办公场所。如果条件允许,可提供一定的监控设备,构建或购买总体的抽样框,一定数量的工作人员。

在电话调查中,选择电话号码的方法是多种多样的。电话号码可以随机地选自一本电话簿,或根据现有的电话号码去掉电话号码最后四位数中的一位或多位,再代之以随机方法产生的随机数码。要对调查员进行电话调查的标准化程序培训。通常调查员需要根据分配给他们的调查对象或电话号码进行电话调查,调查员必须以与书面表达的文字完全一致的问题提问,且对所有的调查对象提问的顺序也必须相同。

(1)电话调查的优点

① 有电话的住户比例较大,且许多人(调查对象)比较乐于接受电话调查。

② 电话调查的回答率高。在对难以联系的调查对象反复联系的情况下,电话调查的回收率通常可达到30%~80%。通常情况下,对那些难以联系的调查对象在不同时间反复联系6~15次。调查地区对回答率有一定影响。

③ 数据收集的时间与其他的大多数调查方法相似或更短。

④ 能对问题顺序加以有效控制。

⑤ 调查员有可能通过电话与调查对象建立融洽的关系,从而使他们接受调查,认识研究的重要性和意义,进而提供完整和精确的答案,即使比较敏感的问题也能如实回答。

(2)电话调查的缺点

① 调查问题必须简短,且供选择的答案不宜太多,而且也必须简短。每个句子最好在20个字(单词)以下,语言要简单明了。每个问题的答案以3~5个为宜。

② 不能提供可视手段。

③ 调查员无法控制答题的情景,调查对象也难以查阅自己的有关记录。

④ 从开放性问题那里得到的答案十分有限。

⑤ 得到的有关拒访和无法联系的信息相当有限,除非抽样调查中包含了调查对象的姓名和地址或其他可以确认的信息。

5. 面访调查

面访调查通常由调查员在调查对象家中或调查对象认为比较方便的地点进行。其最主要的特点是调查对象与调查员同在一个地方。面访调查是4种调查方法中最昂贵的一种,又是某些调查首选的数据收集方法,因为它非常适合于某些形式的问卷,且能显著提高数据质量。

(1)面访调查的优点

① 回答率比较高。

② 抽样框偏倚一般比较低。

③ 回答偏倚一般也比较低。在面访调查中,调查员能更好地控制调查现场,也能和调查对象建立更为融洽的关系。

④ 问卷可以完成比较复杂的调查任务或询问比较复杂的问题,可以使用可视性辅助手段,最适宜使用开放式问题。

⑤ 访问时间更长,调查对象可以查阅家中的有关记录。

(2)面访调查的缺点

① 费用高。面访调查的费用约为电话调查的两倍。
② 耗时长。
③ 调查对象在回答有关个人行为方面的问题时,往往会犹豫不决。一般来讲,数据收集方法越个性化,调查对象回答敏感性问题的可能性就越小。
④ 调查对象在接受面访调查时更可能提供社会所期望的答案(社会遵从性偏差)。

6. 组合式调查方法

没有任何规定一个调查只能采用一种调查方法。根据研究的问题和对表中所列因素的评估,最好的方法是若干方法的组合。

例如,对医生的调查,先是电话调查不理想,后来采取了电话调查与邮寄调查相结合的调查方式,效果大大提高。

例如,在一个住户内进行多人调查,最初对户中的某一成员进行面访调查,而将另一封问卷留下由另一位成员自行填写后寄回。这是面访调查与邮寄调查的组合。

例如,调查高校教师,采取互联网调查与电话调查相结合的方式进行调查。

3.3 数据分析

3.3.1 数据分析概述

数据分析是指运用数理统计方法,对调查所获得的数据资料进行综合处理,以揭示事物内在数量规律的过程。描述分析和统计推论是构成数据分析的两大基本支柱。

描述分析是对已经初步整理的数据资料加工概括,并用统计量对这些资料进行描述的一种方法。它的任务是简缩数据,描述数据,其内容包括以下5方面。

① 编制次数分配表和绘制次数分配曲线,用以表现数据资料的概要。
② 计算各种平均数(众数、中位数、算术平均数等),用以测定和表现数据资料分布的集中趋势。
③ 计算离差数(全距、平均差、均方差等),用以测定和表现数据资料的离中趋势。
④ 测定次数分配不对称或偏斜程度,即对一个次数分配中所包括的各个观察值的排布,测定其是否对称于中位值。
⑤ 测定次数分配曲线图形的顶峰尖峭或平坦程度等。

统计推论是在随机抽样的基础上,根据样本资料对总体进行推论的一种方法。它的目的是用一个观察数值去推断一个未知的理论数值;用一个样本数值去推断一个理论统计量(参数)。因此,如何抽取样本、样本的可靠程度、分析可靠程度的保证及进行假设检验等,都是统计推论需要研究的重要问题。统计推论的主要内容包括:样本分配、参数估计、统计假设检验、方差分析及非参数统计等。

数据分析的目的是把隐藏在一批看似杂乱无章的数据中的信息集中、萃取和提炼出来,以找出所研究对象的内在规律。

数据分析有极广泛的应用范围。典型的数据分析可能包含以下3个步骤。

① 探索性数据分析。当数据刚取得时,可能杂乱无章,看不出规律,通过作图、造表及方程的拟合、计算某些特征量等手段探索规律性的可能形式,即往什么方向发展和用何种方

式去寻找和揭示隐含在数据中的规律性。

② 模型选定分析。在探索性分析的基础上提出一类或几类可能的模型，然后通过进一步分析从中挑选一定的模型。

③ 推断分析。通常使用数理统计方法对所定模型估计的可靠程度和精确度做出推断。

3.3.2 数据分析的一般过程

数据分析过程主要有识别信息需求、收集数据、分析数据、数据分析过程的改进 4 个方面。

1. 识别信息需求

识别信息需求是确保数据分析过程有效性的首要条件，能为收集数据、分析数据提供清晰的目标。识别信息需求是管理者的职责，管理者应根据过程控制的需求，提出对信息的需求。就其过程控制而言，管理者应识别需求要利用哪些信息支持评审过程输入、输出，资源配置的合理性，过程的优化方案和过程变异的发现。

2. 收集数据

有目的的收集数据是确保数据分析过程的有效保证。收集数据时需要对数据的内容、渠道、方法进行如下 4 个方面的策划。

① 将识别的需求转化为具体的要求。例如评价供方时，需要收集的数据可能包括过程能力、测量系统不确定程度等相关数据。

② 明确由谁在何时何处、通过何种渠道和方法收集数据。

③ 记录表应便于使用。

④ 采取有效措施，防止数据丢失和虚假数据对系统的干扰。

3. 分析数据

分析数据是将收集的数据加工、整理和分析，使其转化为信息。常用方法有老 7 种方法和新 7 种方法。

（1）老 7 种方法

排列图、因果图、分层法、调查表、散步图、直方图、控制图。

（2）新 7 种方法

关联图、系统图、矩阵图、KJ 法、计划评审技术、PDPC 法、矩阵数据图。

4. 数据分析过程的改进

数据分析是质量管理体系的基础。管理者应通过对以下问题的分析，评估其有效性。

① 提供决策的信息是否充分、可信，是否存在因信息不足、失准、滞后而导致决策失误的问题。

② 信息对持续改进质量管理体系、过程、产品所发挥的作用是否与期望值一致，是否在产品实现过程中有效运用了数据分析。

③ 收集数据的目的是否明确，收集的数据是否真实和充分，信息渠道是否畅通。

④ 数据分析方法是否合理，是否将风险控制在可接受的范围内。

⑤ 数据分析所需资源是否得到保障。

3.3.3 数据分析遵循的一般原则

数据分析的方法多种多样，不论使用何种方法进行数据分析，都需要遵循数据分析的一般原则。数据分析的一般原则如下。

1. 数据要恰当利用

数据作为企业的有效支撑并不是在哪个场合都那么具有说服力,关键是要搞清楚沟通的对象和企业的需求,恰当地利用数据以解决企业的问题。

2. 数据分析要一针见血

在海量的数据中,需要的是一针见血的数据。要做到这一点,须在寻找数据前,弄清楚如下问题:希望从数据中找到问题还是希望通过数据来证明某种的观点?要解决什么核心问题?关键是要证明什么?有方向地寻找数据才更有效率。

3. 数据需要包装

数据分析不是把数据摊出来就解决了问题,更重要的是怎么包装好数据并且使其可视化。一眼就可以看出解决问题的数据图表,才是真正体现了分析过程和思考过程的数据分析。

3.3.4 四种简要的数据分析方法

1. 对照

对照就是俗称的对比,单独一个数据是不能进行鉴别的,必须与另一个数据做对比才能进行鉴别。例如某产品销售数量图(2015 年 10 月 25 日)如图 3-7 所示,同种产品(2015 年 10 月 24 日和 25 日)的销售数量比较图如图 3-8 所示。

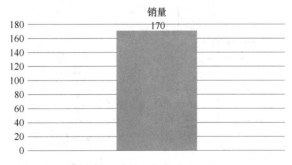

图 3-7　某产品销售量图(2015 年 10 月 25 日)

图 3-8　某产品销售量比较图

这是最基本的思路,也是最重要的思路。对照在现实中的应用非常广,比如选产品、监控增量等。如果数据是独立的,无法进行对比,就无法判断,也就无法从数据中读取有用的信息。

2. 拆分

从字面上看,拆分就是拆解和分析。当需要对某一个指数做分析时,拆分会让数据更加清晰,而且便于寻找细节。

例如:运营组经过对比成交数据,发现某天的销售额只有前一天的50%,这个时候再怎么对比销售额这个维度已经没有意义了,这时需要对销售额这个维度做分解、拆分指标。例如一个指标公式的拆解如图3-9所示。

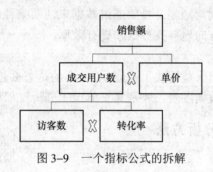

图 3-9 一个指标公式的拆解

在对销售额这个维度进行分解之后,还须对流量的组成成分作简单的分解,如图 3-10 所示。

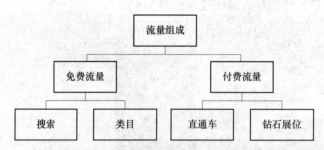

图 3-10 对流量的组成成分做简单分解

由图 3-9 和图 3-10 可知,拆分后的结果相对于拆分前清晰许多,便于分析、找细节。可见,拆分是分析人员必备的思维之一。

3. 降维

是否有面对许多维度的数据却束手无策的经历?当数据维度太多时,不可能每个维度都拿来分析,有一些有关联的指标是可以从多维数据中筛选出具有代表性的维度的,如表3-2所示。

表 3-2 从多维度数据中筛选代表性维度

日期	浏览量/人	访客数/人	访问深度	销售额/元	销售量/台	订单数/个	成交用户数	单价/元	转化率
2018/2/1	2 584	987	2.7	9 045	96	80	67	135	7%
2018/2/2	3 625	1 450	2.5	9 570	125	104	87	110	6%
2018/2/3	2 572	1 286	2	12 780	130	108	90	142	7%
2018/2/4	4 125	1 650	2.5	15 345	143	119	99	155	6%
2018/2/5	3 699	1 233	3	8 362	107	89	74	113	6%
2018/2/6	4 115	1 286	3.2	14 040	130	108	90	156	7%

这么多的维度，其实不必每个都分析。例如，成交用户数、访客数和转化率，只要三选二即可。另外，成交用户数×单价=销售额，这三个也可以三择二。

一般只关心有用的数据，当某些维度的数据与分析无关时，就可以筛选掉，达到降维的目的。

4．增维

增维与降维是对应的，有降必有增。当目前的维度不能很好地解释要解决的问题时，就需要对数据做一个运算，增加一个指标，如表3-3所示。

表3-3 在多维度数据中增加维度

序号	关键词	搜索人气/人	搜索指数	占比	点击指数	商城点击占比	点击率	当家宝贝数/件
1	毛呢外套	242 165	1 119 253	58.81%	512 673	30.76%	45.08%	2 448 482
2	毛呢外套（女）	33 285	144 688	7.29%	80 240	48.88%	54.79%	2 448 368
3	韩版毛呢外套	7 460	29 714	1.45%	15 076	21.38%	50.04%	1 035 325
4	小香风毛呢外套	6 480	22 543	1.09%	11 143	22.34%	48.72%	60 258
5	斗篷毛呢外套	5 463	23 443	1.14%	11 328	19.87%	47.61%	

当发现一个搜索指数和一个类目数，这两个指标一个代表需求，一个代表竞争，就可以把搜索指数/类目数=倍数，用倍数来代表一个竞争度。这种做法就是在增维。

增维和降维是在对数据的意义有充分的了解后，有目的地对数据进行转换运算。

思考题

1. 简述数据的含义及其对企业的意义。
2. 数据收集最常采用的方法是什么？试概述其工作的过程。
3. 抽样调查按抽取样本的不同，可分为哪两种？试绘图说明其具体内容。
4. 试列表比较4种抽样调查方法的优劣势。
5. 简述数据分析要遵循的一般原则。

第 4 章

项目评估与风险分析

4.1 项目评估

项目评估是由投资决策部门组织和授权给银行、国防工程咨询公司或有关专家,代表国家或投资方(主体)对上报的建设项目可行性分析报告进行全面的审核和再评价。它是在项目可行性分析的基础上,由第三方(国家、银行或有关机构)根据国家颁布的政策、法规、办法、参数和条例等,从项目(或企业)、国民经济和社会发展的角度出发,对拟建项目建设的必要性、建设条件、生产条件、产品市场需求、工程技术、经济效益和社会效益等进行决策的过程,其目的是审查项目可行性分析的可靠性、真实性和客观性,为银行的贷款决策或行政主管部门的审批决策提供科学依据。其主要任务是对拟建项目的可行性报告提出评价意见,对该项目投资的可行与否做出最终决策(取舍),确定给出最佳的投资方案。

项目评估是对项目投资进行科学审查和评价的理论与方法,强调从长远和客观的角度对可行性分析进行论证并做出最后的决策。为此,应参照给定的目标,对项目的净收益进行审定,权衡利弊后,寻找可替代方案;或为达到既定目标,在进行项目可行性分析论证过程中,通过技术分析其净收益来确定最佳方案并得出最终结论。

项目评估的主要依据,以及对项目可行性分析报告进行评估的有关文件如下。
① 项目建议书及其批准文档。
② 可行性分析报告。
③ 报送单位的申请报告及主管部门的初审意见。
④ 项目(公司)章程、合同。
⑤ 有关资源,原材料,燃料,水、电、交通、通信及资金(含外汇),组织征地、拆迁等项目建设与生产条件落实的有关批件。
⑥ 项目资本金落实文档及各投资者出具的当年度资本金安排的承诺函。
⑦ 项目长期负债和短期借款等落实或审批文档,以及借款人出具的用综合效益偿还项目贷款的函件。
⑧ 必备的其他文档和资料。

若是项目贷款,对于有关放贷机构而言,还需补充以下 3 个方面的文档资料。
① 借款人近 3 年的利润表、资产负债表和财务状况变动表。

② 对于合资或合作投资项目，各方投资者近 3 年的利润表、资产负债表和财务状况变动表。

③ 项目保证人近 3 年的利润表、资产负债表和财务状况变动表及银行评审需要的其他文档。

4.1.1 项目评估与创业的关系

通常企业估值的方法有市盈率参照、净资产价值参照、重置成本参照、市场横向比较参照和现金流贴现参照 5 种。现对除"重置成本参照"外的其他 4 种参照方法进行介绍。

1. 市盈率参照——很难对创业企业价值进行评估

作为一个创业企业，在开始最初的几轮融资时，绝大多数还没有进入到规模化盈利的阶段，创业企业在整体财务评价上还是亏损的。此时没有盈利，就不可能按照市盈率参照的方式来确定创业企业的价值。因为现在还没有收益，就不能够在现实收益的基础上根据一定的市盈率来确定企业的价值，而将来的盈利预测尤其是远期的盈利预测作为企业现实价值的市盈率评估就缺乏足够的说服力。没有现实盈利的基础支持，将来盈利的预测最多具有逻辑分析的基础，对盈利预测的认可程度不会太高，因而按照市盈率参照方式来确定创业企业的价值很难在天使投资人、风险投资机构与创业企业之间达成一致，也难以达成对创业企业价值的一致评估。

2. 净资产价值参照——创业企业无法接受的估值方式

净资产价值参照在实际工作中也不是一个能够得到广泛认可的创业企业价值评估方式。其原因在于创业企业在很大程度上都有一定程度的创新，在技术和产品研发上所做的许多投入是否能够转化成无形资产、转化成企业无形资产的数量是多少，这些很难在现实上得到各方面的认可。企业的新技术或新产品在没有获得市场的一致认可之前、还没有形成新产品的规模收益之前就要明确评估可以成为多少数量的无形资产，的确是一个很难衡量和界定的问题，而不将这些无形资产包含进去，则创业企业的价值是相当不完整的，也是创业企业无法接受的。

3. 市场横向参照——很难有效地应用到创业企业的价值评估上

市场横向比较法实际上是将估值的创业企业与最近有过股权交易的类似企业加以比较，从而对创业企业价值进行评估的方法。该方法虽然有一定的参考性，但是通常在实际应用时，参照企业与评估企业在规模、经营方式和面临的市场环境要相似，而且评估基准时间间隔不能够过长。而在对创业企业进行评估时，由于创业企业与传统企业相比，规模要小得多，而创业企业的创新特色确定了创业企业的经营方式和市场环境与传统企业有很大的不同，虽然能够进行比较的因素很多，但是一些关键因素却很难进行比较，很难用一个统一的规则对这两类不同的企业进行统一衡量，因此也很难将对传统企业的价值评估方式有效地应用到创业企业的价值评估上。

4. 现金流贴现参照——最符合价值理论

企业评估的现金流量贴现法就是把企业未来特定期间内的预期现金流量还原为当前现值。由于企业价值的精髓还是它未来盈利的能力，只有当企业具备这种能力，它的价值才会被市场认同，因此理论界通常把现金流量贴现法作为企业价值评估的首选方法，在评估实践中也得到了大量的应用，且已日趋完善和成熟。该方法用到的计算公式为

$$P = \sum_{t=1}^{n} \frac{CF_t}{(1+r)^t} \qquad (4-1)$$

其中：P 表示企业的评估值；n 表示资产（企业）的寿命；CF_t 表示资产（企业）在 t 时刻产生的现金流；r 表示预期现金流的折现率。

从上述计算公式可以看出该方法有两个基本的输入变量：现金流和折现率。因此在使用该方法前首先要对现金流做出合理的预测。在评估中要全面考虑影响企业未来获利能力的各种因素，客观、公正地对企业未来现金流做出合理预测。其次是选择合适的折现率。折现率的选择主要是根据评估人员对企业未来风险的判断。由于企业经营的不确定性是客观存在的，因此对企业未来收益风险的判断至关重要，当企业未来收益的风险较高时，折现率也应较高；当未来收益的风险较低时，折现率也应较低。

现金流量贴现法与其他企业价值评估方式相比，最符合价值理论。最有效的价值评定也是市场的供求关系所决定的，一旦新三板和其他的场外交易市场建立，多个小微型企业在市场中挂牌，市场买卖双方对企业股权有了交易，对企业价值就有了一个直观有效的实际评定。

从最基础的商业逻辑上看，企业价值的认定主要取决于能否获得市场空间，以及能否通过市场服务实现利润的能力。创业企业虽然在目前缺乏有效的市场服务产品和现实的获利能力，但只要创业企业所设计的产品和服务能够填补市场空白，能够切实抓住一部分目标客户并维持客户的忠诚度，拥有获得超出本行业平均水平的盈利能力，企业的价值就是可以预期的。

未来盈利预测的情况和可信任程度主导着企业价值的认定。而天使投资人和风险投资机构可以带来的共享资源的多少，以及对创业企业发展和获利的帮助程度也影响着投融资双方对创业企业价值的认定。因为创业企业将来产生的现金流，除了要依靠新投资者的资金实力外，还要借助于新投资者所带来的共享资源，投资者对创业企业的贡献越大，在相同投资之下应该获得的股份比例或收益份额比例也应该越大。至于投资者可以带来的共享资源能够起到多大的作用，应该在投资和计算股权比例中享有多大的优惠，则取决于投资方和创业团队对这些资源的认识程度和需求的迫切程度，以及双方商业谈判的结果。

4.1.2 创业项目评估的内容

创业项目评估的主要内容是评定风险、核实数据来源、落实未确定因素和判定信用等级。

1. 评定风险

租赁回收的好坏主要是看企业偿还能力。对于出租人来说最大的风险就是企业没能力偿还租金。在目前的经济环境下，判定风险的大小只能是让承租人提供有效的经济担保和企业真实的经济效益。影响租金回收的风险很多，除了偿还能力风险外，还有债务、利率汇率、经营、市场变化、环境污染、政策调整、产业结构匹配及其他不可预测等风险因素，都会增加项目的风险，应在调查研究的基础上综合分析。

承租企业的风险等级和经济担保能力是密切相关的。下面按照风险程度说明出租人所能接受的 4 类担保。

（1）A 级：银行担保

如果承租企业能得到银行的经济担保，说明企业在当地有一定的经济实力。要注意的是，银行的级别应与融资租赁的规模相对应,金额越大,出具担保函的银行的级别要求越高。如果融资租赁使用的是外资,提供担保业务的银行除了上述条件外,还要求有外汇管理局批准的外汇担保业务。一般省级银行才有这种担保能力,而且单个项目的担保总额限定在300万~400万美元。

(2) B级:房地产抵押担保

房产是指有合法手续,可出售的商品房产。地产是指与房产有关的土地。单独的地产不能作为资产抵押,抵押的房地产要经过会计事务所评估,办理法律公证。而且抵押物的资产净值应高出租金总额一定的比率才具备担保条件。

(3) C级:证券抵押担保

出租人只接受国债和上市后能及时变现的债券或有价证券作为抵押担保。股票由于自身风险较大,不能作为资产抵押担保。证券担保一般都根据证券的信誉程度打一定的折扣后,作为担保额。

(4) D级:大型企业担保

这种企业的担保能力应得到租赁公司认可,企业的知名度和资信都应有良好的记录,并有租赁公司对担保企业3~4年的财务报表,进行诊断分析之后,方可接受其担保资格。这种担保在做法上比较复杂,业务活动范围比较窄。不管以什么方式担保,在担保函中应明确规定经济担保人是其债务第一追索人,以落实担保人承担的债务风险和还款责任。在目前所发生的经济纠纷案例中,许多担保人被起诉,经判决承担了还款责任,说明了这种做法的重要性和必要性。只有具有担保能力的担保人承诺了担保意向,租赁项目才有可能在租赁公司内部立项。

2. 核实数据来源

各种经济数据是项目评估的基础和依据,因此核实数据来源的可靠性和权威性是项目评估的重要环节,要着重核算如下两个方面的数据。

(1) 租赁项目占投资总额的比例

一般承租人为租赁物件配套的资金应大于租金物件概算成本的1~2.4倍,这样才能保证租赁项目的正常运作,为此要核实企业的项目资金来源和筹资能力。实行贷款证制度的地区,应核实企业的贷款规模和负债比例。

(2) 企业资信能力

主要通过企业近几年的财务报表和有关明细表分析经营情况,调查企业的存货结构、应付款项,判断产品销路和债务拖欠情况,了解产品的生产能力和销售能力,分析产品的市场周期是处于上升阶段、发展阶段还是下降阶段,核算企业资产和负债的比例,以及短期负债和长期负债的比例,这些都是预测企业偿债能力的重要依据。在核实过程中,对财务报表的大额数据应查询有关凭证和账簿。有些公众数据,如影子参数和社会收益率等,应来源于有关政府部门和专业的权威管理部门。

3. 落实未确定因素

在尚未成熟的市场环境中有许多不确定因素增加了项目评估的难度和工作量。项目调研时,要充分寻找这些不确定因素,采取一些措施,如用概率论、数理统计等科学计算方法找出不确定因素的变化趋势和规律。对一些不落实或口头答应的事,签订承诺书、意向书,将部分未确定因素转化为确定因素。

4. 判定信用等级

企业信用施行等级制是整个融资租赁业务活动的分界点。租赁公司对企业的信用判定，就是对项目风险的判定。通过项目评估，判断出企业信用等级，根据等级的高低决定项目的取舍和租赁利差的幅度。

4.1.3 创业项目评价关系与程序

1. 创业项目评价关系

对不同的人来说，同一个项目，使用价值各不相同。例如对某个项目，政府希望能促进农民增收或增加社会就业，投资商希望能由此盈利。

人们只关心项目对自己有用的使用价值，而不关心"于己无用"的使用价值。所以不同的人对同一项目的优劣评价不同。例如政府认为，能帮农民增收的项目就是好项目，至于项目的盈利性（不是政府投资），政府并不关心，而投资商相反。投资商认为，盈利性好的项目就是好项目，至于能否有助于农民增收，并不重要。

在现实生活中，所说的招商主要是以投资商为对象。因此对项目的优劣评价，就要站在投资商的立场上，看其盈利性如何。可是许多地区的招商，向投资商着重宣传的不是项目的盈利性，而是能帮多少农民脱贫、能增加多少就业。其实这只是政府关心的事，投资商对此并不热心。

不同的人，由于不同的使用目的，对项目的优劣评价也各不相同，即使是相同的人，出于相同的使用目的，对项目的评价也可能不同。例如同样是投资商，同样以盈利为目的，但由于各自的商业习惯不同，对同一个项目，其优劣评价也可能不同。被某些投资商认为"好"的项目，有可能被另一些投资商认为"不好"。

例如甲、乙两个投资商，甲是"高风险、高收益"的"风险偏好"型，乙是"低风险、低收益"的"风险厌恶"型，他们对同一个项目的"风险/收益"关系，评价就可能不同。

又如丙、丁两个投资商，丙以"实业运营"为投资目的，而只将项目未来可能的资本运营当成可有可无的副产品。而丁却以项目未来的"资本运营"为目的，眼前的实业投资仅仅是打基础。他们对同一个项目，评价就可能不同。

通常，对同一个项目来说，出身于工厂、商业、农村、科技、证券、政府等不同行业的企业家，或者高级知识分子或农民企业家，或者虽然同为知识分子的"院校派"或"海归派"，他们对项目的评价也各不相同。

特别是我国当前一些较大的投资商，通常自身并不是投资商，而只是"投资"行业以外的其他行业的"行业商"（虽然可能挂着"××投资公司"的牌子）。而这些行业商又常处于"第一代唱主角"的"创业英雄"时代，和国外老店早就由"创业英雄"变为职业经理人一样，其科学管理理念远不相同。"创业英雄"的商业习惯会更为固定。

商业习惯当然是有很多优点的，可是"真理多走一步，就成谬误"。在不熟悉的地区、行业，商业习惯容易影响投资商对项目的判断。例如，以券商的习惯观察实业，以流通商的习惯观察工农业、服务业，以文人的习惯观察新闻，以市民的习惯观察高端媒体，都容易观察不准造成判断错误。商业习惯是潜移默化形成的。一些投资商尽管"不抱偏见"选项目，也在尽量克服商业习惯可能带来的项目或经营偏见，但他们商业习惯的不良影响还是会无意识地流露出来，使得实际操作人员或合作伙伴十分为难。

2. 创业项目的程序

创业项目的基本程序可划分为选定创业项目、拟定创业计划、筹集创业资金、办理创业项目的有关法律手续及创业计划的实施与管理5个步骤。

（1）选定创业项目

对大量创业成功者的实例研究证明，选定好的创业项目是创业成功的前提和基础。选择创业项目，不仅要对自身的兴趣、特长、实力进行全面客观的分析，而且要善于发现市场机会，把握发展趋势。

（2）拟定创业计划

拟定创业计划是指在选定创业项目的基础上决定创业"怎么干"。好的计划是创业成功的一半。只有拟出切实可行的创业计划，创业活动才能做到有的放矢，减少失误，提高创业的成功率。

（3）筹集创业资金

常言道"巧妇难做无米之炊"。创业也是一样，必须有一定的资金，否则，创业活动就无法开展。由于创业者一般都缺乏资金，因此筹集创业启动资金就成为创业者必须解决的一个重要问题。

（4）办理创业项目的有关法律手续

创办企业必须按照有关法律法规的要求，办理工商登记注册、税务登记、银行开户等有关手续。

（5）创业计划的实施与管理

创业者完成了前4个步骤的工作后，接下来就要按照拟定的创业计划要求，组织调配人、财、物等资源，实施创业计划与管理。如果说前4个步骤是创业活动的准备阶段，那么这个步骤就是创业活动的实施阶段。创业实施阶段的工作既是创业活动的重点，也是创业活动的难点，不仅要求创业者要有吃苦耐劳、不屈不挠的精神，更要求创业者讲究工作方法，运用经营管理策略，方能实现创业目标。

4.1.4 创业项目评估体系与方法

风险投资的运作过程是一个筹资活动与投资活动相结合、资本和科技项目相结合的过程。风险资本筹集以后，风险投资公司才能进入投资动作程序。风险投资公司的投资动作程序包括项目评估和选择、谈判和签订协议、辅导管理和退出4个阶段。项目评估和选择是整个风险投资程序的至关重要的阶段，直接关系到风险投资项目的成功。

1. 项目获取方式

风险投资公司一旦投入业务运作，就要面对范围广泛的投资机会。风险投资公司获取潜在的投资机会主要有三种方式：一是创业者（企业）主动提供，在创业企业寻求早期投资时常采用这种方式；二是中介机构推荐，包括如辛迪加投资等主要投资人的推荐；三是风险投资公司主动寻找，这种方式下的项目质量较高（风险投资公司部分地充当了企业家寻找项目的角色）。

2. 项目筛选

风险投资的项目评估和选择，第一阶段工作是投资机会筛选。风险投资公司的专业人员对收到的大量创业计划和投资机会进行筛选，快速舍弃不合适的投资方案。筛选阶段评估的对象是项目计划书，并不进行详细的分析评估。风险投资公司制定项目筛选标准及对潜在的投资机会进行筛选，运用的是结合自身特点的特殊评价指标，主要考虑以下 5 个方面的问题。

① 风险企业所处的行业。风险投资公司出于控制风险、增大回报的考虑，大都坚持企业集中投资原则，对风险企业所处行业有自己的偏好和专长。

② 风险企业所处的阶段。风险投资公司对风险企业所处的阶段有自己的偏好和专长。

③ 风险企业要求的投资规模。投资规模的选择是一个规模效益和风险控制的平衡问题。企业要求投资规模过小，管理成本就会上升；规模过大，则风险太大。

④ 风险企业的地理位置。出于辅助管理风险企业的便利考虑（有时也因为政策规定），风险投资公司一般选择在其自身或分支机构所在地的风险企业进行投资。在联合投资的情况下，非主要投资方可以选择非本公司所在地的风险投资企业进行投资，但对风险企业的监督管理通常由风险企业所在地的风险投资公司来承担。

⑤ 对潜在的投资机会进行筛选时，还要考虑自身的资本实力、融资渠道、投资策略、以往经验及对产业发展的战略判断等。

3. 项目评估的方法和评价指标体系

通过筛选阶段的淘汰，只有少数风险投资公司认为合适的、有价值的项目得到保留，进入投资评估阶段。国外的风险投资公司在实践中都建立了自己的评估组织体系、评估方法和评价指标体系。我国对投资项目如何进行评估，采用什么方法、什么评价指标体系，以及由什么部门来评估目前尚无可以借鉴的经验。由于风险投资具备高风险特征，风险企业的投资、管理和经营中具有相当大的不确定性。对一个早期的、充满不确定的风险企业进行未来的现金流预测是不现实的，风险企业在风险资本退出前几乎没有现金分红，风险资本的报酬主要通过退出时的股份增值来实现。因此，对传统的投资项目采用了现金流量贴现法进行项目评估。由于风险投资的是未来的增长机会，期权理论和期权定价方法成为对风险投资项目进行评估的理论和方法。在国外，用期权定价方法评价风险投资项目已有大量的理论研究和少量的实际应用，我国这方面的研究和应用处于起步阶段，特别是在实际应用上。

一般情况下，多数风险投资是以创业企业的商业计划书为基础，通过主观评估进行项目评估和选择的。这种做法大多参考了风险投资知识和以往的经验，科学性成分并不大，没有多少量化指标。但是这种主观性不等于随意性，风险投资公司在项目评估和选择上都有自己的专业人才、机构、评估方法和评价指标体系，以求项目决策尽可能地具有科学性并取得在控制风险条件下的收益最大化。

风险投资公司进行风险投资，最希望看到如下 4 种情况：选择合适的企业家进行投资合作；风险企业在合适的时间拥有合适的技术、生产出合适的产品；存在或能引导创业的市场；能带着丰厚的回报和良好的声誉从创业企业中顺利退出。因此，风险投资公司在对项目进行评估时除了采用根据本公司制定的特殊标准外，会采用一般性的评估标准，对创业计划书、管理、技术和产品、市场、财务、退出等方面进行评估。

对企业计划书的评估，包括对计划书的结构、内容和可靠性的评估。对管理的评估，包括对创业企业家和其他重要管理人员的评估。从某种意义上说，

对管理的评估重于对技术的评估，企业家的良好品格和责任感是降低道德风险的主要途径。对创业企业家的评估重于对其他重要管理人员的评估。

对技术和产品的评估，主要是评价技术和产品的先进性、成熟性和市场性，产品的市场

导向是对技术和产品评价的中心。

对市场的评估是对产品推入市场的时间、竞争优势、产品的市场接受度，是否符合产业政策导向、抗经济周期能力。市场的成长性、市场容量，能不取得足够的市场份额等进行评估。

对财务的评估，包括风险资本在可以接受的范围内、保证有进一步的效果、能获得更高的投资回报率。

对退出的评估，主要考虑能否在合适的时间、以合适的方式退出投资。如果能通过上市方式退出，则风险企业将得到比较高的评估值。

4. 评估中的调研分析工作

风险投资公司在确定了项目评估的指导思想、评估方法和项目评价指标体系后，就可以组织专业人员（包括内部和（或）外聘）按评价指标体系对项目进行评估。在评估工作中必须对项目有关的信息进行系统的调研、分析和处理，并根据掌握的信息对项目的技术、市场和财务等进行分析。主要的方法有与创业企业家和管理人员面谈，调查企业团队管理人员及机构，对项目进行技术、市场和竞争分析，对企业风险的管理和财务进行分析，检查企业风险的过往记录。

5. 项目评估和选择的组织

一个组织机构完善的风险投资公司一般都有研究咨询部、投资评估委员会、专家咨询委员会、投资决策委员会等机构和部门。风险投资公司进行项目评估和选择比较理想的流程是二级评估、二级决策。第一级评估为投资经理在研究咨询部门的协助下，对投资项目进行筛选和初步评估。第二级评估为投资评估委员会对经过投资管理部门一级评估的项目进行深入评估，投资评估委员会按既定的评估方法和评价指标体系，在专家咨询委员会的咨询下，进行项目的评估。项目经投资评估委员评估通过，报公司经理审批同意，再由投资决策委员会进行最后的决策。投资决策委员会通过后，项目投资前的评估和选择工作结束，风险投资进入谈判协议阶段。

6. 运用层次分析法进行项目评估和选择

风险投资的评估和选择实际是一个多目标的决策过程，可以应用系统工程和决策论的方法进行。层次分析法（AHP法）是解决项目评估和选择的一种行之有效的办法。确定投资项目的评估价值是层次分析的总目标，项目评估的一般标准（创业计划书、管理、技术和产品、市场、财务、退出）作为分目标，又可以分解为指标，如技术与产品分目标又可以分解为技术的先进性、成熟性和市场性等指标。在确定各分目标和指标的权重时，对项目的各指标评价和选择可以采用专家打分法。项目的评估值确定后，将项目的评估值和预期值（最低的要求得分）进行比较，大于预期值的可以考虑投资，小于预期值的不予投资。若有多个项目可供选择，优先选用评估值大的项目进行投资。

4.2 创业风险分析

对创业风险的界定，目前学术界还没有统一的观点，大多数国内外学者都只针对自己所研究的领域或角度来界定，而并没有将其一般的概念提炼出来。Timmons和Devinney将创业风险视为创业决策环境中的一个重要因素，其中包括处理进入新企业或新市场的决策环境及新产品的引入。国内学者赵光辉主要从创业人才角度界定创业风险，认为创业风险就是指人才在创业中存在的风险，即由于创业环境的不确定性，创业机会与创业企业的复杂性，创业者、创业团队与创业投资者的能力与实力的有限性，而导致创业活动偏离预期目标的可能性及其后果。

4.2.1 创业风险的定义

1. 风险投资的定义

风险投资是指由职业金融家将风险资本投向新兴的迅速成长的有巨大竞争潜力的未上市公司（主要是高科技公司），在承担很大风险的基础上为融资人提供长期股权资本和增值服务，培育企业快速成长，数年后通过上市、并购或其他股权转让方式撤出投资并取得高额投资回报的一种投资方式。

投资对象：新兴、快速成长、有巨大竞争潜力的企业技术与产品。

资本属性：权益资本（中长期投资）。

投资目的：追求高额回报（财务性投资）。

2. 风险投资的基本特征

（1）风险投资是一种权益投资

风险投资不是一种借贷资本，而是一种权益资本。其着眼点不在于投资对象当前的盈亏，而在于他们的发展前景和资产的增值，通过上市或出售达到退资并取得高额回报的目的。所以，产权关系清晰是风险资本介入的必要前提。

（2）风险投资是一种无担保、高风险的投资

风险投资主要用于支持刚刚起步或尚未起步的高技术企业或高技术产品。一方面，没有固定资产或资金作为贷款的抵押和担保，因此无法从传统融资渠道获取资金，只能开辟新的渠道；另一方面，技术、管理、市场、政策等风险非常大，即使在发达国家高技术企业的成功率也只有 20%~30%。由于成功的项目回报率很高，故仍能吸引一批投资人进行投资。

（3）风险投资是一种流动性较小的中长期投资

风险投资往往是在风险企业初创时就投入资金，一般需经 3~8 年才能通过退资并取得收益，而且在此期间还要不断地对有成功希望的企业进行增资。由于其流动性较小，因此有人称之为"呆滞资金"。

（4）风险投资是一种高专业化和程序化的组合投资

由于创业投资主要投向高新技术产业，加上投资风险较大，要求创业资本管理者具有很高的专业水平，在项目选择上要求高度专业化和程序化，精心组织、安排和挑选，尽可能地锁定投资风险。

为了分散风险，风险投资通常投资于一个包含 10 个项目以上的项目群，利用成功项目所取得的高回报弥补失败项目的损失并获得收益。

（5）风险投资是一种投资人积极参与的投资

风险资金与高新技术两要素构成推动风险投资事业前行的两大车轮，二者缺一不可。风险投资家（公司）在向风险企业注入资金的同时，为降低投资风险，必然介入该企业的经营管理，提供咨询，参与重大问题的决策，必要时甚至解雇公司经理，亲自接管公司，尽力帮

助该企业取得成功。

(6) 风险投资是一种追求超额回报的财务性投资

风险投资是以追求超额利润回报为主要目的的一种投资行为，投资人并不以在某个行业获得强有力的竞争地位为最终目标，而是把投资作为一种实现超额回报的手段，因此风险投资具有较强的财务性投资属性。

3. 风险投资的四大要素

(1) 风险投资资本

风险投资资本是指由专业投资公司或投资人提供的投向快速成长并且具有很大升值潜力的新兴企业的一种资本。在通常情况下，由于被投资企业的财务状况不能满足投资人短期内抽回资金的需要，因此无法从传统的融资渠道（如银行贷款）获得所需资金，这时风险投资公司便通过购买股权、提供贷款或既购买股权又提供贷款的方式进入这些企业。

(2) 风险投资人

风险投资人是风险资本的运作者，它是风险投资流程的中心环节，其工作职能是辨认、发现机会，筛选投资项目，决定投资，促进风险企业迅速成长并选择合适的方式退出。资金经由风险投资公司的筛选，流向风险企业，取得收益后，再经风险投资公司回流至投资者。

风险投资人大体可分为以下4类。

第一类称为风险资本家（adventure capitalists）。他们是向其他企业投资的企业家，与其他风险投资人一样，他们通过投资获得利润。不同的是风险资本家所投出的资本全部归其自身所有，而不是受托管理资本。

第二类是风险投资公司（venture capital firm）。风险投资公司的种类有很多种，但是大部分公司通过风险投资基金进行投资（风险投资公司除通过设立风险投资基金筹集风险资本外，同时也直接向投资人募集资本，公司本身也采用有限合伙制形式成为公司的有限合伙人，公司经理人员成为公司的一般合伙人）。

第三类是产业附属投资公司（corporate venture investors/direct investors）。这类投资公司往往是一些非金融性实业公司下属的独立的风险投资机构，他们代表母公司的利益进行投资。和专业基金一样，这类投资人通常主要将资金投向一些特定的行业。

第四类是天使投资人（angels）。这类投资人通常投资于非常年轻的公司以帮助这些公司迅速启动。在风险投资领域，"天使"这个词指的是企业家的第一批投资人，这些投资人在公司产品和业务成型之前就把资金投入进来。天使投资人通常是创业企业家的朋友、亲戚或商业伙伴，由于他们对该企业家的能力和创意深信不疑，因而愿意在业务远未开展之前就向该企业投入大笔资金。

(3) 风险企业

如果说风险投资家的职能是价值发现，那么风险企业的职能是价值创造。风险企业家是一个拥有新技术、新发明、新思路的发明者或拥有者。他们在其发明、创新进行到一定程度时，由于缺乏后续资金而寻求风险投资家的帮助。除了缺乏资金外，他们往往缺乏管理的经验和技能。这也是需要风险投资家提供帮助的。

(4) 资本市场

资本市场是风险投资实现增值变现的必经之路，没有发达完善的资本市场，就不可能实现风险投资。

4.2.2 创业风险的来源与分类

1. 创业风险的来源

研究表明，由于创业的过程往往是将某一构想或技术转化为具体的产品或服务的过程，在这一过程中，创业机会与创业企业的复杂性，创业环境的不确定性，创业者、创业团队与创业投资者的能力与实力的有限性等存在几个基本的、相互联系的缺口，它们是创业风险的主要来源，也就是说，创业风险在给定的宏观条件下往往直接来源于这些缺口。

（1）融资缺口

融资缺口存在于学术支持和商业支持之间，是研究基金和投资基金之间存在的断层。其中，研究基金通常来自个人、政府机构或公司研究机构，它既支持研究成果的创建，还支持研究成果是可行性的。投资基金则将研究成果转化为有市场的产品原型（这种产品原型有令人满意的性能，对其生产成本有足够的了解并且能够识别其是否有足够的市场）。创业者可以证明其构想的可行性，但往往没有足够的资金将其实现商品化，从而给创业带来一定的风险。通常，只有极少数基金愿意鼓励创业者跨越这个缺口，如富有的个人专门进行早期项目的风险投资及政府资助计划等。

（2）研究缺口

研究缺口主要存在于仅凭个人兴趣所做的研究判断和基于市场潜力的商业判断之间。当一个创业者最初证明一个特定的科学突破或技术突破可能成为商业产品时，仅仅停留在自己满意的论证程度上。然而，这种程度的论证后来暂停了，在将预想的产品真正转化为商业化产品（大量生产的产品）的过程中，即具备有效的性能、低廉的成本和高质量的产品，能从市场竞争中生存下来的过程中，需要大量复杂而且可能耗资巨大的研究工作（有时需要几年时间），从而形成风险。

（3）信息和信任缺口

信息和信任缺口存在于技术专家和管理者（投资者）之间。也就是说，在创业中，存在技术型专家和管理型管理者（投资者）。由于技术型和管理型各自接受教育的不同，对创业有不同的信息来源和表达方式。技术专家知道哪些内容在科学上是有用的，哪些内容在技术层上是可行的，哪些内容根本就是无法实现的。在失败类案例中，技术专家要承担的风险一般表现在学术上、声誉上受到影响，以及没有金钱上的回报。管理者（投资者）通常比较了解将新产品引进市场的程序，但当涉及具体项目的技术部分时，他们不得不相信技术专家，可以说管理者（投资者）是在拿别人的钱冒险。如果技术专家和管理者（投资者）不能充分信任对方或者不能进行有效的交流，那么这一缺口将会变得更大，从而带来更多的风险。

（4）资源缺口

资源与创业者之间的关系就如颜料、画笔与艺术家之间的关系。没有了颜料、画笔，艺术家即使有了构思也无从实现。创业也是如此。没有所需的资源，创业者将一筹莫展，创业也就无从谈起。在多数情况下，创业者不一定也不可能拥有所需的全部资源，这就形成了资源缺口。如果创业者没有能力弥补相应的资源缺口，要么创业无法起步，要么在创业中受制于资源的短缺。

（5）管理缺口

管理缺口是指创业者并不一定是出色的企业家，也不一定具备出色的管理才能。在创业活动中的管理缺口主要有两种：一是创业者利用某一新技术进行创业，他可能是技术方面的专业人才，但却不一定具备专业的管理才能，从而形成管理缺口；二是创业者往往有某种"奇思妙想"，可能是新的商业点子，但在战略规划上不具备出色的才能，或不擅长管理具体的事务，从而形成管理缺口。

2．创业风险的分类

（1）按风险来源的主客观性分类

按风险来源的主客观性，创业风险可分为主观创业风险和客观创业风险。主观创业风险，是指在创业阶段，由于创业者的身体与心理素质等主观方面的因素导致创业失败的可能性。客观创业风险，是指在创业阶段，由于客观因素导致创业失败的可能性，如市场的变动、政策的变化、竞争对手的出现、创业资金缺乏等。

（2）按创业风险的内容分类

按创业风险的内容，创业风险可分为技术风险、市场风险、政治风险、管理风险、生产风险和经济风险。技术风险，是指由于技术方面的因素及其变化的不确定性而导致创业失败的可能性。市场风险，是指由于市场情况的不确定性导致创业者或创业企业损失的可能性。政治风险，是指由于战争、国际关系变化或有关国家政权更迭、政策改变而导致创业者或企业蒙受损失的可能性。管理风险，是指因创业企业管理不善产生的风险。生产风险，是指创业企业提供的产品或服务从小批试制到大批生产的风险。经济风险，是指由于宏观经济环境发生大幅度波动或调整而使创业者或创业投资者蒙受损失的风险。

（3）按风险对所投入资金的影响程度分类

按风险对所投入资金的影响程度，创业风险可分为安全性风险、收益性风险和流动性风险。创业投资的投资方包括专业投资者与投入自身财产的创业者。安全性风险，是指从创业投资的安全性角度来看，不仅预期实际收益有损失的可能，而且专业投资者与创业者自身投入的其他财产也可能蒙受损失，即投资方财产的安全存在危险。收益性风险，是指投资方的资本和其他财产不会蒙受损失，但预期实际收益有损失的可能性。流动性风险，是指投资方的资金、其他财产及预期实际收益不会蒙受损失，但资金有可能不能按期转移或支付，造成资金运营的停滞，使投资方蒙受损失的可能性。

（4）按创业过程分类

按创业过程，创业风险可分为机会的识别与评估风险、准备与撰写创业计划风险、确定并获取创业资源风险和新创企业管理风险。创业活动须经历一定的过程，一般而言，可将创业过程分为4个阶段：识别与评估机会；准备与撰写创业计划；确定并获取创业资源；新创企业管理。机会的识别与评估风险，是指在机会的识别与评估过程中，由于各种主客观因素，如信息获取量不足、把握不准确或推理偏误等使创业一开始就面临方向错误的风险。另外，机会风险的存在，即由于创业而放弃了原有的职业所面临的机会成本风险，也是该阶段存在的风险之一。准备与撰写创业计划风险，是指创业计划的准备与撰写过程带来的风险。创业计划往往是创业投资者决定是否投资的依据，因此创业计划是否合适将对具体的创业产生影响。创业计划制订过程中各种不确定性因素与制定者自身能力的限制，也会给创业活动带来风险。确定并获取创业资源风险，是指由于存在资源缺口，无法获得所需的关键资源，或即使可获得，但获得的成本较高，从而给创业活动带来一定风险。新创企业管理风险，主要包括管理方式，企业文化的选取与创建，发展战略的制定、组织、技术、营销等各方面存在的风险。

4.2.3 如何降低创业风险

目前，创业投资环境越来越严峻，目前创业投资环境存在以下4种问题。

① 创业成本越来越大，2011年，随着各种油价、物价、房价的上涨，创业成本也日趋加大，不要说开个火锅店，投资少则几十万元，多则几百万元，即便是开一个外贸服装小店，由于商铺租金不断上涨，前期投入也是一个不小的数字。

② 创业融资越来越难。

③ 创业项目风险不可控。

④ 信息严重不对称。很多创业投资者进入新行业、新领域、新市场，缺少判断和经验，盲目进行投资，关键在于掌握专业信息少，对产业发展缺少了解，很容易出现决策失误，带来风险和损失。

创业投资模式的落后、信息的制约、思维方式的束缚、创业环境的变化制约了创业者成功的步伐，好的项目找不到人做，好多事没有人做。

成功必须通过各种资源和要素的整合、创新，才能获得更好的发展。许多创业者由于自身的素质、创业环境、资金、信息、人脉、运营能力、整合能力的不足，致使项目往往早早夭折或半途而废。

在目前条件下，以下3种模式可以降低创业投资风险。

（1）抱团创业模式

各地创业者很多，大家都在做散兵游勇的创业项目，资金少，缺少信息和专业知识，抗风险能力弱。如果大家以抱团的创业模式结合，通过各自在当地的人脉和资源，可以规避风险，降低成本，把蛋糕做大，这样更有发展前景。

（2）专业委托创业模式

正如很多散户炒股票，由于缺少专业知识和资金，往往很难有所收获。所以现在购买股票基金成为一种模式，集合众人的资金和专业投资团队的智慧，使获利相对具有保证性，事实上创业也可以做到这一点。集中几个人的资金和资源，把盘子做大，一些不擅长的领域可以托管和外包给专业机构或者个人完成。

（3）创业评估和推荐机构

现在的媒体把那些已经成功的企业抬到很高的层面，当大家学着这些成功者去做同样项目的时候，就会发现整个市场环境和产业环境都发生了很大的变化，"邯郸学步"不仅不能改变后进者的局面，而且很容易被领先的成功者通过规模优势和品牌、技术优势将其扼杀在摇篮里。

各种良莠不齐的创业项目信息，让创业者无从选择，很容易上当受骗，真正站在创业者角度进行评估的创业服务机构少之又少。

案例分析

1. 网络诈骗

[案例] 王先生是在生意场上摸爬滚打了近30年的"老供销"了，最近在某著名电子商务网站上开了个账户，开始网上创业。

一次，王先生在网上看到一则信息，某位有着"高资信度"标志的客商低价批量提供优质黄沙，经验老到的王先生并未急着下手，而是通过工商部门了解供货商的情况。在确认供货商的"身份"后，王先生便从下家那里预收了30%的货款，按照网上提供的账号汇了过去，可他等的黄沙船却迟迟到不了，下家又三番五次地催他交货，一急之下他只好亲自前去催货。到那里后王先生发现，那家企业确实存在，不过只做钢铁贸易，不搞建材，而且从未涉足电子商务领域，至于网上的那家企业，是行骗者盗用了该公司的营业执照复印件后虚构的。最后，王先生赔了下家客户几十万元。

[评论] 电子商务虽然有着快捷、便利的特点，但与传统的交易方式相比，风险更大。一些不法分子正是利用高科技来移花接木，借用正规企业的名号行骗，不少创业者由于不熟悉电子商务的运作模式和特点而上当受骗。其实，网络只是交易的一种媒介，通过网络获得商业信息后，必须进行网下的考察。特别是业务量大的单子，高利润的项目往往风险也相对较高，更要小心谨慎，亲自走访是非常必要的，不能仅是坐在家中敲敲键盘。有条件的话，可请投资、法律方面的专家把关。

2. 融资诈骗

[案例] 2003年时，余先生投资4万元开了一家小企业，如今的资产已增至200多万元，企业发展势头相当不错，但苦于资金有限，因此想通过融资扩大业务。他先后找过十几家风险投资公司和投资中介公司，都没有结果。就在余先生快要失去信心时，终于遇见一家表示有兴趣的投资公司。这家公司自称是大型国有企业下属的风险投资公司，有项目专员、助理、副总、总监，像模像样，对余先生的项目询问得很详细，评价也很好，投资部总监还表示"先做朋友、再做项目"。当时，余先生非常感动，因此投资公司提出要考察项目的真实性，并且按惯例由项目方先预付考察费。钱寄出去之后不久，余先生发现那家投资公司的电话、投资总监的手机号码全都变成了空号……

[评论] 很多创业者认为，融资就是别人给钱，不会遇到骗子，因此就有了麻痹思想。其实，诈骗者远比人们想象的高明，他们利用创业者等米下锅又急于求成的心态，先是夸口公司规模、专业程度以取得创业者的信任，然后对融资项目大加赞赏，让创业者觉得遇上了"贵人"，最后借考察项目名义骗取考察费、公关费等，收费后就销声匿迹。因此，对创业者来说，除了要对投资公司的背景进行全面调查外，还需要保持警惕的心态，特别是对各种付款要求，多问几个为什么，必要时可用法律合同来保障自己的利益。

思考题

1. 项目可行性分析报告的文件包括哪些方面？

2. 对创业企业项目进行价值评估有哪些方法？最常用的是哪种？为什么？
3. 试述创业项目评估的主要内容。
4. 试述项目评估的方法和评价指标体系。
5. 简述创业风险主要来源及如何降低创业风险。

第 5 章

创业融资与资产管理

5.1 创业融资

大部分创业企业在发展过程中都需要融资。融资的方法有两种：一种是股权融资，另一种是债权融资。创业企业由于风险大、资产少，一般不能指望从银行获得多少贷款，其需求的资金大部分是通过私募获得的股权投资。

有较大发展潜力的创业企业在股权融资时可以向创业投资公司寻求资金上的支持。而创业投资基金（或称风险投资基金）的投资对象主要是新兴中小型企业、需要通过并购重组实现再创业的成熟企业，以及找到新的扩张机会的老企业。

吸引投资者的投资并不是一件容易的事，企业家一定要有充分的准备。如果企业具备吸引投资的基本要素，也就是有一个优秀的管理团队，有很好的市场机会，还有良好的运作机制和可行的实施计划，那么获得资金的机会的可能性是相当大的。

5.1.1 创业融资概述

创业之初，创业者需要一笔启动资金，有一个大概的估算，但是要制作出可行的商业计划并顺利启动业务，这样的估算却不够详细。精确计算所需的资金是成功的关键。低估了需求，创业者会在没盈利前就捉襟见肘；高估了成本，创业者又会无法凑齐数额较大的启动资金。下面从8个方面介绍创业者如何估算创业启动资金。

1. 同行

"经营和你类似业务的企业家，是计算创业初期运营成本的最佳信息来源"。未来的竞争对手可能不想帮助你，但只要不在同一区域，他们还是非常乐意帮忙的。

2. 供应商

供应商也是一个研究创业成本的主要信息来源。洛杉矶南加州大学格雷夫创业中心的凯瑟琳·艾伦教授说："创业者可以给直接供应商打电话，告诉他因为你打算创业，所以想了解某个行业的费用。他们通常都非常乐意帮助，因为他们也想从你身上寻找生意机会。"

然而凯瑟琳·艾伦也警告大家不要过分相信初次接触的供应商，建议"做些比较，你会发现创业成本会有很大的差异"。要向供应商询问设备租赁、大量购买的折扣额、信用条件、启动的库存量及可能降低前期成本的其他选择。

3. 行业商会

凯瑟琳·艾伦说，"和同行与贸易商一样，商会也是一个非常好的信息来源，因为你可以直接跟特定的市场打交道"。根据不同的行业，商会可以提供启动费用明细表和财务报表的样本、行业内相关的企业家和供应商名单、市场调研的数据和其他有用的信息。供应商的行业商会也是较好的信息来源。

4. 退休企业高管

在美国，由小企业协会赞助的美国退休经理人服务公司（以下简称 SCORE）也是对创业非常有价值的资源。除了发表创业的相关刊物，SCORE 还可以为创业者推荐非常有经验的退休企业家，指导完成公司启动的整个过程。

除了提供顾问指导服务外，SCORE 还提供便捷的网络服务，为全美用户提供超过 12 400 位创业辅导员。弗莱德·托马斯是 SCORE 前任总裁，也是佛蒙特州 SCORE 塞特福德中心的一名辅导员，据他介绍，"无论你想要一位拥有销售、餐饮、特许经营，还是其他任何经验的辅导员，只要输入详细说明，就能得到拥有相应资格的辅导员名单。"

5. 创业指南

创业者可以从一些独立的出版社和商会获得创业启动指南。这些指南，尤其是信誉卓著的行业的指南是研究创业启动资金的有利资源。要确保指南没有过时，在阅读的过程中，要注意那些能降低启动成本的小提示。

6. 连锁加盟机构

如果想购买特许经营权，特许经营权拥有者会提供启动费用的相关数据。然而，不要把这些数据当作绝对值，因为费用会因为地区的不同有所变化。斯蒂芬·贝茨建议，"要通过自己的努力来检验特许经营权拥有者的结论对不对"。创业者可以给现有的特许经营商打电话，问问他们实际的启动费用是否符合特许经营权拥有者的预测值。

7. 创业相关文章

报纸和杂志很少会为一个特定地区的特定业务逐项列出创业所需的费用，然而创业相关的文章可以大致估算所需的启动成本，并从不同的角度列出需要调查的费用清单。经常使用可靠的信息来源，不要忘记查阅相关的行业杂志，通过行业杂志可以了解供应商信息、行业所需成本和最新行业动态。

8. 创业顾问

一个合格的创业顾问可以提供关于启动资金的相关建议，甚至会做很多调查，并将自己的调查变成有用的财务预测方案。

而聘用专家的缺点是需要费用。如果决定与顾问合作，要找熟悉行业且有创业经验和实际运营经验的人。单一的途径并不能帮助创业者了解具体创业成本的所有信息。凯瑟琳·艾伦建议使用一个她称之为"三角测量"的步骤，也就是对于每项费用，从三个不同途径获取三个数字，然后"权衡 3 个数字，最后得出一个你认为正确的数字"。

科学细致的调研可以帮助创业者验证其创业想法是否实际可行，并且为创业者提供建议，从而提升创业成功的概率。只有创业者完成了创业启动资金成本估算，并且根据这个数字制作出相应的商业计划，这样才能说为创业准备好了一切。

5.1.2 创业融资的程序

没有融资经验的创业者，和投资人见了一次面，就开始耐心地等待投资人投钱，这是一个常见的错误。一般机构投资人都有自己的投资流程，要想知道他是否真的对项目感兴趣，有一个绝招——试探性地问他是否可以出一份投资意向书。投资意向书的厉害之处在于，这份没有任何法律效用的文档，却涵盖了一个投资案中的所有关键性条款，严格限定了创业者和风险投资的利益关系、股权分配、投资额度、注资条件、投资监管、业绩指标等。所以，不越过投资意向书这道关，创业者是休想融到风险投资者（VC）的一分钱。下面从 9 个方面谈创业融资过程中的博弈技巧。

1. 优先股东

风险投资者通常不愿意成为公司的大股东，而是希望团队在公司里能占有足够的股份，这样团队才会有足够的动力去努力工作，创造财富。但是小股东是否一切都要听从大股东来做决定呢？小股东的权利是如何得到保障的呢？答案很简单，风险投资者在这里通常要求拿"优先股"，公司里的重大决定，比如任命 CEO、年计划审批、上市、对外收购或出售公司等，风险投资者都有一票否决权，"优先股"是保护"小股东利益"的一种通用法律工具。

2. 创始人的期权股

当风险投资者在一家公司注入资本之后，很多情况下，创始人的股份实际上变成了"期权"，行权期少则两年，多则三年。将创业者的原始股权变成了期权，风险投资者可以防范创业者个人出风险。还有一种情形就是，如果创业者不称职，公司可以更换，那么创业者没有兑现的期权股份可以让出来，分给接班的那个人。

3. 注资周期

风险投资者投资创业者一大笔钱，通常不会一次性到位，而是分期分批向公司注资。这时的"注资周期"很大程度是根据创业者和风险投资者约定的业务"里程碑"来确定的，而里程碑都是经过数字量化，体现在创业者的"财务预测"中。建议创业者一定要在财务预测上花足够精力，工夫做到家，不然会很被动。

4. 对赌条款

风险投资者会假设创业者说的全都是真的，基于创业者的美丽故事，风险投资者答应给创业者很高的公司估值和"白花花的银子"。要是钱被套进来了，创业者做不到呢？那也有补救的方法，比如调整公司最初的估值、减少创业者的股份。对赌条款也是量化了的，它的主要根据往往是创业者的"财务预测"。所以，创业者的融资故事尽管可以乐观，但是故事背后的"财务预测"务必要保守，既要保守到创业者有充分的信心可以去完成，又要保证保守的程度不让风险投资者一看就对创业者的项目失去兴趣。总之，要说得到、做得到。

5. 团队核心创业者非竞争条款

团队核心创业者如果离开了公司，风险投资者会要求他们 3~5 年甚至更长时间内不能从事同类或相关的行业。其实这类条款在任何一家公司里签的劳动协议里都有，不足为奇，如果有犹豫，不妨想想，假如有一天离开公司又去重新创业，难道真的还会去做一模一样的事情吗？难道还会有兴趣写一样的软件、设计一样的产品、取一样的产品名字吗？这岂不是自己在"山寨"自己、复制自己。

6. 团队期权

风险投资者投钱时，还会要求创始人拿出相当一部分股票，通常为 10%～20%，作为未来新进高管和员工的期权池。高管股票期权池（executive stock option pool，ESOP），是指给未来高管和基本员工的期权，给多少、什么时候给是可以商定的，但是 ESOP 是在风险投资者进来之前给还是在风险投资者进来之后给，这对自己的股份稀释程度是不一样的。当然 ESOP 不是"高等数学"，相信作为一个智慧的创业者和 CEO，对 ESOP 会有更好的感觉和把握。ESOP 的关键不是让风险投资者开心，而是要激发大家的动力。

7. 清算优先权

如果不幸运，创业公司的业务还没有做起来，公司就要进行清算，那么风险投资者有权将他的那部分权益先拿走，如果还有些剩下的，那才是创业者的。也就是说，如果公司变卖了所有剩下的资产，风险投资者要先把属于他的那一份拿走，剩下的创业者才可以拿，没有剩下的，就两手空空，这一条是风险投资者的标准条款。

8. 独家谈判权

风险投资者和创业者的投资意向书是需要保密的，通常要求在 5 个月内是独家的。你在投资意向书上签字了就等于认准了"婆家"。要知道风险投资者是很在乎创业者的"诚信"的。另外，签了投资意向书之后，风险投资者会开展"尽职调查"，从技术层面到法律层面再到财务层面，这一大堆工作对风险投资者来说，有直接成本、时间成本、机会成本，要不是独家的，人家才不愿意去花这份心思。

9. 注资条件

风险投资者在注资前常常还会根据在尽职调查中发现的问题，提出一个清单作为注资条件。注资条件是因人而异，大部分是在风险投资者的"尽职调查"中发现的创业企业的毛病，有的需要创业者在风险投资者注资前加以清理，有的要在风险投资者注资后逐步改进。尽管有时风险投资者的条件很苛刻，但无论如何他们是希望公司治理规范，未来发展得更快。

投资意向书是投资人的一个重要信号，表示他对创业项目的认可与钟爱，签了投资意向书等于融资成功了 80%，只要在随后的尽职调查中不出什么致命的意外。但是拿到了投资意向书，不要沾沾自喜、掉以轻心，还要进行尽职调查和投资合约谈判，这些关卡不过去，融资依旧无法成功。创业者要学会换位思考，时时从投资人的角度来理解投资意向书里的条款，这样你对风险投资者的顾虑就很容易理解了。

5.1.3 创业融资的策略

1. 融资创意

单有好的创意还不够，还需要有独特的"竞争优势"。除了有好的创意或者某种竞争优势还不够，公司人人能建，但会经营吗？如果能用不多的几句话说明上面这些问题，并提起投资商的兴趣，那么接着创业者就可以告诉他创业企业计划需要多少资金、希望达到什么目标。

2. 关于先入优势

需要注意的是，先入者并不能保证长久的优势，如果创业者强调先入优势，必须讲清楚为什么先入？有什么优势？

3. 注重市场

许多新兴企业，尤其是高科技企业的企业家都是工程师或科学家出身，由于其专业背景和工作经历,他们对技术的高、精、尖十分感兴趣,但是投资人关注的是技术或产品的盈利能力,创业企业的产品必须是市场需要的。技术的先进性当然是重要的,但只有能向投资者说明你的技术有极大的市场或极大的市场潜力时才会获得投资。很多有创意的产品没能获得推广是因为创业者没有充分考察客户真正需要什么,没有选准目标市场或者做好市场推广。投资者是商人,他们的投资不是因为创业企业的产品很先进,而是因为创业企业能赚钱。

4. 主观分析

一个常见的错误是对于市场规模的描述太过空泛,或者没有依据地说自己将占有百分之多少的市场份额,这样并不能让投资者相信创业企业可以做到多大规模。

5. 不提竞争对手

有些企业家为了强调企业的独特性和独占优势,故意不提著名的竞争对手,或者强调竞争对手很少或者很弱。事实上,有成功的竞争对手存在正说明产品的市场潜力,而且对于创业投资公司来说,有强势同行正好是将来被收购套现的潜在机会。

6. 根据市场需求量还是根据销售能力预测销售

预测的一个常见错误是先估算整个市场容量,然后说自己的企业将获得多少份额,据此算出期望的销售额。另一个值得怀疑的方法是先预计每年销售额的增长幅度,据此算出今后若干年的销售额。

比较实在可信的方法是计划投入多少资源,调查面向的市场有多少潜在客户,有哪些竞争产品,然后根据潜在客户成为真实用户的可能性和单位资源投入量所能够产生的销售额,最后算出企业的销售预测。

7. 电梯间演讲很重要

也许创业者会在公共场合偶然遇到一位投资者,也许投资者根本不想看长长的商业计划书,创业者只有几十秒钟的时间吸引投资者的注意力。当他的兴趣被激发起来,问起创业企业的经营队伍、技术、市场份额、竞争对手、金融情况等问题时,创业者已经准备好了简洁的答案。

8. 与投资者讲价钱

投资者对创业企业的报价往往类似于升价拍卖,如果投资者很看好这家企业,他会抬高对创业企业的作价,到双方达成一致意见为止。与此相反,创业企业在融资时的报价行为类似于降价拍卖,刚开始时自视甚高,期望不切实际的高价,随着时间的推移,创业企业资金越来越吃紧,投资意向一直确定不下来,锐气逐渐磨钝,结果最后接受现实的价格,达成一致意见。

5.1.4 创业融资的实践

创业投资公司专门寻找有潜力的成长型企业,投资并拥有这些被投资企业的股份,并在恰当的时候增值套现。虽然很多创业企业都希望获得创业投资公司的支持,但是相对于投资公司,即使是最精明的企业家在融资时也是处于一种不利地位,这就像业余运动员与专业运动员的较量。

投资公司是那些长期做投资交易的人,他们对投资程序和投资合同的条款比企业家了解得更详细,对企业家吹嘘实力和粉饰业绩的手段也见得多了。为了知彼知己,创业企业应花些时间对创业投资公司的运作程序和特点进行了解,这对融资成功有很大帮助。

创业投资不偏好风险。由于创业投资常常被称之为风险投资,从而导致很多人对此有很大的误解,认为这样有违"风险"二字。事实上此风险非彼风险,而且对于以赢利为目的的机构,没有必要刻意地追求"风险"。

对于创业者来说,如果能了解投资公司的资金背景和投资管理团队的偏好及工作程序,对商业计划书能顺利通过筛选很有帮助。从利益与责任机制上来看,国有资本投资公司与民营资本的投资公司及外资投资公司都不相同,人员组成也有很大差异,融资者应在接洽前对投资公司的背景有所了解。

1. 创业投资的步骤

创业投资企业做项目的一般顺序如下。

① 初审筛选。走马观花地看一遍商业计划摘要,以决定在这个项目上花时间是否值得。

② 面谈和初步调研。审阅商业计划书,邀请创业者或 MBO 经理人与待出售企业的股东面谈,评估创业企业家和他的团队,这是整个过程中最重要的一次面谈。

③ 内部研讨和立项。投资经理们定期开会,对初步筛选出来的项目进行研究,评估投资风险和投资回报率、5~7 年后退出的可能性,以及决定是否需要进行下去。

④ 价值评估。根据初步的评估资料对企业的价值进行计算。

⑤ 提交报价书和条款清单。向创业者、MBO 经理人和待出售企业的股东提交报价书和条款清单。

⑥ 尽职调查。通过严格的审查程序对拟投资的企业的管理团队、市场潜力和技术水平进行仔细的审查,咨询推荐人、客户和供应商,倾听外部专家的意见。

⑦ 与债务提供方协商。安排过桥贷款和各种债权投资。

⑧ 最后谈判和签订合同。确定协议书,草拟执行方案,尽量使创业企业家和创业投资商的目标达成一致,成为最佳合作伙伴。

⑨ 投资后的监管。在董事会中扮演咨询顾问的角色,定期审查经营报告和财务分析报告。

⑩ 寻求退出机会。

【**实例 1**】设定经营目标,分阶段投资的交易结构

某海外投资商看中一家国内企业,投资前对企业的作价是 500 万美元,准备投资 400 万美元并占企业总股份的 40%。但投资商对企业是否能达到预测的财务目标心存疑虑,于是决定分两期进行投资,每期投入 200 万美元。第一期在达成投资协议后投入 200 万美元换取企业 25%的优先股股份,第二期在年终结算(半年)结果出来后再投资 200 万美元,增持企业 15%的优先股股份。为此,双方达成如下协议。

第二期投资只有企业在年底实现其预期的全年收入和盈利目标后才继续投入。如果第一轮投资后企业达不到盈利目标,投资者有权做以下三种选择。

① 不再进行投资。

② 再投入 200 万美元增持企业 20%的股份,这样第二期投资后总投资 400 万美元,投资拥有优先股股份 45%。也就是企业在投资前的作价调整为 489 万美元。

③ 再投入 125 万美元增持企业 15%的股份,这样第二期投资后总投资 325 万美元,投资拥有优先股股份 40%。这也意味着企业在投资前的作价调整为 489 万美元。

【实例2】 交易结构中的债券的作用

投资商允诺以 500 万元换取企业 30%的股份，其中 100 万元用于换取股权，另外 400 万元以债券的形式提供，债券的期限为 10 年，在此期间，企业可以不用支付任何本息。同时如果企业的利润足以偿付部分债券而不会影响到企业的现金流，企业可以先偿付部分或全部债券的本息。

投资商在这个交易中的目的很明显，如果企业茁壮成长，最后 30%的股权以 2 000 万元出售，那么当初的交易结构中 100 万元的股权交易令他获得 1 900 万元的收益，同时它还可以收回 500 万元的债权；如果当初是以 500 万元换取 30%的股份，那么投资商只能获取 1 400 万元的收益。在前一种情况下收益是 19 倍，在后一种情况下收益只有 2.3 倍。当然，投资商也可以辩解前者的回报是 4.2 倍（2 500/500），后者的回报是 3.3 倍（2 000/500），两者相差并不大。

以长期债券作为投资工具进行投资并不能降低投资商的投资风险，因为万一企业经营失败，投资商仍将损失所有的投资，但是如果企业经营成功，这种安排将大大增加投资商的收益。那么这种交易结构对企业家的利益有什么影响呢？投资商强调两种交易结构对企业都是一样的，因为企业同样得到 500 万元的发展资金。在相当长的一段时间里，企业无须担心债务偿还问题，而且因为债券的偿付滞后于其他债务，所以债券并不影响企业贷款的能力。如果企业经营得好，企业完全有能力提前偿付债券本息，而如果企业到了第 10 年仍然无法偿付债券，到那时也可能经营不下去了，即使企业关门大吉，企业家个人也不会背上任何债务，因为债券是企业债务。事实上，在投资总额既定的情况下，投资商把部分投资以债券的形式投入企业实际上是降低了对企业的作价。

2. 创业企业融资前的准备

（1）管理团队

成功的企业都有一个共同的特点，就是他们拥有一支优秀的团队。如果完全依赖于企业家一个人，往往会令投资者望而却步。组建一个完美的创业团队，选择好包括管理、营销及技术三方面的人才，是创业成功的第一要素。

（2）市场

创业企业必须面向有潜力的市场。这个市场有很大的容量或者有很高的成长性，而企业能够在恰当的时候引入恰当的技术或产品来满足这个市场的需求。

（3）产品或技术

如果产品很容易模仿，那么很可能陷入价格战，已经有完善销售网络的大公司将很容易把新手挤掉，品牌建立也需要时间与资金。而专利、版权、独占的销售渠道及牢固的战略联盟都可以让企业保持持久的竞争优势。但是，如果产品或技术太过创新，由于市场有一个接受的过程，如果没有很好的营销策划，同样可能陷入困境。

【实例3】 创办期的苹果电脑公司

创业投资最经典的一个例子就是美国著名的苹果电脑公司。该公司的创始人乔布斯与沃兹奈克曾经是中学时期的同学，他们在 1975 年设计出了一款新型的个人计算机（产品），样品苹果一号展出后大受欢迎，销售情况很好（市场）。受此鼓舞，他们决定进行小批量生产。

他们卖掉旧汽车甚至个人计算机一共凑集1 400美元，但小小的资本根本不足以应付急速的发展。从英特尔公司销售经理职位上提前退休的百万富翁马库拉经别人介绍找到了这两个年轻人，他以多年驾驭市场的丰富经验和企业家特有的战略眼光，敏锐地意识到未来个人计算机市场的巨大潜力（市场）。他决定与两位年轻人进行合作创办苹果电脑公司，经过与乔布斯和沃兹奈克共同讨论，他们花了两个星期时间制定了一份苹果电脑公司的经营计划书。马库拉又掏出9.1万美元入股，还争取到美洲银行25万美元的信用贷款，这样三个人合伙成立公司，马库拉占三分之一的股份。

然后，三人共同带着苹果的经营计划，走访马库拉认识的创业投资家，结果又筹集了50万美元的创业资金。为了加强公司的经营管理，一个月后马库拉又推荐了全美半导体制造商协会主任斯科特担任公司的总经理。1977年5月，四个人组成了公司的领导班子，马库拉任董事长，乔布斯任副董事长，斯科特任总经理，沃兹奈克是负责研究与发展的副经理（管理团队）。技术、资金、管理的结合产生了神奇的效果。

马库拉和乔布斯说服了沃兹奈克脱离惠普，全身心投入苹果公司。他们决定保留苹果的名字，因为马库拉意识到公司在黄页号码簿中的排位靠前有利于市场营销（因为Apple以A打头），他也相信苹果的含义很好，把"苹果"和计算机放在一起，这将有助于人们记住这一品牌。

接着乔布斯找到了硅谷最著名的公关和广告公司的老板——为英特尔设计芯片广告的麦克凯纳。起初麦克凯纳拒绝了苹果公司的要求，但乔布斯三番五次地上门拜访。"我不否认沃兹奈克设计了一台好机器，"麦克凯纳说，"但如果没有乔布斯，那台机器可能至今还躺在电子爱好者商店里。沃兹奈克很幸运，因为他的伙伴是一位福音传道者。"麦克凯纳最终同意为苹果帮忙。他做出了两大贡献：其一是创造了苹果的标识，今天那个被咬了一口的苹果形象几乎人尽皆知；其二是除了在行业杂志上登广告外，还在像《花花公子》这样的流行杂志上刊登彩色广告，广告强调了这款低价格家庭用计算机的实用性。在那个年代，麦克凯纳的这一步堪称大胆，他说："这是为了唤起全国的注意力，让低成本计算机的概念为全民所接受。"其他公司卖计算机已经两年了，但从来没有一家公司以这种方式刺激公众的想象力。麦克凯纳赋予苹果公司一种"人格"，并使这个品牌在市场上占有一席之位。

沃兹奈克设计、制造了苹果计算机，马库拉有商业上的敏感性，斯科特有丰富的生产管理经验，麦克凯纳创造了苹果的声誉，最终是乔布斯以执着精神推动了所有这一切（管理团队）。

5.2 财务管理

5.2.1 财务基本知识

1. 股权融资

股权融资就是投资商投入一定的资金，换取其在被投资公司的股份。股权安排既要适合被投资企业将来的发展，又要尽量降低投资商的资金风险。根据其对风险与收益的不同偏好，投资者可以选择以下股权形式：

- 普通股；
- 优先普通股；
- 优先股；
- 债权融资；
- 贷款；
- 债券；
- 可转换债券；
- 从属可转换债券；
- 过桥贷款；
- 夹层融资。

顾名思义，股权融资是一种处于股权和普通债务之间的一种融资方式。如果使用了尽可能多的股权和优先级债务来融资，还是有很大资金缺口，那么夹层融资提供了利率比优先债权高但风险较高的资金。在发行这种次级债权形式的同时，常常提供企业上市或被收购时的股权认购权。

2. 创业投资公司最喜欢用的投资工具

通常海外的创业投资公司，一般以可转换优先股或可转换债券的形式进行投资，一方面在企业形势明朗时可以转成普通股，另一方面如果形势不好投资商可以获得优先偿付。

3. 融资交易结构的内容

融资交易结构包括：投资额、企业作价和股票价格、投资工具的选择、股权与债权的比例分配、利息或分红的比率、不同融资工具的转换条件和附加条件。

广义地讲，交易结构还包括资金到位时间表、对投资者的保护条款、投资退出条件、偿付协议和回购条款、认股权、分红的附加要求和管理干股等。有时投资商还要求创业股东在他们自己的那一部分股份里匀出一部分作为员工期权的安排，在公司变更注册登记时落实。

5.2.2 创业与财务的关系

1. 企业创业初期

企业创业初期，一般以业务为主导，缺乏财务管理和税务规划，往往是创业者懂技术但不懂财务，直接管财务的也是外行，连账也不知道怎么去做，但避税漏税又时有发生，心里总是不踏实，也不知道财务哪方面会出问题，这就是企业创业初期缺乏财务管理的明显症状。在这个阶段，企业至少要有一个中级会计师以上财务专业人员对公司财务和税务进行管理和筹划，建立一个健全的财务管理体系，如财务制度、内部控制制度、会计电算化。有能力又有经济实力的企业最好建成ERP管理系统，为企业发展壮大奠定坚实的基础。经营方面也要有一个长远规划，这对顺利发展、壮大企业有着至关重要的作用，企业壮大了反过来又能规避一些不必要的财务风险。财务人员还可以协助最高管理者做好业绩评价、预算管理、资金筹集和管理、分配管理，从而为企业的腾飞打下坚实的基础，同时财务更要健全成本核算体制，在经营、成本等方面收集准确数据和资料，为决策者提供参谋服务。企业创业初期，业务创造企业价值，财务管理又助业务腾飞。

2. 企业创业发展期

企业创业发展到一定规模以后，经营活动日益复杂，经济规模越来越大，财务和税务风险也日益加大，迫切要求企业加强财务管理。成本控制、资金筹集和管理、财务规划和税务筹划等显得更加重要，企业管理应从以销售为主转移到以销售为龙头，以财务管理为中心的管理体制中来。这个阶段，企业至少要有一个高级会计师以上的高级专业人员，管理和指导整个企业的财务管理，并参与企业的重大决策，有条件的企业还可以聘请财税方面的专家顾问，指导企业的财务管理，提高企业创造价值的能力。

【案例】

中小企业往往技术比较先进，科研人员也比较多，所以企业应尽早根据国科发火〔2008〕172号文件规定，申请认证高新技术企业。文件中《高新技术企业认定管理办法》要求企业所在行业应符合国家重点支持的高新技术领域，并要求达到以下两项指标。第一，企业高新技术产品（服务）收入占企业当年总收入的50%以上。第二，企业为获得科学技术（不包括人文、社会科学）新知识，创造性运用科学技术新知识，或实质性改进技术、产品（服务）而持续进行了研究开发活动，且近三个会计年度的研究开发费用总额占销售收入总额的比例符合如下3个要求：一是最近一年销售收入小于5 000万元的企业，比例不低于5%；二是最近一年销售收入在5 000万元至20 000万元的企业，比例不低于4%；三是最近一年销售收入在20 000万元以上的企业，比例不低于3%。以上两项指标是认定高新技术企业的硬性指标，要想认定高新技术企业，财务部门就要从立项报告、会计科目设置、研究开发费用归集和核算做好前期规划，否则事后再做就很困难了。财务部门必须牵头去做，研发或技术等其他部门配合。一个亿元产值的企业，如果能认定为高新技术企业，每年一般能享受100万元左右的税收优惠，三年（三年复审一次）就能为企业创造价值300万元左右，而且还是企业的纯利。再说被认定为高新技术企业，还可以增加企业的无形价值。另外，研究开发费用归集合理，还可以享受研究开发费用50%的所得税加计扣除。

3. 企业拟上市准备期

企业既有一定规模又有高新技术，就应考虑通过融资、投资、资本运营，为上市创造条件做准备了，这是企业上市准备期。到了这个阶段，财务管理更加重要，财务管理是否健全甚至决定公司能否上市。企业应依据《企业会计准则》《证券法》《企业内部控制基本规范》《企业内部控制应用指引》《企业内部控制评价指引》《企业内部控制审计指引》相关文件，建立更加严格的内部控制制度和财务管理制度，如增加融资、投资管理制度，资本运营管理制度等。如果通过长远财务规划，把公司做到上市，财务管理、企业战略决策及管理团队等创造的价值就是几亿元甚至几十亿元，目前沪深两市发行股票的市盈率是20～100，也就是说通过资本运作创造的价值是公司净利润的20～100倍，这就是财务携资本增值。对于拟上市公司来说，融资管理、投资管理、资本运营是企业财务管理的重中之重，必须重视。资本运营创造价值，有时资本运营创造的价值是劳动创造价值的几十倍甚至上百倍，资本运营与财务管理密切相关，财务管理促进资本顺利运营、促进企业价值的创造。

4. 企业上市期

企业上市以后，更要规范财务管理，规避各种财务风险和税务风险，严格遵守证券法、会计法、内部控制等法规制度，定期报告合法真实的财务报告，坚决做到不为眼前利益而触犯法律。美国的"安然公司"、我国的"蓝田股份"等出问题的企业，都是因为没有严格规范的财务制度，致使财务管理混乱，内部控制失灵，业绩随意造假，最后被监管机构查处，直至被停牌下市，有关责任人包括财务负责人都受到了法律的制裁。所以财务管理要接受正反两方面的经验和教训，避免重蹈覆辙。从这方面来说，财务管理不善会给企业价值造成重大损失，因此只有完善的财务管理才能为企业创造更多的价值，也只有完善的财务管理，企业才能做得久远。

5.2.3　财务分析

许多早期创业公司的 CEO 们不喜欢算账，于是他们借口说"未来是很难预测的，现在再怎么算也不管用，还不如把时间和精力先放在做业务上吧"。这句话貌似潇洒，实际上是心里没有底气。如果拿不出清晰的财务预测，就像航行在茫茫大海中手里却没有一张航海图，你根本不清楚自己航船所在的位置，以及将要驶向何方。投资人考验一个创业者本领的大小，归根到底是看他有没有精准判断未来的能力、"预测"准不准。

从财务预测能看出一个创业公司的命运。但是，对于那些产品还没上市、分文无收、入不敷出的初创公司，如何来做"财务预测"呢？

财务预测的核心思想是盯住现金流。创业公司里重要的财务预测是它的"现金流"。现金流就是指公司的钱要像流水那样进进出出，一定要进来的多出去的少，只有这样公司才算是健康的。当然，在创业公司的收入没有进来之前，公司必须准备足够的资金来养活团队，直到公司产生销售收入、产生现金流的流入为止。要是自备的资金撑不到那一天，那么 CEO 就必须要知道哪一天公司的现金流会中断，他必须在那一天到来之前找到投资人，让投资款流进公司，这样才能保持创业公司不停产。

创业公司的 CEO 在任何时候都要保证公司的账上有不少于 5 个月的现金储备。原因有两个：一是创业公司只要账上还有钱，就不会停产；二是完成一轮融资，通常需要 5 个月时间，创业公司需要有足够的现金储备，让公司能坚持到投资人的钱进来的那一天。一句话，"现金流"是创业公司的命脉，现金流掌握着创业公司的生死大权。

创业公司的财务预测也不是一成不变的，每个月都应该进行仔细的对照和监控，要根据运营情况相应地进行调整，使之更符合现实、更加优化，如果实际情况和预测总是相差甚远，要及时找出原因，使情况迅速好转，否则应该当机立断停下来，重新考虑创业公司未来的策略。建议做两份预测，一份就是"保守的"预测，这样你能对创业公司的底线胸有成竹，即使出现不测也不会大惊小怪。另一份预测是"乐观的"，看看在理想的情况下，是否能做得更好更快，能否迅速把企业做强做大。"乐观的"预测会让创业者插上理想的翅膀。

创业公司财务预测的关键，是对公司未来收入做比较现实的假设。按照以上方法做出来的预测，最重要的是创业者再也不会浑浑噩噩地做一天和尚撞一天钟了，财务预测像给了创业者一双火眼金睛，使其看清了每一天的任务细节、必须踏出的每一个脚印。总之，财务预测首先是用来监督自己的行动的，其次才是给投资人看的。

思考题

1. 如何进行创业启动资金成本估算？如何提升创业成功的几率？
2. 试述创业融资的程序。
3. 试结合课程实践，简述创业融资的基本策略。
4. 如何确定创业公司的财务预算是否合理、真实、可信？

第 6 章

项 目 规 划

修建一条公路,开发一种产品,进行市场拓展,希望工程……这些都可以成为一个项目？"项目"实际上是一个专业术语,目前人们似乎正在将这一概念"泛华"——也就是把任何都称作一个项目。甚至于美国项目管理认证委员会主席 Paul Grace 断言:21 世纪的社会,一切都是项目,一切也必将成为项目。

6.1 项目简述

6.1.1 项目的定义

现有许多组织和学者对项目定义提出过自己的看法,编者认为最有代表性的是由美国项目管理协会(project management institute,PMI)制定的,也是一种比较容易的表述。他们认为:项目是为了在规定的时间、费用和性能参数下满足特定目标而由个人或组织实施的具有规定的开始日期和结束日期、相互协调的独特的活动集合。

具体操作与项目最根本的不同在于具体操作是具有连续性和重复性的,而项目则是有时限性和唯一性的。因此可以根据这一显著特征,对项目做这样的定义——"项目是一项为了创造某种唯一的产品或服务的时限性工作"。所谓时限性,就是指每一项目都具有明确的开端和明确的结束。所谓唯一,是指该项产品或服务与同类产品或服务相比在某些方面具有显著的不同。

6.1.2 项目的特征

1. 项目的时限性

时限性是指每个项目都有明确的开端和结束。当项目的目标已经到达时,该项目就结束了。或是当知道,确定项目的目标不可能达到时,该项目就被中止了。项目的这种时限性体现在很多方面:机遇或市场行情通常是暂时的,大多数项目都需要在限定的时间框架内创造产品和服务。项目工作组,作为一个团队,很少会在项目结束后继续存在。

但是,由项目所创造的产品或服务通常是不受项目的时限性影响的,大多数项目的实施是为了创造一个具有延续性的成果。例如,一个竖立民族英雄纪念碑的项目能够影响很多个世纪。

2. 项目的唯一性

项目所涉及的某些内容是以前没有被做过的，也就是说这些内容是唯一的。即使一项产品或服务属于某一大类别，它仍然可以被认为是唯一的。例如，我们修建了成千上万的写字楼，但是每座独立的建筑都是唯一的，它们属于不同的业主，做了不同的设计，处于不同的位置，由不同的承包商承建等。具有重复的要素并不能改变其整体根本的唯一性。

每个项目的产品都是唯一的，产品或项目的显著特征必然是逐步形成的。在项目的早期阶段，这些显著特征会被大致地做出界定，当项目工作组对产品有了更充分、更全面的认识以后，项目的范围——需要做的工作，也应尽量保持不变。

3. 项目的整体性

项目的整体性，是指任何项目都是一个整体，在按其目标要求配置资源时，必须追求项目的整体利益，做到数量、质量、结构的整体优化。由于项目是实现特定目标而展开的多项任务的集合，是一系列的活动和过程，强调项目的整体性就是要重视项目过程与目标的统一，重视时间和内容的统一。

从另一个角度来看，项目的整体性涉及多个主体、过程与活动等，也反映了项目的多目标性。项目的多目标性体现在两个方面：一是项目是由成果性目标与约束性目标结合构成，成果性目标表现为明确的交付物或某项服务，而约束性目标表现为时间、质量、成本等可以量化的约束性条件；二是项目要满足各种利益相关者的需要，这些需要有时是外显的，有时是隐含的，有时是协调的，有时甚至是相互冲突的。

4. 项目寿命的周期性

与其他有机体一样，任何项目都有其寿命周期性，从逐渐成长到形成一定规模，达到巅峰后开始下滑，最终走向终结。虽然不同的项目的寿命周期性阶段划分相同，但如何实现"时间—成本—绩效"的优化组合，则成为项目寿命周期不同阶段所追求的永恒目标。

5. 项目的冲突性

在进行一个项目的时候就像是生活在一个冲突的世界里，项目组之间可能为解决问题的主导地位而起冲突，项目负责人与客户可能因为项目的范围的变更而起争执，项目组成员之间常常面临双重命令的困惑等。项目作为整体，其内部诸要素之间及与外部企业环境之间存在很大的不确定性和风险，存在资源冲突与权力的不均衡问题。项目协调和沟通是每个项目经理始终要面对的问题。

6.1.3 项目的阶段和项目的生命周期

因为项目都是一些具有唯一性的工作，因此它们包含一定程度的不确定性，组织在实施项目时通常会将每个项目分解为几个项目阶段，以便更好地管理和控制，并且将执行组织正进行的工程与整个项目更好地连接起来。总的来看，项目的各个阶段构成项目的整个生命周期。

1. 项目阶段的特征

每个项目阶段都以一个或一个以上的工作成果的完成为标志，这种工作成果是有形的、可鉴定的，如一份可行性研究报告、一份详尽的设计图或一个工作模型。这些中间过程，以至项目的各阶段都是总体逻辑顺序安排的一部分，制定这种逻辑顺序是为了确保能够正确地界定项目的产品。

一个项目阶段的结束通常以对关键工作成果和项目实施情况的回顾为标志。做这样的回顾有两个目的：一是决定该项目是否进入下一个阶段；二是尽可能以较小的代价查明和纠正错误。这些阶段末的回顾常被称为阶段出口、进阶之门或是关键点。

每个项目阶段通常都规定了一系列工作任务，设定这些工作任务可以使管理控制达到既定的水平。大多数工作任务都与主要的阶段工作成果有关，这些阶段通常也根据这些工作任务来命名，如识别需求、设计、构建、测试、启动、运转等。

2. 项目生命周期的特征

项目生命周期确定了项目的开端和结束。例如，当一个组织看到了一次机遇，通常会做一次可行性研究，以便决定是否应该就此设立一个项目。对项目生命周期的设定会明确这次可行性研究是否应该作为项目的第一个阶段，还是作为一个独立的项目。

项目生命周期的设定也决定了在项目结束时应该包括或不包括哪些过渡措施。通过这种方式，可以利用项目生命周期设定将项目和执行组织的连续性操作连接起来。

大多数项目生命周期确定的阶段的前后顺序通常会涉及一些技术转移或转让，比如设计要求、操作安排、生产设计。在下阶段工作开始前，通常需要验收现阶段的工作成果。有时候后继阶段也会在它的前一阶段工作成果通过验收之前就开始了，当然要在由此所引起的风险是在可接受的范围之内才可以这样做。这种阶段的重叠在实践中常常叫作"快速跟进"。

项目生命周期通常可以确定以下两个方面。

① 每个阶段所需做的技术性工作（如确定建筑师的工作是不是设计阶段的一部分，或者是执行阶段的一部分）。

② 每个阶段所涉及的人（如实际工程在识别需求和设计中需要涉及实际操作人员）。

对于项目生命周期的说明可以是非常概括的，也可以非常详细。详细的说明可能会包含大量的表、图和清单，以便确定项目生命周期的结构，并确保其稳定性。这种详细说明的方法常常被称为项目管理方法学。

大多数项目生命周期的说明具有以下 3 个共同的特点。

① 对成本和工作人员的需求最初比较少，在向后发展过程中需要越来越多，当项目结束时又会剧烈减少。生命周期的一般样板如图 6–1 所示。

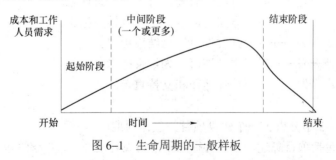

图 6–1　生命周期的一般样板

② 在项目开始时，成功的概率是最低的，而风险和不确定性是最高的。随着项目逐步向前发展，成功的可能性也越来越高。

③ 在项目起始阶段，项目涉及人员的能力对项目产品的最终特征和最终成本的影响力是最大的，随着项目的进行，这种影响力逐渐削弱。这主要是由于随着项目的逐步发展，投入的成本在不断增加，而出现的错误也在不断得以纠正。

要注意区分项目的生命周期和产品的生命周期,比如,一个已经完成的项目将一种新型的台式计算机投放到市场,而这只是产品生命周期的一个阶段而已。

尽管许多项目的生命周期由于包含类似的工作任务而具有类似的阶段名称,但很少含有完全相同的情况,大多数项目被划分为 4~5 个阶段,但也有一些被划分为 9 个甚至更多的阶段。甚至在同一应用领域中,项目阶段的划分可能会明显不同。某个组织的软件开发的生命周期也许只有一个设计阶段,而另一个组织则可能将基本功能设计与细节设计划分为两个不同的阶段。

项目的子项目可能也会有清晰的生命周期。比如,一家建筑公司承担了一项设计一幢新型写字楼的工作,最初建筑公司参与了业主描述阶段的工作,在业主的实施阶段,建筑公司又协助其进行建筑施工。建筑公司所承担的设计项目从构思到定稿、实施直到结束也有自己的生命周期,建筑公司甚至可以将对写字楼的设计和对建筑施工的协助视为两个独立的项目,每个项目都具有自己的阶段划分。

3. 项目生命周期划分的典型方法

这里所给出的案例是具有代表性的,但它们既不是推荐的方法,也不是首选的方法。在每一个案例中,阶段的名称和阶段的主要工作成果是由作者自己确定的。

(1)防御设备的添加

美国国防部 1993 年 2 月修订的第 5000.2 指令明确了一系列添加防御设备的里程碑事件和阶段划分,如图 6-2 所示。

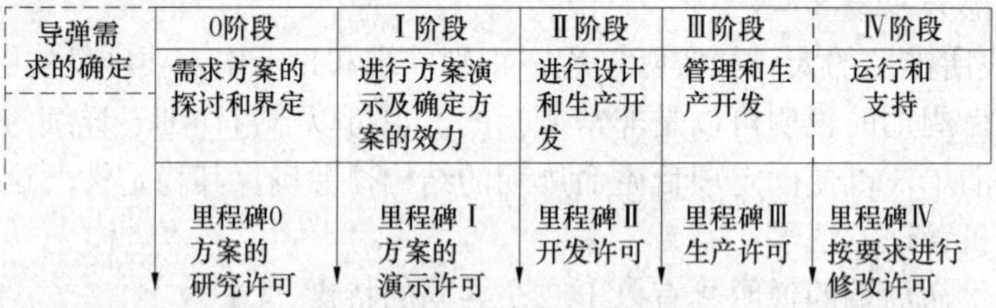

导弹需求的确定	0阶段	I阶段	II阶段	III阶段	IV阶段
	需求方案的探讨和界定	进行方案演示及确定方案的效力	进行设计和生产开发	管理和生产开发	运行和支持
	里程碑0 方案的研究许可	里程碑I 方案的演示许可	里程碑II 开发许可	里程碑III 生产许可	里程碑IV 按要求进行修改许可

图 6-2 添加防御设备的里程碑事件和阶段划分

① 导弹需求的确定——以"方案的研究许可"为结束标志。
② 方案探讨和界定——以"方案的演示许可"为结束标志。
③ 演示和确定效力——以"开发许可"为结束标志。
④ 设计和生产开发——以"生产许可"为结束标志。
⑤ 管理与生产开发——与连续性运作和支持重合。

(2)建筑

莫里斯在图 6-3 中分析了一个建筑项目的生命周期。

① 可行性。包括项目陈述、可行性研究和策略规划及许可,在该阶段末需要做出项目取舍的决策。

② 规划和设计。包括基础设计、成本及进度、合同条款和详细设计,在该阶段末要将主要的合同分包出去。

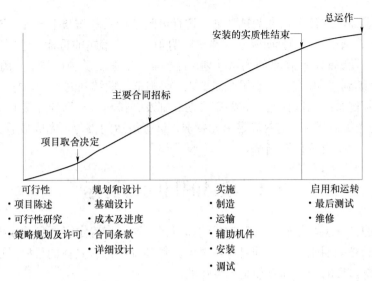

图 6-3　建筑项目生命周期的代表性划分

③ 实施。包括制造、运输、辅助机件、安装、测试，在该阶段要完成全部安装工作。
④ 启用和运转。包括最后测试和维修，在该阶段末全面运行该项设施。

（3）制药

墨菲在图 6-4 中解释了在美国开发一种新药品的项目生命周期。

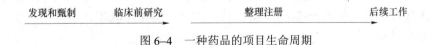

图 6-4　一种药品的项目生命周期

① 发现和甄别。包括基础研究和应用研究，确定可以用作预备临床试验的药物。
② 临床前研制。包括为了确定药物安全性和有效性所做的实验、动物试验及其准备工作，并填写新药调查申请表。
③ 整理注册。包括Ⅰ、Ⅱ、Ⅲ阶段的临床试验和其准备工作，填写新药申请表。
④ 后续工作。包括由于食品药物管理局对新药申请进行复查所要求做的额外工作。

（4）软件开发

莫切描绘了一个软件开发的螺旋形模型，在此模型中有 4 个循环和 4 个象限。

① 构思求证周期。包括商业需求、确定构思求证的目标，进行概念性的系统设计，设计

和构造构思，求证，制订可行性测试计划，进行风险分析及制作与下一周期连接的接口。

② 第一个编制周期。包括明确系统要求，明确第一期编制的目标，进行逻辑顺序设计，设计和完成第一期编制，制作系统测试计划，完善第一期编制及制作与下一周期连接的接口。

③ 第二个编制周期。包括明确子系统要求，明确第二期编制的目标，进行具体内容设计，第二期编制，制作系统测试计划，完善第二期编制及制作与下一周期连接的接口。

④ 最后一个编制周期。包括满足单元要求，进行最后的设计，完成最后一期编制，执行单元、子系统、系统及可行性测试。

6.2 项目的目的与目标

所有项目的第一步都是确定项目的目的和目标，这一步确定了项目的成果。

目的和目标必须明确地写在项目说明书中。每项说明都有具体的目标，以推动项目产生最终的交付成果。目的和目标必须是可量化的。

1. 项目的目的

那么项目的目的到底是什么？目的是项目概括的声明。目的其实是整个过程中的"将要做什么"，换句话说，这个项目将要交付"什么"。项目可能有不止一个目的，但是每个目的都有相对的交付目标。不要混淆目的和目标。例如：开发网站的目的是让访问者知道全球变暖是的确存在的。保险公司的目的是医疗保险部门将增加 10% 的供应商选择。医生办公室的目的是病人看病将不用等待超过 1 h。

2. 项目的目标

目标是"怎么做"。目标是目的更具体的说明。每个目的将与一个或者多个目标相关联。其实，目标就是整个过程中的"怎么做"。一般一个目标都以动词开头，这确保了目标是可以量化的并且这个项目的结束是以完成这些目标而结束的。每个目标也是一个可量化的里程碑。

3. 项目目标的确立过程

如上述例子所述，项目目标的确立过程可以总结为以下 5 个方面。

（1）项目情况分析

对项目的整个环境进行有效分析，包括外部环境，上层组织系统，市场情况，相关关系人（客户、承包商、相关供应商等），社会经济、政治、法律环境等。

（2）项目问题界定

对项目情况进行分析后，发现是否存在影响项目开展和发展的因素和问题，并对问题分类、界定，分析项目问题产生的原因、背景和界限。

（3）确定项目目标因素

根据项目当前问题的分析和定义，确定可能影响项目发展和成败的明确的、具体的、可量化的目标因素，如项目风险大小、资金成本、项目涉及领域、通货膨胀、回收期等。具体应该体现在项目论证和可行性分析中。

（4）建立项目目标体系

通过项目因素，确定项目相关各方面的目标和各层次的目标，并对项目目标的具体内容和重要性进行表述。

（5）各目标的关系确认

哪些是必然（强制性）目标，哪些是期望目标，哪些是阶段性目标，不同的目标之间有哪些联系和矛盾，确认清楚后便于对项目的整体把握，从而推进项目的发展。

保持目的和目标在每个项目的最前端，并且确保项目和项目团队在项目的整个生命周期都同步。无论是在教育、商业或者是家庭内部的项目中，清晰确定项目的目的和目标可以促使项目成功完成。

6.3 项目环境分析

6.3.1 项目环境分析概述

1. 项目外部环境分析

项目环境分析是项目规划管理的基础工作。在规划工作中，掌握相应的项目环境信息将是开展各个工作步骤的前提和依据。通过环境调查，确定项目规划管理的环境因素和制约条件，收集影响项目实施和项目管理规划执行的宏观和微观的环境因素资料。

项目实施过程中必须要同环境各种变化着的因素相互适应、密切配合。要对影响项目进行的环境因素加以确定、评价，并做出必要的反应。根据项目环境因素的不同内容，可将其划分为不同的类型，主要有经济的、技术的、社会文化的和政治与法律的等。

（1）经济环境因素

影响项目经济环境的因素主要有以下 7 个。

① 资金。一是资金供给。二是资金成本。

② 团队力量。团队的凝聚力和团队成员的专业水平、能力的适用性。

③ 价格。项目投入物，如建筑材料等受价格变化的影响很大。

④ 劳动生产率。生产率的高低，部分原因取决于有关人员的技术水平。

⑤ 主要负责人员的水平。有智慧、有才干的项目负责人员，对项目的发展起着决定性作用。

⑥ 政府的财政与税收政策。属于政治环境的性质，但对各种经济组织有着巨大的影响。

⑦ 顾客需求。顾客（项目业主或最终的使用者）在经济环境因素中也是一个重要的因素。

（2）技术环境因素

技术包括的方面很广，人们所有的行动方法和知识的综合利用都属于技术范围。在现今科学技术迅猛发展的时代，竞争者无一不利用新技术以获得发展，没有哪个组织的经营及所取得的成果不受技术的应用和技术进步的影响。

例如，建筑施工企业要参加项目投标，如果不懂得利用计算机手段和多媒体技术，就会被建筑市场所淘汰。

（3）社会文化环境因素

社会文化环境是指在一定社会中，人们的处世态度、要求、期望、智力与教育程度、信仰与风俗习惯等。项目管理要了解当地的文化，尊重当地的习俗。例如，制订项目计划时必须考虑当地的节假日习惯。在项目沟通中，善于在适当的时候使用当地的语言和交往方式。在项目进行过程中，通过不同文化的交流，可以减少摩擦，增进理解，取长补短，互相促进。

（4）政治与法律环境因素

政治与法律环境是同社会文化环境紧密地交织在一起的。项目管理者在制订项目实施计划时，必须考虑未来政治与法律对当前行动的影响。建筑施工项目的工期一般都比较长，这期间，项目与社会环境的互相联系与依存不会是一成不变的。政治与法律环境的变化，相关的因素肯定会发生变化。

项目环境的分类是多方面的，也可归纳为三个大的方面，即自然环境、物质技术环境和社会经济环境。前两个方面可以认为是硬环境，后一个方面是软环境。一般与项目密切相关的环境因素有以下3个方面：项目的产品、劳务、市场环境；采用的工艺技术标准；项目的建设地点。

对环境因素的分析，要贯穿于项目管理的规划、决策、构思、设计的全过程，随时根据环境因素变化变更项目管理工作的内容和进度。表6-1列举了新产品项目设计阶段根据环境因素变更设计的一些考虑。

表6-1 新产品项目适应环境的设计变更表

环境因素	设计变更	备注
技术水平	产品简化	
人工费用水平	产品自动化或改进手动方法	
用户文化水平	加注产品说明或简化产品	
用户收入水平	调整产品质量或价格	
资金利息水平	调整产品质量或价格（过高的质量会影响投资的经济效益）	
维护保养能力	提高产品耐用性能	
产品使用环境的气候	改进设计以提高产品的适应性	
修理困难或太贵	简化产品，改进产品的耐用程度和可靠性	
标准差别	调整产品的规格	

2. 项目内部环境分析

① 项目负责人的能力和权限，直接影响到项目执行是否顺利。
② 项目组内部成员的紧密合作程度，决定项目能否保证在统一的目标上进行。
③ 项目会议的效率，直接影响项目内部之间的有效沟通。
④ 项目组内各个成员的工作能力，影响项目结果和执行进度。

6.3.2 项目环境分析的原理

1. 项目管理与环境的关系

项目管理与环境的关系表现在以下3个方面。
① 项目管理的需求来自周围环境。
② 项目管理的进程受周围环境的制约，如资源供应、资金筹措、消费能力等。
③ 项目管理的结果影响周围环境的变革，如提高国民经济实力与人民的生活水平、改进

自然环境等。

2. 环境影响项目管理的整体设计

对环境因素的分析,要贯穿于项目管理的规划、决策、构思、设计的全过程,随时根据环境因素变更项目管理工作的内容和进度。

3. 项目环境分析的目的

任何项目管理都处在一定的环境之中。项目管理在特定的环境中生存、成长、发展,并从积极方面影响环境的变革。项目管理与环境的交互作用必然反映到项目管理工作中。项目管理在制定战略方案之前,必须进行严密的战略环境分析。

战略环境分析主要包括外部环境分析和内部环境分析两部分。通过外部环境分析,可以很好地明确项目面临的机会与威胁,从而决定选择做什么。通过内部环境分析,可以很好地认识项目的优势与劣势,从而决定项目能够做什么。一般而言,项目的战略分析遵循从外部到内部、从宏观到微观的分析逻辑。

6.3.3 项目风险分析

1. 风险识别

风险识别不是一次性行为,而是有规律地贯穿于整个项目中。风险识别包括识别内在风险及外在风险。内在风险是指项目工作组能加以控制和影响的风险,如人事任免和成本估计等。外在风险是指超出项目工作组控制力和影响力之外的风险,如市场转向或政府行为等。

严格来说,风险仅仅指遭受创伤和损失的可能性,但对项目而言,风险识别还牵涉机会选择(积极成本)和不利因素威胁(消极结果)。项目风险识别应凭借对"因"和"果"(将会发生什么、导致什么)的认定来实现,或通过对"果"和"因"(什么样的结果需要予以避免或促使其发生,以及怎样发生)的认定来完成。

2. 风险因素

(1)风险因素概述

风险因素是指一系列可能影响项目向好或向坏的方向发展的风险事件的总和,这些因素是复杂的,也就是说,它们应包括所有已识别的条目,而不论频率、发生的可能性、盈利或损失的数量等。一般风险因素包括:需求的变化;设计错误、疏漏和理解错误;狭隘定义或理解职务和责任;不充分估计;不胜任的技术人员。

对风险因素的描述应包括对以下 4 项内容的评估。

① 由一个因素产生的风险事件发生的可能性。

② 可能的结果范围。

③ 预期发生的时间。

④ 一个风险因素所产生的风险事件的频率。

机会和产出两者之间可以进行精确的分析。除此之外,在项目前阶段对可能性和产出的评估比项目后期所做的评估的评估值范围更大。

(2)潜在的风险事件

潜在的风险事件是指如自然灾害或团队特殊人员出走等影响项目的不连续事件。在发生这种事件或重大损失的可能相对巨大时("相对巨大"应根据具体项目而定),除风险因素外还应将潜在风险事件考虑在内。当潜在风险事件发生在不常有的特定应用领域时,常常是指如下一些事件：与普通项目要求不同的高新技术的发展领域，常见于电子工业而少见于地产业的发展；类似风暴所造成的损失，常见于建筑业，而不是生物科学技术领域。

对潜在风险的描述应包括对以下 4 个要素的评估。

① 风险事件发生的可能性。

② 可选择的可能结果。

③ 事件发生的时间。

④ 发生频率的估测（即是否会发生一次以上）。

（3）风险征兆

风险征兆有时也被称为触发引擎，是一种实际风险事件的间接显示。例如，丧失士气可能是计划被搁置的警告信号，而运作早期即产生成本超支可能又是评估粗糙的表现。

3. 风险防范和降低风险对策

在整个项目进程中都应将管理风险的程序记录在风险管理方案里。除了记录风险识别和风险因素外，还应记录包括谁对处理各个领域里的风险负责、怎样保留初步风险识别和风险量化的输出项、预防性计划怎样实施，以及储备如何分配等。

一个风险管理方案可以是正式的或非正式的，也可以是细致入微或框架性的，这主要依据项目而定。它是整个项目方案的一个辅助方案。

（1）风险防范

风险防范大体分以下 3 点。

① 避免。排除特定威胁往往是靠排除威胁起源来完成的。项目管理队伍绝不可能排除所有风险，但特定的风险事件往往是可以排除的。

② 减缓。以减少风险事件的预期资金投入来降低风险发生的概率（如为避免项目产出的产品报废而使用专利技术），以及减少风险事件的风险系数（如买投保），或双管齐下。

③ 吸纳。接受一切后果。这种接受可以是积极的（如制订预防性计划来防备风险事件的发生），也可以是消极的（如某些工程运营超支则接受低于预期的利润）。

（2）降低风险的对策

降低风险的对策大体有以下 4 种。

① 采购。采购即从本项目组织外采购产品或服务，常常是针对某类风险的有效对策。比如，与使用特殊科技相关的风险就可以通过与有此种技术经验的组织签订合同来减缓风险。

采购行为往往将一种风险置换为另一种风险。比如，如果销售商不能够顺利销售，那么以制定固定价格的合同来减缓成本风险，造成项目进程受延误的风险。而相同情形下，将技术风险转嫁给销售商又造成难以接受的成本风险。

② 预防性计划。预防性计划包括对一个确认的风险事件如果发生如何制定行动步骤。

③ 替代战略风险常常可以通过及时改变计划来制止或避免。比如，一个备用的工作方案可以减少在安装期和建设阶段中产生的变故。

④ 投保。保险或类似保险的操作（如证券投资）常常对一些风险类别是行之有效的。在不同的应用领域，险种的类别和险种的成本也相应不同。

6.4 项目成本管理

项目成本管理由一些过程组成，要在预算下完成项目这些过程是必不可少的，如图 6-5 所示。

从图 6-5 可以看出 4 个过程相互影响、相互作用，有时也与外界的过程发生交互影响，根据项目的具体情况，每个过程由一人或数人或小组完成，在项目的每个阶段，上述过程至少出现一次。

图 6-5 项目成本管理

每个过程是分开陈述且有明确界线的，实际上这些过程可能是重选的、相互作用的，对此不做详细讨论。

项目成本管理主要与完成活动所需资源的成本有关，同时，项目成本管理也考虑决策对项目产品的使用成本的影响。例如，减少设计方案的次数可减少产品的成本，但却增加了今后顾客的使用成本，这个广义的项目成本叫作项目的生命周期成本。

在许多应用领域，未来财务状况的预测和分析是在项目成本管理之外进行的。但有些场合，预测和分析的内容也包括在成本管理范畴，此时就得使用投资收益、有时间价值的现金流、回收期等技巧。

项目成本管理还应考虑项目相关方对项目信息的需求，不同的相关方在不同时间以不同方式对项目成本进行度量。

当项目成本控制与奖励挂钩时，就应分别估计和预算可控成本和不可控成本，以确保奖励能真正反映业绩。

6.5 项目执行

6.5.1 项目分解

1. 范围计划

编制一份书面范围的说明，它是将来研发项目决策的基础，尤其是用于确定研发项目或阶段是否已成功完成的标准。范围计划包括以下 3 个内容：一是研发项目合理性说明；二是可交付成果清单，即如何标识研发项目或阶段的完成；三是研发项目目标。经常使用的工具和技术有：成果分析，其中包括系统工程、价值工程和价值分析等技术；成本效益分析；研发项目方案识别技术，如头脑风暴法和侧面思考法、专家法；研发项目分解结构。

2. 范围定义

针对主要的研究项目可交付成果所进行的具体活动。

3. 工作分解

确定为研发项目可交付成果所进行的具体活动。研发项目工作分解结构（WBS）的定义是："将研发项目划分为可管理的工作单元，以便容易确定这些工作单元的费用、时间和其他方面的信息。"WBS 是研发项目管理的主要技术之一，是许多研发项目执行控制的基础。研发项目范围说明书是 WBS 的直接依据。WBS 的过程即研发项目计划，如图 6-6 所示。WBS 最终产生的成果包括：WBS 结构图或轮廓图；研发项目责任矩阵，即描述研发项目需要的各类角色和责任关系；WBS 编码系统。

将项目工作分解为更小、更易管理的工作包也叫活动或任务，这些小的活动应该是能够保障完成交付产品的可实施的详细任务。在项目实施中，要将所有活动列成一个明确的活动清单，并且让项目团队的每个成员能够清楚有多少工作需要处理。活动清单应该采取文档形式，以便于项目其他过程的使用和管理。当然，随着项目活动分解的深入和细化，工作分解结构可能需要修改，这也会影响项目的其他部分。例如成本估算，在更详尽地考虑了活动后，成本可能会有所增加，因此完成活动定义后要更新项目工作分解结构上的内容。

4. 工作排序

工作排序的主要任务是分析活动之间的依赖关系，为进一步编制切实可行的进度计划做准备。因工作排序一般用网络图描述，因此也称网络分析。网络图上有两种节点要注意：一种是大量活动都依赖的节点，这类活动一旦延期可能造成后续很多工作无法进行；另一种是依赖于大量活动的节点，这类活动的开始要取决于很多工作按期完成，风险较大。

5. 工作时间估算

估算用于完成各个工作所需的工作时间。

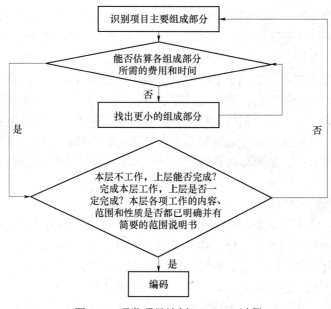

图 6-6 研发项目计划——WBS 过程

6. 进度计划开发

分析工作顺序、工作时间和资源需求，编制研发项目时间进度计划。

7. 资源计划

确定用来实施研发项目活动的资源类型（人、设备和材料）及数量。对每项活动，根据估算出的总工作量和活动工期进行分配，确定在活动工期内每周应投入的工作量，纵向累加所有活动的投影可以得到资源的直方图。直方图描述了研发项目单位时间内对资源的需求量。在制订进度计划的过程中就可以进行资源配置。资源配置应该尽量保证直方图的形状比较平滑，这样一个研发项目组中的人员就相对稳定，并且工作量也比较饱满。

6.5.2 时间管理

合理地安排项目时间是项目管理中的一个关键内容，它的目的是保证按时完成项目，合理分配资源，发挥最佳工作效率。

"按时、保质地完成项目"是每一位项目经理最希望做到的。但工期拖延的情况却时常发生。它的主要工作包括定义项目活动、任务、活动排序，每项活动的合理工期估算，制订项目完整的进度计划，资源共享分配，监控项目进度等内容。

时间管理工作开始以前应该先完成项目管理工作中的范围管理。如果只图节省时间，把这些前期工作省略，后面的工作必然会走弯路，反而会耽误时间。项目开始首先有明确的项目目标、可交付产品的范围、定义文档和项目的工作分解结构。由于一些是明显的项目所必需的工作，而另一些则具有一定的隐蔽性，所以要以经验为基础，列出完整的完成项目所必需的工作，同时要有专家审定过程，以此为基础才能制订出可行的项目时间计划，进行合理的时间管理。

强化第一时间观念。做任何事情都需要占用时间，时间是最珍贵、最稀有的资源，因此必须强化在"第一时间"内完成任务的观念。"第一时间"观念至少应包括三方面的含义：一是严格遵守作息时间,在规定时间段内的"起始点"完成任务;二是充分利用时间,不占用、不浪费任何一块时间;三是有效地利用时间,提高工作效率。时间观念是一个意识上的问题,是工作责任心的一个方面,它不像上班打卡那样的标准化、形式化,但拥有了它,却比打卡更管用,因为时间观念对于员工来讲是内因、是根本,打卡只是外因、是手段。所以,项目经理应当利用各种可以利用的时机和场合,采取各种不同的手段和方法来强化项目团队成员的"第一时间"观念,增强整个团队和每个人的责任感、紧迫感,使每个员工都有在第一时间完成任务的意识。在此基础上,通过培训、自我学习、实践、工作交流等方法,提高项目团队成员的专业水平和团队的整体协调能力,争取实现项目的"普遍提速",提高整个团队竞争力。

1. 建立一个时间日志

建立一个"时间日志",完整、准确地记录时间是怎样花费掉的。这既是时间管理的开始,也是时间管理中的一项重要准备工作。项目经理不但自己要这样做,而且要督促团队成员都要养成这样一个良好习惯。对于这个问题,不能靠回忆来讲做了些什么,因为"想象"和"现实"常常有很大的不同,甚至有时会完全不同。在通常情况下,可以根据需要选用适合个人特点的时间管理工具,也可以每半个小时自己手动记录一次时间的使用情况,每两周或一个月对记录情况进行一次分析。这样就会发现自己在时间利用上不合理的地方,从而找到改进时间管理的办法。记录时要注意三点:一是时间间隔不要太短,防止产生负面效应;二是不要在一个时间周期(如一天)结束之后再去填写,防止记录结果带有欺骗性;三是记录"时间日志"贵在坚持,不能"三天打鱼,两天晒网"。

2. 活动排序

在产品描述、活动清单的基础上,要找出项目活动之间的依赖关系和特殊领域的依赖关系。在这里,既要考虑团队内部希望的特殊顺序和优先逻辑关系,也要考虑内部与外部、外部与外部的各种依赖关系及为完成项目所要做的一些相关工作,例如在最终的硬件环境中进行软件测试等工作。

设立项目里程碑是排序工作中很重要的一部分。里程碑是项目中关键的事件及关键的目标时间,是项目成功的重要因素。里程碑事件是确保完成项目需求的活动序列中不可或缺的一部分。比如在开发项目中可以将需求的最终确认、产品移交等关键任务作为项目的里程碑。

在进行项目活动关系的定义时一般采用优先图示法、箭线图示法、条件图示法、网络模板这4种方法,最终形成一套项目网络图。其中比较常用的方法是优先图示法,也称为单代号网络图法。

3. 活动工期估算

项目工期估算是根据项目范围、资源状况计划列出项目活动所需要的工期。估算的工期应该现实、有效并能保证质量。所以在估算工期时要充分考虑活动清单、合理的资源需求、人员的能力因素及环境因素等对项目工期的影响。在对每项活动的工期估算中应充分考虑风险因素对工期的影响。项目工期估算完成后,可以得到量化的工期估算数据,将其文档化,同时完善并更新活动清单。

一般来说,工期估算可采取以下4种方式。

(1)专家评审形式

由有经验、有能力的人员进行分析和评估。

（2）模拟估算

使用以前类似的活动作为未来活动工期的估算基础，计算、评估工期。

（3）定量型的基础工期

当产品可以用定量标准计算工期时，则采用计量单位为基础数据整体估算。

（4）保留时间

工期估算中预留一定比例作为冗余时间以应付项目风险。随着项目的进展程度，冗余时间可以逐步减少。

4. 安排进度表

项目的进度计划意味着明确定义项目活动的开始日期和结束日期，这是一个反复确认的过程。进度表的确定应根据项目网络图、估算的活动工期、资源需求、资源共享情况、项目执行的工作日历、进度限制、最早和最晚时间、风险管理计划、活动特征等统一考虑。

进度限制即根据活动排序考虑如何定义活动之间的进度关系。一般有两种形式：一种是加强日期形式，以活动之间前后关系限制活动的进度，如一项活动不早于某活动的开始或不晚于某活动的结束。另一种是关键事件或主要里程碑形式，以定义为里程碑的事件作为要求时间进度的决定性因素，制订相应时间计划。

在制定项目进度表时，先以数学分析的方法计算每个活动最早开始时间和最晚结束时间和最迟开始日期和最早结束日期画出时间进度网络图，再通过资源因素、活动时间和可冗余因素调整活动时间，最终形成最佳活动进度表。

关键路径法（CPM）是时间管理中很实用的一种方法，其工作原理是为每个最小任务单位计算工期，定义最早开始日期和最晚结束日期，最迟开始日期和最早结束日期，按照活动的关系形成顺序的网络逻辑图，找出必需的最长路径，即为关键路径。

时间压缩是指针对关键路径进行优化，结合成本、资源、工作时间、活动的可行进度等因素对整个计划进行调整，直到关键路径所用的时间不能再压缩为止，得到最佳时间进度计划。

5. 进度控制

进度控制主要是监督进度的执行状况，及时发现和纠正偏差、错误。在控制中要考虑影响项目进度变化的因素、项目进度变更对其他部分的影响因素、进度表变更时应采取的实际措施。

6. 巧用工具帮忙

目前项目管理软件正被广泛地应用于项目管理工作中，尤其是它清晰的表达方式在项目时间管理上更显得方便、灵活、高效。在管理软件中输入活动列表、估算的活动工期、活动之间的逻辑关系、参与活动的人力资源、成本，项目管理软件可以自动进行数学计算、平衡资源分配，并可迅速地解决进度交叉问题，也可以打印进度表。项目管理软件除了具备项目进度制定功能外还具有较强的实际完成情况记录的能力，并能及时给出实际和潜在的影响分析。

现代管理学奠基人彼得·德鲁克在他的《卓有成效的管理者》一书中提到，管理者有效性的基础是：记录时间，管理时间，统一安排时间。因此，为了提高项目进展时间，第一步就是要记录项目时间耗用的实际情况。

6.5.3 责任与分工

在项目中，必须对项目团队成员进行角色与职责的有效分工，责任分配矩阵是明确其角色与职责的最为有效的方法。通过这样的关系矩阵，项目团队每个成员的角色，也就是谁做什么及他们的职责，都得到了直观的反映。项目的每个具体任务都能落实到参与项目的团队成员上，确保了项目的事有人做、人有事干。

在责任矩阵中，纵向为工作单元，横向为组织成员或部门名称，纵向和横向交叉处表示项目组织成员或部门在某个工作单元中的职责。项目责任矩阵表如表6-2所示。

表 6-2 项目责任矩阵

序号	工作单元	刘明 王建启 刘国强	王秀楠 李健 申利	侯露 胡军 白莉	王鸣 王大行 李之久	刘可 苏方	利民 锁向国
	文娱节目	d X	X	X	D	X	X
1	宣传	X		X	XD		
2	志愿者名单	D		X		d	X
3	游戏			X			D d
4	清洁		X		d	D	
5	保安			D d			X
6	食品	X	d		D	X	
7	服务	X	D d	X			X

注：D—决定性决策；d—参与决策；X—执行工作。

责任是由线条、符号和简洁文字组成的图表，不但易于制作和解读，而且能够较清楚地反映项目各部门之间或个人之间的工作责任和相互关系。

6.5.4 项目执行

项目执行是指正式开始为完成项目而进行的活动或努力的工作过程。由于项目产品（最终可交付成果）是在这个过程中产生的，所以该过程是项目管理应用领域中最为重要的环节。在这个过程中，项目负责人要协调和管理项目中存在的各种技术和组织等方面的问题。项目会议是求同存异的，主要是统一认识和思想，把握正确的方向，并对项目执行过程中存在的问题进行反思和改进建议的讨论，细节问题是具体执行人的工作。要给项目组成员足够的信任，也许他们的方法和措施比项目经理的更有效。项目执行工作要经过以下5个步骤：一是对将要进行的活动进行安排；二是对工作进行授权；三是安排活动日程；四是估算活动所消耗的成本费用；五是项目负责人组织项目团队按照项目的计划完成预定的工作。

项目执行的重要性有以下6个方面。

1. 沟通比方案更重要

对于策划人来说，最痛苦的事莫过于方案得不到执行，项目"流产"。市场上不缺少所谓的"方案"，就像任何人都可以说"我懂营销"。但能够得到执行并适合客户的方案却少之又少。问题的节点并不一定出在方案本身，可能是沟通不到位。

这里要说的沟通不到位，并不是要顺应着客户的思想做方案，也不是脱离了市场做方案，而是要在做项目执行过程的方案的同时，结合客户的现实情况，在执行过程中客户会出现哪些顾虑，应该如何应对，考虑如何与客户沟通，才能使适合的方案得到执行。

2. 方案沟通"散文化"

可以把方案看成是一篇"议论文"和"说明文"的结合体。策略的提出是一个论证的过程，市场如何操作是一个说明的过程。但如果单纯地论证或说明会显得枯燥，是一种灌输式沟通。这种沟通，一是客户无法在极短地时间内理解方案；二是对于成套的营销理论，客户懂得也不少，只是他无法用精准的术语表述出来，事实上，他们更不希望用专业的术语去描述他们已经知道的理论。这就需要在提案环节上，不要就方案讲方案，需要在论证和说明的过程中加入"散文"的成分，将沟通方式抒情化、故事化，以便客户理解和认知。这一点需要结合个人的风格进行融会贯通，在不断的实践中找到适合自己的风格。

3. 方案沟通"技巧化"

这里所说的技巧化，是当策划思想与客户的原有想法发生偏差时，不要轻易去说对与不对、好与不好，要引导客户去理解并接受，为什么要这样去做？

任何一个客户找到营销策划公司、广告或公关公司之前，自己的脑中都会有一定的想法、一定方向和目标，也许是由于不成熟，也许是想通过他人来证明自己的想法，也许是借助"外脑"的力量来推动内部的执行……，总之，客户都是有一定想法的，否则就没有找"外脑"的必要了。

从策划的角度看，客户的想法也许过于片面、不够系统，也许与自身的条件不符，好高骛远；也许有些落后和陈旧，不够创新；也许过于谨慎和保守，不敢冒进……，无论怎样，都不要放弃他们原有的想法。

4. 感性相处，理性做事

从前期的沟通、诊断、调研到后期的提案，辅助执行，在这一系列的过程中，难免与客户"朝夕相处"而拉近彼此的关系。一方面，是客户为了更加深入地了解或是为了后期的服务而有意拉近；另一方面，是由于性情相投，成为真正的朋友。然而，无论是上述哪一种情况，在项目合作期间，都要保持好的心态，不以客户对己的"关照"的多与少而决定尽全力与否，更不要在客户的"关照"之下感性做事，通过给予客户承诺和保证以换取客户更大的"关照"。承诺和保证越多，失去的越多，更需要的是用专业和实力去"征服"客户，敢于在现实面前对客户说"不"，这样才会赢得客户的尊重。

要与客户感性相处，不要渴望与客户拉近关系而赢得客户的认可和"关照"，更要理性做事，不要因为客户的"关照"而失去理性，失去本我。

5. 项目组成员的紧密合作

项目组的所有人，都为一个目标走到一起的，这个目标就是在合理的成本和有限的时间内，按照合同约定的可交付成果的质量完成项目的各项工作。

项目组内或多或少会存在这样或那样的矛盾和分歧，如何处理好这些问题，是项目经理管理的重点课题。由于项目负责人一般不是这个团队中技术最好的，又因项目组成员都是从各个智能部门抽调的，存在多头管理的情况，所以项目组内部人与人之间会有些不同利益诉求，平衡这些关系和处理这些矛盾就成为项目负责人的主要工作。由于项目组人员各自关注的问题重点不同，项目负责人要对实施项目的各种要求统筹考虑，一旦项目组人员的期望无法达到，最有可能是对项目负责人的工作和能力的质疑。项目经理多与组内成员进行沟通，了解其期望，合理地给项目组成员制定各自的期望，是对一个成功项目管理者的要求。

6. 项目会议

项目会议是项目负责人对项目进展情况进行有效跟踪、处理项目组内部问题和矛盾的重要手段。但各项目负责人可能总是在抱怨项目会议的无效率和冗长，浪费时间，收效甚微。问题的原因很可能是项目负责人在项目会议前期没有做足功课。项目负责人首先要通过电子邮件或电话等形式通知与会者，项目会议的目的和要讨论的问题，并把相关资料提前一定时间发给与会人员。在会议期间不要过多地纠缠于一些琐碎的细节，主要是统一认识和对问题的看法，以及解决问题的思路，处理方法可以在会下同具体负责人探讨。

6.6 项目盈利模式分析

盈利模式是指按照利益相关者划分的企业的收入结构、成本结构及相应的目标利润。简单地讲就是一件产品的利润有多少，整个企业的利润有多少。盈利模式是在业务系统中，各价值链所有权和价值链结构已确定的前提下，在企业利益相关者之间利益分配的格局中企业利益的表现。也可以说，盈利模式就是企业赚钱的渠道，通过怎样的模式和渠道来赚钱。

盈利模式是企业在市场竞争中逐步形成的、企业特有的赖以盈利的商务结构及其对应的业务结构。企业的商务结构主要是指企业外部所选择的交易对象、内容、规模、方式、渠道、环境、对手等商务内容及其时空结构。企业的业务结构主要是指满足商务结构需要的企业内部从事的科研、采购、生产、储运、营销等业务内容及其时空结构。业务结构反映的是企业内部资源配置情况，商务结构反映的是企业内部资源整合的对象及其目的。业务结构直接反映的是企业资源配置的效率，商务结构直接反映的是企业资源配置的效益。

任何企业都有自己的商务结构及其相应的业务结构，但并不是所有企业都盈利，因而并不是所有企业都有盈利模式。盈利模式分为自发的盈利模式和自觉的盈利模式两种，前者的盈利模式是自发形成的，企业对如何盈利、未来能否盈利缺乏清醒的认识，企业虽然盈利，但盈利模式不明确、不清晰，其盈利模式具有隐蔽性、模糊性，缺乏灵活性的特点；后者，也就是自觉的盈利模式，是企业通过对盈利实践的总结，对盈利模式加以自觉调整和设计而成的，它具有清晰性、针对性、相对稳定性、环境适应性和灵活性等特征。

在市场竞争的初期和企业成长的不成熟阶段，企业的盈利模式大多是自发的，随着市场竞争的加剧和企业的不断成熟，企业开始重视对市场竞争和自身盈利模式的研究。

目前，人们所熟知的互联网公司（或者依托互联网平台进行营销的企业）的盈利模式，不外乎下面 7 种：大广告，小广告，道具，QQ 秀，电子商务方式，在线游戏，提供（代）收费服务，门户型网站。

6.7 项目验收

1. 项目验收概念

项目验收，也称范围核实或移交（cutover）。指在项目的结束过程中，依据项目的原始章程和合法变更行为，对项目成果和全部之前的活动过程进行审验和接收的行为，叫作项目的验收。主要的任务是核查项目计划规定范围内各项工作或活动是否已经全部完成，可交付成果是否令人满意，并将核查结果记录在验收文件中。

项目验收时，要明确项目的起点、终点和最后成果，要明确各子项目成果的标志。

2. 项目验收的依据

（1）工作成果

工作成果是项目实施的结果，项目收尾时提交的工作成果要符合项目目标。工作成果验收合格，项目才能终止。因此，项目验收的重点是对项目的工作成果进行审查。

（2）成果说明

项目团队还要向客户提供说明项目成果的文件，如技术要求说明书，技术文件，图纸等，以供验收审查。项目成果文件随着项目类型的不同而有所不同。

3. 项目验收标准

项目验收的标准是指判断项目产品是否合乎项目目标的根据。项目验收的标准一般包括：项目合同书；国际惯例；国际标准；行业标准；国家和企业的相关政策、法规。

4. 项目 9 项验收

项目验收过程中，项目验收组织对于项目整体进行 9 项主要内容的验收，简称项目 9 验。项目 9 验包括：项目目标验收、性质验收、空间验收、质量验收、技术验收、损耗验收、时间验收、安全验收、信息验收。

5. 项目验收的程序

项目的验收过程是一个相当复杂的工作，而建设工程的验收则更加复杂，需要多方的协同合作。因此还要参考更多的相关资料，并在实际工作中积累经验。

项目验收的工作程序图，如图 6-7 所示。

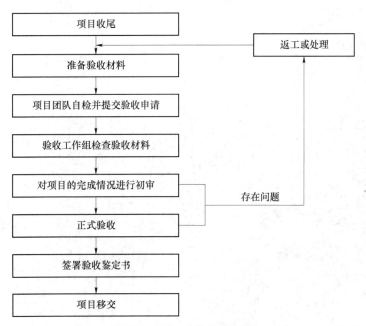

图 6-7　项目验收的程序图

思考题

1. 简述项目的定义和特征。
2. 项目的各个阶段构成了项目的生命周期，试述各个周期的特征。
3. 项目的目的、目标分别是什么？如何确定项目的目的和目标。
4. 试述项目环境分析的具体内容。
5. 概述项目执行的步骤。

第 7 章

市 场 营 销

7.1 市场营销环境

市场营销环境是指影响企业市场营销活动及其目标实现的各种因素和动向。按对企业营销活动影响因素的范围，市场营销环境可分为宏观环境和微观环境。宏观环境即间接营销环境，是指影响企业营销活动的一系列巨大的社会力量和因素，主要指人口、经济、自然生态、政治法律、科学技术及社会文化等。微观环境即直接营销环境（作业环境），指与企业紧密相连，直接影响企业营销能力的各种参与者，包括企业本身、顾客、竞争者及社会公众。按对企业营销活动影响时间的长短，市场营销环境可分为长期环境与短期环境。

7.1.1 宏观环境分析

宏观市场营销环境的变化对企业产生的影响可以从两个方面进行分析：一是宏观市场营销环境的变化对企业市场营销活动产生有利的影响，这对企业来说是一种环境机会；二是宏观市场营销环境的变化对企业市场营销活动产生不利的影响，这对企业来说是一种环境威胁。面对市场机会和威胁程度不同的营销环境，需要通过环境分析来评估市场机会与环境威胁，进而提出相应的对策。通常，企业可采用"机会分析矩阵图"和"威胁分析矩阵图"来分析、评价营销环境。

1. 人口环境

人口是构成市场的第一位因素。人口的多少直接决定市场的潜在容量，人口越多，市场规模就越大。而人口的年龄结构、地理分布、婚姻状况、出生率、死亡率、人口密度、人口流动性及其文化教育等都会对市场格局产生深刻影响，并直接影响企业的市场营销活动。对人口环境的分析包括人口总量、人口结构、地理分布、家庭组成、教育和职业等。

2. 经济环境

经济环境是指影响企业市场营销方式与规模的经济因素，主要包括收入与支出水平、储蓄与信贷及经济发展水平等因素。

3. 自然环境

营销学上的自然环境，主要是指自然物质环境，即自然界提供给人类的各种形式的物质财富，如矿产、森林、土地、水力等资源。自然环境也处于发展变化之中。当代自然环境最主要的动向是：自然资源日益短缺，能源成本趋于提高，环境污染日益严重，政府对自然资源的管理和干预不断加强。所有这些都会直接或间接地给企业带来威胁或机会。因此，企业必须积极从事研究开发，尽量寻求新的资源或代用品。同时，企业在经营中要有高度的环保责任感，善于抓住环保中出现的机会，推出"绿色产品""绿色营销"，以适应世界环保潮流。

4. 政治与法律环境

政治与法律是影响企业营销活动的重要的宏观环境因素。政治因素像一只无形之手，调节着企业营销活动的方向，法律因素规定了企业营销活动及其行为的准则。政治与法律相互联系，共同对企业的市场营销活动发挥影响和作用。

（1）政治环境

政治环境是指企业市场营销活动的外部政治形势和状况及国家的方针和政策。企业对政治环境的分析，就是要分析政治环境的变化给企业的市场营销活动带来的或可能带来的影响。

（2）法律环境

法律环境是指国家或地方政府颁布的各项法规、法令和条例等。法律环境对市场消费需求的形成和实现具有一定的调节作用。

5. 科学技术环境

科学技术是社会生产力新的且是最活跃的因素，作为市场营销环境的一部分，科技环境不仅直接影响着企业内部的生产和经营，同时还与其他环境因素互相依赖、相互作用，尤其与经济环境、文化环境的关系更为紧密，如新技术革命，既给企业的市场营销创造了机会，同时也造成了威胁。

6. 社会文化环境

社会文化环境所包含的因素主要有社会阶层、家庭结构、风俗习惯、宗教信仰、价值观念、消费习俗、审美观念等。在企业面临的诸方面环境中，社会文化环境是较为特殊的，它不像其他环境因素那样显而易见与易于理解，却又无时不在深刻地影响着企业的市场营销活动。任何人都在一定的社会文化环境中生活，存在于特定社会文化环境中的个体，其认识事物的方式、行为准则和价值观等都会异于生活在其他社会文化环境中的人们。因此，无论是在国内还是在国际上开展市场营销活动，都必须全面了解、认真分析所处的社会文化环境，以利于准确把握消费者的需求欲望和购买行为，制定切实可行的营销方案。对于进入国际市场和少数民族地区的企业来说，这样做尤为重要。

7.1.2 微观市场营销环境

微观市场营销环境是指与企业紧密相连，直接影响企业营销能力和效率的各种力量和因素的总和，主要包括企业自身、供应商、营销中介、顾客、竞争者及社会公众。这些因素与企业有着双向的运作关系，在一定程度上，企业可以对其进行控制或施加影响。

1. 企业自身

企业自身包括市场营销部门、其他职能部门和最高管理层。企业为开展营销活动，必须依赖于各部门的配合和支持，进行创造、采购、研究与开发、财务、市场营销等业务活动。市场营销部门一般由市场营销副总经理、销售经理、推销人员、广告经理、营销研究经理、营销计划经理、定价专家等组成。

2. 供应商

供应商是指向企业及其竞争者提供生产经营所需资源的企业或个人。供应商所提供的资源主要包括原材料、零部件、设备、能源、劳务、资金及其他用品等。供应商对企业的营销活动有着重大的影响。供应商对企业营销活动的影响主要表现在供货的稳定性与及时性、供货的价格变动和供货的质量水平。

3. 营销中介

营销中介是指为企业融通资金、销售产品给最终购买者及提供各种有利于营销服务的机构，包括中间商、实体分配公司、营销服务机构（调研公司、广告公司、咨询公司）、金融中介机构（银行、信托公司、保险公司）等。它们是企业进行营销活动不可缺少的中间环节，企业的营销活动需要它们的协助才能顺利进行，如生产集中和消费分散的矛盾需要中间商的分销予以解决、广告策划需要得到广告公司的合作等。

（1）中间商

中间商是协助企业寻找消费者或直接与消费者进行交易的商业企业，包括代理中间商和经销中间商。代理中间商不拥有商品所有权，专门介绍客户或与客户洽商、签订交易合同，包括代理商、经纪人和生产商代表。经销中间商购买商品并拥有商品所有权，主要有批发商和零售商。

（2）实体分配公司

实体分配公司主要是指协助生产企业储存产品并将产品从原产地运往销售目的地的仓储物流公司。实体分配包括包装、运输、仓储、装卸、搬运、库存控制和订单处理等方面，基本功能是调节生产与消费之间的矛盾，弥合产销时空上的背离，提供商品的时间和空间效用，以利于适时、适地和适量地将商品供给消费者。

（3）营销服务机构

营销服务机构主要是指为生产企业提供市场调研、市场定位、促销产品、营销咨询等方面的营销服务，包括市场调研公司、广告公司、传媒机构及市场营销咨询公司等。

（4）金融中介机构

金融中介机构主要包括银行、信贷公司、保险公司及其他对货物购销提供融资或保险的各种金融机构。企业的营销活动因贷款成本的上升或信贷来源的限制而受到严重的影响。

4. 顾客

顾客是企业服务的对象，是营销活动的出发点和归宿，也是企业最重要的环境因素。按照顾客的购买动机，可将国内顾客市场分为消费者、生产者、中间商、政府和国际5类。

5. 竞争者

竞争者是指与企业存在利益争夺关系的其他经济主体。企业的营销活动常常受到各种竞争者的包围和制约，因此企业必须识别各种不同的竞争者，并采取不同的竞争对策。

6. 社会公众

社会公众是指对企业实现营销目标的能力有实际或潜在利害关系和影响力的团体或个人。企业所面临的公众主要有融资公众、媒介公众、政府公众、社团公众、社区公众、一般公众和内部公众。所有这些公众，均对企业的营销活动有着直接或间接的影响，处理好与广大公众的关系，是企业营销管理一项极其重要的任务。

所有从内部影响公司的因素都称之为"内部环境"。内部环境是指员工、资金、设备、原料、市场5个部分。对于应对市场变化而言，内部环境和外部环境同样重要。市场营销人员，把应对市场变化的过程称为"内部市场营销"。

7.1.3 市场营销环境的特点

（1）客观性

市场营销环境作为一种客观存在，是不以企业的意志为转移的，有着自己的运行规律和发展趋势。对营销环境变化的主观臆断必然会导致营销决策的盲目与失误。市场营销人员应遵循运行规律，适当安排营销组合，使之与客观存在的外部环境相适应。

（2）关联性

构成营销环境的各种因素和力量是相互联系、相互依赖的。例如经济因素不能脱离政治因素而单独存在。同样，政治因素也要通过经济因素来体现。

（3）层次性

从空间上看，营销环境因素是一个多层次的集合。第一层次是企业所在的地区环境，如当地的市场条件和地理位置。第二层次是整个国家的政策法规、社会经济因素，包括国情特点、全国性市场条件等。第三层次是国际环境因素。这3个层次的外界环境因素与企业发生联系的紧密程度是不相同的。

（4）差异性

营销环境的差异主要表现在企业所处的地理环境、生产经营的性质、政府管理制度等方面，不仅表现在不同企业受不同环境的影响，而且同样的环境对不同企业的影响也不尽相同。

（5）动态性

外界环境随着时间的推移经常处于变化之中。例如，外界环境利益主体的行为变化和人均收入的提高均会引起购买行为的变化，影响企业营销活动的内容。外部环境各种因素结合方式的不同也会影响和制约企业营销活动的内容和形式。

（6）不可控性

影响市场营销环境的因素是多方面的，也是复杂的，并表现出企业不可控性。例如，一个国家的政治法律制度、人口增长及一些社会文化习俗等，企业不可能随意改变。

（7）双重性格

市场机会与环境威胁并存。

7.1.4 市场营销环境对企业营销的影响

1. 市场营销环境对企业营销带来双重影响作用

（1）威胁

市场营销环境中会出现许多不利于企业营销活动的因素，由此形成挑战。如果企业不采取相应的规避风险的措施，这些因素将导致企业营销的困难，带来威胁。为保证企业营销活动的正常运行，企业应注重对环境进行分析，及时预见环境威胁，将危机减少到最低程度。

（2）机会

营销环境也会滋生出对企业具有吸引力的领域，带来营销的机会。对企业来讲，市场营销环境的机会是开拓经营新局面的重要基础。为此，企业应加强对环境的分析，当环境机会出现的时候要善于捕捉和把握，以求得企业的发展。

2. 市场营销环境是企业营销活动的资源基础

市场营销环境是企业营销活动的资源基础。企业营销活动所需的各种资源，如资金、信息、人才等都是由社会环境来提供的。企业生产经营的产品或服务需要哪些资源、多少资源、从哪里获取资源，必须分析、研究营销环境因素，以获取最优的营销资源满足企业经营的需要，实现营销目标。

3. 市场营销环境是企业制定营销策略的依据

企业营销活动受制于客观环境因素，企业营销活动必须与所处的营销环境相适应。但企业在环境面前绝不是无能为力、束手无策的，企业要发挥主观能动性，制定有效的营销策略去影响环境，在市场竞争中处于主动，占领更大的市场。

7.2 消费者市场和购买行为分析

7.2.1 消费者市场与消费者行为模式

1. 消费者市场的含义

根据顾客购买商品或劳务的目的不同，市场可分为消费者市场和消费组织市场两大类。消费者市场是指为了满足生活消费而购买商品和服务的个人与家庭而构成的市场。生活消费是产品和服务流通的终点，因此消费者市场也被称为最终产品市场。消费组织市场指以某些组织为购买单位的购买者所构成的市场，其购买目的是生产、销售、出租、维持组织运转或履行组织职能。消费组织市场购买数量较大，一般都会超过消费者市场，消费者和消费组织最终都是企业的服务对象，企业要以满足最终消费者的需要为中心。一切企业，无论是否直接为消费者服务，都必须研究消费者市场。

2. 消费者市场的购买对象

消费者进入市场购买的对象是多种多样的。如果按照消费者的购买习惯来划分，消费者的购买对象一般包括三大类，即日用品、选购品和特殊品。

（1）日用品

日用品是指消费者日常生活中必需而且要重复购买的商品。消费者对这类商品一般比较熟悉，具有一定的商品知识，在购买时一般不大愿意或者觉得没有必要花很多的时间来比较价格和质量，多数是选择就近购买，而且愿意接受其他代用品。

日用品范围很广，如粮食、饮料、肥皂、洗衣粉、调料等。日用品的生产者，在选择分销渠道时，应注意销售点分布的广泛性及合理性，以便满足消费者及时、方便购买的需要。

（2）选购品

选购品是指消费者往往要花费较多的时间对所选商品的质量、价格、样式、适用性、厂商等进行比较之后才会做出购买决策的商品，如服装、家具等。

一般来说，选购品的价格较高，消费者对这类商品了解也不多，购买间隔时间较长，购买频率低，而且消费者对此类商品产生需求时，并不会像对日用品那样希望立即购买。消费者购买时往往会对多家商店出售的同类商品加以比较。选购品的生产者，应该将销售网点设在商业网点比较集中的地区，并将产品的销售点相对集中，以便顾客进行比较和选择。

（3）特殊品

特殊品是指那些具有独特的品质、风格、造型、工艺等特性，或者消费者对其具有特殊偏好并愿意花费较多时间去选择、购买的商品，如电视机、电冰箱、化妆品等。消费者在购买前对这些商品已经有了一定的认识，对某些特定的品牌和商标有自己的特殊偏好，不愿接受代用品。特殊品的生产者，应该注意树立品牌意识，争创名牌产品，赢得消费者的青睐和忠诚，同时加强广告宣传，扩大本企业的知名度，加强售后服务和维修工作。

3. 消费者市场的特点

1）消费者市场购买者的分散性

消费者市场的购买单位是组织、个人或家庭，人数众多，分布广泛。消费者的购买呈现分散性、小型化的特点。消费者购买次数频繁，每次购买数量较少。

现代社会中，家庭规模日益缩小，商品消耗量不大。组织的办公环境与家庭商品储藏空间有限，购买大量商品存放不便。现代市场商品供应丰富，购买方便，随时需要、随时购买，也没有必要大量储存。因此，消费者市场营销者应当根据这一特点适当调整产品规格，缩小产品包装，以便更好地满足消费者的需要。

2）消费者市场的差异性

消费者受年龄、性别、身体状况、性格、习惯、偏好、职业、地位、收入、文化教育程度、地理环境、气候条件等多种因素的影响，市场的消费需求和购买行为具有很大的差异性，所购商品的品种、规格、数量、质量、花色和价格也会千差万别。

（1）消费者需求易变性

人类社会的生产力和科学技术总是在不断进步，新产品层出不穷，消费者收入水平不断提高，消费需求也就呈现出由少到多、由粗到精、由低级到高级的发展趋势。越来越多的消费者并不喜爱一成不变的商品，要求商品的品种、款式能够不断翻新。

另外，随着市场商品供应的日益丰富和企业竞争的逐渐加剧，消费者对商品的挑选余地更大，消费潮流也在日新月异，商品的流行周期越来越短，往往令人难以把握。

（2）消费者市场的非专业性购买

消费者市场商品种类繁多，大多数消费者不可能对所购买的每一种商品都非常熟悉。消费者对大多数商品的质量、性能、价格、使用、维护、保管乃至市场行情往往缺乏专业的甚至是必要的认识，只能根据个人感觉和喜好做出购买决策，大多数属于非专业性购买，很容易受个人情感、广告宣传、推销活动和他人意见的影响或诱导。

3）情感性

消费品千千万万，消费者对所购买的消费品大多缺乏专业的甚至必要的认识，对质量、性能、使用、维修、保管、价格乃至市场行情都不太了解，只能根据个人好恶和感觉做出购买决策，多属非专家购买，受情感因素影响大，受企业广告宣传和推销活动的影响较大。

4）伸缩性

消费需求受消费者收入、生活方式、商品价格和储蓄利率影响较大，在购买数量和品种选择上表现出较大的需求弹性或伸缩性。收入多则增加购买，收入少则减少购买。商品价格高或储蓄利息高的时候减少消费，商品价格低或储蓄利息低的时候增加消费。

4. 消费者购买行为模式

暗箱理论就是研究消费者行为的基本内容，即谁去消费者市场购买（who）？到消费者市场购买什么(what)？为何要到消费者市场购买(why)？何时到消费者市场购买(when)？到哪里的消费者市场购买(where)？怎样在消费者市场购买(how)？以上简称为"5个W加1个H"。通过以上6个步骤，企业有可能指导消费者行为的心理过程从而对购买行为产生影响。

例如，某照相机厂生产和销售照相机，营销人员必须仔细分析、研究以下问题：
① 目前消费者市场上购买这种照相机的是哪些人？
② 消费者购买什么类型的照相机？
③ 消费者为什么购买这种照相机？
④ 哪些人会参与照相机的购买行为？
⑤ 消费者在什么地方购买这种照相机？
⑥ 消费者什么时候购买这种照相机？
⑦ 消费者怎样购买这种照相机？

5. 消费者购买行为的类型

消费者购买行为有多种多样的划分方法，其中最典型的有两种：一种是根据消费者的购买行为的复杂程度和所购商品的差异程度进行划分；另一种是根据消费者的性格进行划分。

1）根据复杂程度和所购商品的差异程度划分

（1）复杂型

这是消费者初次在购买差异性很大的消费品时所发生的购买行为。购买这类商品时，通常要经过一个较长的考虑过程。购买者首先要广泛收集各种相关信息，对可供选择的商品进行全面评估，在此基础上建立起自己对该商品品牌的信念，形成自己对这个品牌的态度，最后慎重地做出购买决定。

（2）和谐型

这是消费者购买差异性不大的商品时所发生的一种购买行为。由于各个品牌之间没有显著差异，消费者一般不必花费很多时间收集并评估不同品牌的各种信息，关心的重点在于价格是否优惠，购买时间、地点是否方便等。如果消费者在购买以后认为自己所买商品物有所值甚至优于其他同类商品，就有可能形成对该商品品牌的偏好。相反，就有可能形成厌恶感。

（3）习惯型

所谓习惯性购买决定，是指消费者对所选购的商品和品牌比较了解，已经发展到相对的选择标准主要依据过去的知识和经验习惯性地做出购买决定。消费者认为各品牌之间差异性很小，商品价格比较低廉，对某种商品的特性及其相近商品的特点非常熟悉，并已经形成品牌偏好，购买决定时不涉及信息收集和品牌评价这两个购买阶段。

（4）多变型

多变型的购买行为是指消费者了解现有商品各品牌之间的明显差异，在购买产品时并不认真收集信息和评估，比较快地做出决定购买某一品牌。购买时随意性较大，只在消费时才加以评估，但是在下次购买时又会转换其他品牌。消费者转换品牌的原因不一定与他对该商品是否满意有什么联系，可能是对原来口味心生厌倦或者为了尝尝鲜，主要目的还是寻求商品的多样性。对于多变型的消费者购买行为，市场领导者和挑战者的营销策略是不同的。

2）根据消费者性格划分

（1）习惯型

消费者是某一种或某几种品牌的忠诚顾客，消费习惯和偏好相对固定，购买时心中有数，目标明确。

（2）理智型

做出购买决策前对不同品牌加以仔细比较和考虑，相信自己的判断，不容易被他人打动，不轻易做出决定，决定后也不轻易反悔。

（3）冲动型

易受商品外观、广告宣传或相关群体的影响，决定轻率，缺乏主见，易于动摇和反悔。营销者在促销过程中争取到这类消费者并不困难，但要想使他们转变为忠诚的顾客就不太容易了。

（4）经济型

对价格特别敏感，一心寻求经济的商品，对商品是否物美价廉特别看重。

（5）情感型

对商品的象征意义特别重视，联想力较丰富。

（6）不定型

此类消费者往往比较年轻，独立购物的经历不多，消费习惯和消费心理尚不稳定，没有固定偏好，易于接受新的东西。

6. 影响消费者购买行为的主要因素

1）文化因素

（1）文化

文化是人类欲望和行为最基本的决定因素。在社会中成长的儿童通过其家庭和其他主要机构的社会化过程学到了基本的价值、认知、偏好、行为的整体观念，形成了各自的特有文化。每一种文化都包含着能为其成员提供更为具体的认同感和社会化的较小的亚文化群体。许多亚文化构成了重要的细分市场，营销者经常根据他们的需要设计产品和定制营销方案。

（2）社会阶层

社会阶层是在一个社会中具有相对的同质性和持久性的群体，它们是按等级排列的。每一阶层成员具有类似的价值观、兴趣爱好和行为方式。

社会阶层对消费者的影响主要体现在以下 5 个方面。

① 商店的选择。大部分消费者喜欢去符合自己社会地位的商店选购商品。

② 消费和储蓄倾向。有研究证明，社会阶层的层次高低与消费倾向成反比，与储蓄倾向成正比。

③ 消费品位。高阶层的消费者常把购买活动看作是身份、地位的象征和标志。在食品消费上，阶层较高的消费者更讲究档次、氛围和营养。阶层较低的消费者考虑更多的可能是味道、分量和价格。

④ 娱乐和休闲方式。由于受时间、经济条件和精力的影响，高阶层的消费者从事较多的户外活动，一般会选择网球、高尔夫、滑雪或海滨游泳等休闲活动。

⑤ 对价格的心态。很多时候，价格也是一种身份、地位的象征。对于上层的消费者来说，

他们可以以很高的价格买下某件商品以显示自己的身份，低层的消费者则要购买价廉物美的商品。

2）社会因素

（1）相关群体

相关群体是指对个人态度与行为有直接或间接影响的所有群体。人们生活在不同的群体中，受所在群体的影响，表现在新的行为和生活方式、个人的态度和自我概念等方面。因为人们通常希望能迎合群体，这样相关群体会产生某种趋于一致的压力，这些会影响个人的实际商品选择和品牌选择。

对受到相关群体影响的商品和品牌制造商来说，必须想办法接触和影响相关群体中的意见领导者。意见领导者是对一个特定的商品或商品种类非正式地进行传播、提供意见或信息的人，如认为某种品牌是最好的或指出对一个特定商品可以如何使用等。意见领导者分散于社会各阶层，某人在某一商品方面可以是意见领导者，但在其他商品方面也许只是意见的追随者。

（2）家庭

家庭是社会上最重要的消费者购买组织。购买者家庭成员对购买者行为影响很大，在购买者生活中可区分为两种家庭类型。一是婚前家庭，即使购买者与他的双亲之间的相互影响已经不太大了，但双亲的购买行为的影响仍然是重要的。二是父母子女共同生活的家庭，父母的影响力非常大。对购买行为有更直接影响的是父母子女共同生活的家庭。

（3）角色与地位

一个人在一生中会参加许多群体，如家庭、俱乐部及各类组织。各类组织也会对个人消费产生影响。

（4）个人因素

消费者决定也受其个人特征的影响，特别是受其年龄所处的生命周期阶段、职业、经济环境、生活方式、个性及自我概念的影响。

（5）经济环境

经济环境也会严重影响商品的选择，包括可花费的收入（收入水平、稳定性和花费的时间）、储蓄和资产（包括流动资产比例）、债务、借款能力及对花费与储蓄的态度等。

（6）生活方式

来自相同的亚文化群、社会阶层，甚至来自相同职业的人们，也可能具有不同的生活方式。各种不同的生活方式也会影响消费行为。

（7）个性

个性是指一个人经常的、稳定的、本质的心理特征的总和。个性特征有若干类型，如外向与内向、细腻与粗犷、理智与冲动、乐观与悲观、领导与顺从、独立性与依赖性等。个性不同，所产生的气质也不同，不同气质的消费者的购买行为也不同。

根据巴普洛夫的高级神经活动学说，个人的气质可以划分为活泼型、兴奋型、安静型和抑制型4种。活泼型消费者在购买活动中喜欢与销售人员或其他顾客交换意见，情绪易受外界感染，往往会随着环境的变化而改变自己的观点。兴奋型消费者易于冲动，如果被商品的某一特性所吸引，则会立即购买，而事后往往又会后悔不已。安静型消费者在购买活动中情绪稳定，自信心较强，对商品或服务的好坏不妄加评论。抑制型消费者在挑选商品时往往小心翼翼,对自己的判断和商品的质量总是持怀疑态度。

(8) 态度和信念

态度和信念是人们对事物所持的描述性的思想。人们通过实践和学习获得了自己的信念和态度,而它们反过来又影响人们的消费行为。因为信念构成了商品和品牌的形象,而人们是根据自己的信念行动的。

7.2.2 消费者购买决策过程

营销人员除了要了解对购买者产生的各种影响因素之外,还应了解消费者怎样实际地做出购买决策,识别购买决策的类型及购买过程中的步骤。

1. 消费者市场购买决策的参与者

① 发起者。指首先提出或发现需要购买某种产品的人。

② 影响者。指对最终购买决策能够产生影响的人。

③ 决策者。指最后对购买做出决策的人,比如是否购买、购买哪种品牌、购买多少、在哪个商店购买等。

④ 购买者。指具体执行购买行为的人。

⑤ 使用者。指实际消费商品的人。

消费者在购买决策中,可能扮演上述 5 类参与者中的一种或几种兼有,甚至可能是全部角色。

家庭购买活动的决策者,可能是由某一个家庭成员或者几个家庭成员所组成的。不同家庭成员对购买决策的影响不同。一次家庭典型购买活动中,如购买昂贵的汽车、背投电视机等耐用消费品,有 6 种角色:倡议者、信息收集者、影响者、决策者、实际购买者和使用者。这 6 种角色相互联系、相互依托。

在我国,一般情况下,耐用消费品,如汽车、家用电器等商品由丈夫或夫妻共同做出购买决策。妻子则对日用品,诸如厨房炊具、食品等做出购买决策。有些商品,如物业购置、家具选购和旅游安排等则由家庭成员共同商议后做出购买决策。孩子往往是儿童读物、玩具等商品的购买决策者。

2. 消费者购买决策过程

1)认识需要

消费者的购买决策是从意识到某个需要解决的问题开始的。问题认识源于消费者意欲状态与感知到的状态之间存在差距,这种差距促使他采取某种决策行动。行动的需要既可由内在刺激引起,也可能被外在刺激唤起,还有可能是内、外刺激共同作用的结果。是否决定采取进一步的购买行动,主要取决于两个方面的因素:一是其意欲状态与感知状态之间差距的大小或强度;二是问题的相对重要性。

2)收集信息

如果消费者的动机非常强烈而且附近又有现成的令人满意的产品,那么消费者就会不经过信息收集和备选方案评估阶段而直接实施购买行动,从而使自己的需求得到满足。

3)品牌评估

一般而言,消费者的品牌评价行为涉及商品属性、商品满意程度、品牌信念、评价模式4 个方面。

4）购买决策

（1）他人态度

① 他人否定态度的强度。否定态度越强烈，影响力越大。

② 他人与消费者的关系。关系越密切，影响力越大。

③ 他人的权威性。他人对此类产品的了解程度、专业水准越高，影响力越大。

（2）购买风险

购买风险大小与消费者的购买能力、风险意识及商品的种类和价格有着密切的联系。一般来说，购买耐用消费品的风险比购买消耗品的风险高，贵重商品比廉价商品的购买风险高。

（3）意外因素

意外因素可以具体分为两个方面：一是与消费者本身及其家庭成员有关的因素，如收入的陡然变化、大笔额外开支、工作受挫、身体不适等；二是与产品或服务及其市场营销活动有关，如新产品的出现、产品降价、新的促销手段的应用等。

7.3 营销战略

市场营销策略是企业市场营销部门根据战略规划，在综合考虑外部市场机会及内部资源状况等因素的基础上，确定目标市场，选择相应的市场营销策略组合，并予以有效实施和控制的过程。营销战略是企业以顾客需要为出发点，根据经验获得顾客需求量及购买力的信息、商业界的期望值，有计划地组织各项经营活动，通过相互协调一致的产品、价格、渠道和促销策略，为顾客提供满意的商品和服务，从而实现企业目标的过程。

一般来讲，企业的市场营销策略包括：产品策略、价格策略、促销策略和渠道策略。

1. 产品策略

产品策略主要是指企业为了在激烈的市场竞争中获得优势，在生产、销售产品时运用的一系列措施和手段，包括产品定位、产品组合策略，产品的差异化策略及新产品开发、产品生命周期、品牌策略等，它是价格策略、促销策略和分销策略的基础。给产品赋予特色，可以让其在消费者心中留下深刻的印象。

2. 促销策略

促销策略主要是指企业采用一定的促销手段来达到销售产品、增加销售额的目的。促销策略的手段主要有折扣、返利、抽奖及免费体验等方式。促销的形式包括广告宣传、公共关系、促销活动、人员销售、口碑操作等。有了促销，消费者才可得知产品提供何种利益、价格多少、可以到什么地方购买及如何购买等。

3. 价格策略

价格策略主要是指企业通过对顾客需求的估量和成本分析，选择一种吸引顾客、实现市场营销组合的策略。

4. 渠道策略

渠道策略是指企业选用何种渠道使产品流通到顾客手中，它代表企业（机构）在将自身产品送抵最终消费者之前所发生的与各类分销商之间的贸易关系。这里的分销商既包含批发商，也包含零售商，甚至包含物流配送商，或是公司业务人员直接对消费者销售。企业制定分销政策的目的是：让产品更顺畅地到达顾客手中，既要保证分销成本低廉，又要保证顾客对送货期、送货量、装配服务、疑难咨询等方面的要求。

在产品日益丰富的情况下，分销政策可能变得越来越难制定，因为相对于商品和品牌的过量，分销商则显得稀少，因而后者拥有了大量讨价还价的权力，力图从上游企业那里获得更大的利益分成比例。

零售商在最近10年的表现尤其令人瞩目，它们不仅从事零售，也开始插手产品的上游生产过程，并以自己的店铺名称或独创名称作为自己所生产新品的品牌，即自有品牌，或叫店铺品牌。这更深地威胁到了纯粹的制造企业的利润空间，当然也大大增加了后者制定分销策略的难度。

【案例】

宝洁公司营销战略的成功首先来源于对市场的细分。市场细分策略就是按照一定的基础和标准，把一个市场划分成若干部分，其中每一部分客户具有较高程度的相同性，与其他部分的客户具有较高的差异性。企业或单位通过是对市场进行细分之后，要评价每个市场的价值，同时根据自己的资源和能力，辨认和确定目标细分市场，然后针对客户的特点采取独特的产品和市场营销战略，以求获得最佳效益。

就拿洗发水来说，常见的就有"海飞丝""飘柔""潘婷"等。在促销策略上宝洁公司采取了两项措施。首先"海飞丝"针对去头屑，"飘柔"强调头发的顺滑，"潘婷"则着重于头发的营养，三者各有特点，各有特定消费群体，也各有自己独立的品牌。其次宝洁公司在细分市场的基础上，在广告策略的调研上也采取了一种最独特的做法即消费者利益细分法，就是把广告定位细化。由于各个消费者对产品的兴趣不同，关注点也不同。宝洁公司针对不同的消费群体推出不同特点的产品时配以不同特点的广告，从而使产品深入人心。"海飞丝"，海蓝色包装，带来清新凉爽的视觉效果，"头屑去无踪，秀发更出众"的广告语更进一步在消费者心目中树立了"海飞丝"去头屑的信念。"飘柔"从名称上就让人明白了该产品使头发柔顺的特性，草绿色包装给人以青春美的感受，"含丝质润发素，洗发护发一次完成，令头发柔顺飘逸"的广告语加上少女甩动丝般头发的画面，令消费者印象深刻。

7.4 营销计划、营销组织和营销控制

7.4.1 营销计划

企业营销计划是指在对企业市场营销环境进行调研分析的基础上，制定企业及其各业务单位的对营销目标及实现这一目标所应采取的策略、措施和步骤的明确规定和详细说明。

营销计划是企业的战术计划，营销战略对企业而言是"做正确的事"，而营销计划则是"正确地做事"。在企业的实际经营过程中，营销计划往往碰到无法有效执行的情况。一种情况是营销战略不正确，营销计划只能是"雪上加霜"，加速企业的衰败；另一种情况则是营销计划无法贯彻落实，不能将营销战略转化为有效的战术。营销计划充分发挥作用的基础是正确的战略，一个完美的战略可以不必依靠完美的战术，而从另一个角度看，营销计划的正确执行可以创造完美的战术，而完美的战术不仅可以弥补战略的欠缺，还能在一定

程度上转化为战略。

1. 营销计划的分类

按计划涉及的时间，企业营销计划可分为长期计划、中期计划和短期计划。长期计划的期限一般为 5 年以上，主要是确定未来发展方向和奋斗目标的纲领性计划。中期计划的期限为 1～5 年。短期计划的期限通常为 1 年，如年度计划。

按计划涉及的范围，企业营销计划可分为总体营销计划和专项营销计划。总体营销计划是企业营销活动的全面、综合性计划。专项营销计划是针对某一产品或特殊问题而制订的计划，如品牌计划、渠道计划、促销计划、定价计划等。

按计划的程度，企业营销计划可分为战略计划、策略计划和作业计划。战略计划是对企业在未来市场占有的地位及采取的措施所做的计划。策略计划是对营销活动某一方面所做的计划。作业计划是各项营销活动的具体执行性计划，如一项促销活动，需要对活动的目的、时间、地点、活动方式、费用预算等做策划。

2. 营销计划的内容

1）计划概要

计划概要是对主要营销目标和措施的简短摘要，目的是使高层主管迅速了解该计划的主要内容，抓住计划的要点。例如某零售商店年度营销计划的内容概要是："本年度计划销售额为 5 000 万元，利润目标为 500 万元，比上年增加 10%。这个目标经过改进服务，灵活定价，加强广告和促销努力，是能够实现的。为达到这个目标，今年的营销预算要达到 100 万元，占计划销售额的 2%，比上年提高 12%。"

2）营销状况分析

营销状况分析主要提供与市场、产品、竞争、分销及宏观环境因素有关的背景资料，具体内容如下。

（1）市场状况

列举目标市场的规模及其成长性的有关数据、顾客的需求状况等，如目标市场近年来的年销售量及其增长情况、在整个市场中所占的比例等。

（2）产品状况

列出企业产品组合中每个品种近年来的销售价格、市场占有率、成本、费用、利润率等方面的数据。

（3）竞争状况

识别企业的主要竞争者，并列举竞争者的规模、目标、市场份额、产品质量、价格、营销战略及其他的有关特征，以了解竞争者的意图、行为，判断竞争者的变化趋势。

（4）分销状况

描述公司产品所选择的分销渠道的类型及其在各种分销渠道上的销售数量，如某产品在百货商店、专业商店、折扣商店、邮寄等各种渠道上的分配比例等。

（5）宏观环境状况

主要对宏观环境的状况及其主要发展趋势做出简要的介绍，包括人口环境、经济环境、技术环境、政治法律环境、社会文化环境等，并从中判断某种产品的命运。

3）机会与风险分析

首先，对计划期内企业营销所面临的主要机会和风险进行分析。其次，对企业营销资源的优势和劣势进行系统分析。在机会与风险、优势与劣势分析的基础上，企业可以确定在该计划中必须注意的主要问题。

4）拟订营销目标

拟订营销目标是营销计划的核心内容，是在市场分析基础上对营销目标做出决策。营销计划应建立财务目标和营销目标，目标要用数量化指标表达出来，要注意目标的实际、合理，并应有一定的开拓性。

（1）财务目标

财务目标即确定每个战略业务单位的财务报酬目标，包括投资报酬率、利润率、利润额等指标。

（2）营销目标

财务目标必须转化为营销目标。营销目标可以由以下指标构成，如销售收入、销售增长率、销售量、市场份额、品牌知名度、分销范围等。

5）营销策略

拟定将采用的营销策略，包括目标市场选择和市场定位、营销组合策略等，明确企业营销的目标市场是什么市场、如何进行市场定位、确定何种市场形象，企业拟采用什么样的产品、渠道、定价和促销策略。

6）行动方案

对各种营销策略的实施拟订详细的行动方案，即阐述以下问题：将做什么？何时开始？何时完成？谁来做？成本是多少？整个行动计划可以列表加以说明，表中具体说明每个时期应执行和完成的活动的时间安排、任务要求和费用开支等，从而使整个营销战略落实于行动，并能循序渐进地贯彻执行。

7）营销预算

营销预算即列出一张实质性的预计损益表。在收益的一方要说明预计的销售量及平均实现价格，预计出销售收入总额；在支出的一方说明生产成本、实体分销成本和营销费用，以及细分的明细支出，预计出支出总额；最后得出预计利润，即收入和支出的差额。

8）营销控制

对营销计划的执行情况进行检查和控制，用以监督计划的进程。为便于监督检查，具体做法是将计划规定的营销目标和预算按月或季分别制定，营销主管每期都要审查营销各部门的业务实绩，检查是否完成预期的营销目标。凡未完成计划的部门，应分析原因，并提出改进措施，争取实现预期目标，使企业营销计划的目标任务都能落实。

3. 营销计划的作用

营销计划是营销活动方案的具体描述，它规定了各种营销活动的任务、目标、具体指标、策略和措施，这样就可使营销工作按既定计划有条不紊地进行，从而避免营销活动的混乱或盲目性。归纳起来，营销计划的作用主要表现在以下4个方面。

（1）详细说明了预期的经济效益

营销计划详细说明了预期的经济效益，这样管理层就可预计到企业的发展状况，既可减少经营的盲目性，又可使项目团队有明确的发展目标。

（2）确定了实现计划活动所需的资源

营销计划确定了实现计划活动所需的资源，从而企业可事先测知这些资源的需要量，并据此判断企业所要承担的成本，从而有利于进一步精打细算、节约开支。

（3）描述了将要执行的任务和采取的行动

营销计划描述了将要执行的任务和采取的行动。这样，项目负责人便可明确规定各有关人员的职责，使他们有目标、有步骤地去完成或超额完成自己被委派的任务。

（4）监测各种营销活动的行动和效果

由于营销计划有助于监测各种营销活动的行动和效果，这样能有效控制本身的各种营销活动，协调各环节的关系，进而成效地完成各项任务和目标。

总之，营销计划对任何营销商来说，都是至关重要和不容忽视的。只有根据这种详细阐明营销活动方案的计划，营销规划的目标才能实现。

4．营销计划的特性

（1）营销计划是项目执行的中心

市场营销计划是企业发展计划中的一个，又是最重要的一个。例如，公司内部的生产计划，只有确实了解产品的基本销售量以后才能决定。公司的财务计划、人力资源计划、资本计划、投资计划及存贷计划等，也都要等到预计了销售和生产数量以后才能确定。所以除了公司或企业的战略计划以外，市场营销计划就成了公司计划的起点。

（2）营销计划涉及项目执行的各主要环节

企业市场营销的内部环境中还包含其他一些主要部门，如制造部门、采购部门、研究与开发部门和财务部门等，它们的业务活动与市场营销部门的业务活动互相关联。所以，市场营销部门在拟定市场营销计划时必须考虑其他部门业务活动的情况，并且需要得到企业内部各主要部门的密切协作。

（3）营销计划日趋重要和复杂

以往是将市场营销计划看作综合计划，只要将不同的市场活动加起来就构成了市场营销计划。现在则不同了，市场营销计划被认定为战略体系的一部分，它拟订了整个市场目的，并使所有的市场活动都以这个目的为中心。

7.4.2　营销组织

1．营销组织的概念

企业的营销组织是市场营销部门，市场营销部门执行市场营销计划，为市场购买者提供营销服务。市场营销部门的组织形式，主要受宏观市场营销环境、市场营销管理哲学及企业自身所处的发展阶段、经营范围、业务特点等因素的影响。

2．营销组织的演变

（1）单纯的销售部门

20世纪30年代以前，西方企业以生产观念作为指导思想，营销组织大部分都采用单纯销售部门这种形式。一般来说，所有企业都是从财务、生产、销售和会计这4个基本职能部门开展的。财务部门负责资金的筹措，生产部门负责产品制造，销售部门通常由一位副总经理负责，管理销售人员，并兼管若干市场营销研究和广告宣传工作。在这个阶段，销售部门的职能仅仅是推销生产部门生产出来的产品，生产多少，销售多少。产品生产、库存管理等完全由生产部门决定，销售部门对产品的种类、规格、数量等问题几乎没有任何发言权。

（2）兼有附属职能的销售部门

20世纪30年代大萧条以后，市场竞争日趋激烈，企业大多数以推销观念作为指导思想，需要进行经常性的市场营销研究、广告宣传及其他促销活动，这些工作逐渐变为专门的职能，当工作量达到一定程度时，便设立一名市场营销主管负责这方面的工作。

（3）独立的市场营销部门

随着企业规模和业务范围的进一步扩大，原来作为附属性工作的市场营销研究、新产品开发、广告促销和为顾客服务等市场营销职能的重要性日益增强。于是，市场营销部门成为一个相对独立的职能部门，作为市场营销部门负责人的市场营销副总经理同销售副总经理一样直接受总经理的领导，销售和市场营销成为平行的职能部门。但在具体工作上，这两个部门是需要密切配合的。

（4）现代市场营销部门

尽管销售副总经理和市场营销副总经理需要配合默契和互相协调，但是他们之间实际形成的往往是一种彼此敌对、互相猜疑的关系。销售副总经理趋向于短期行为，侧重于取得眼前的销售量；而市场营销副总经理则多着眼于长期效果，侧重于制订适当的产品计划和市场营销战略，以满足市场的长期需要。销售部门和市场营销部门之间矛盾冲突的解决过程，形成了现代市场营销部门的基础，即由市场营销副总经理全面负责，下辖所有市场营销职能部门和销售部门。

3. 营销组织的形式

（1）功能型营销组织

这是最常见的市场营销机构的组织形式，是在营销副总经理领导下由各种营销职能专家构成的职能性组织。功能型组织的主要优点是管理简单。但是，随着产品的增多和市场扩大，这种组织形式会暴露出很多缺点。由于没有一个人对一项产品或一个市场负全部的责任，因而每项产品或每个市场制订的计划欠完整，有些产品或市场很容易被忽略。另外，各个职能部门为了各自利益容易发生纠纷。

（2）地区型营销组织

在全国范围内组织营销的企业往往按地理区域组织其推销人员。例如，许多公司把我国市场分成华东、华南、华北、西南4大区域，每个区域设一个区域经理，区域经理根据所管辖省市的销售情况再设若干地区销售经理，地区销售经理下再设若干地方销售经理/主任，每个地方经理/主任再领导几位销售代表。这种模式明显增加了管理幅度，在推销任务复杂、推销人员对利润影响很大的情况下，这种分层是很重要的。

（3）产品或品牌管理组织

生产不同产品或品牌的公司往往需要设立产品或品牌管理组织。这种组织并没有取代功能性管理组织，只不过是增加一个管理层次而已。其基本做法是：由一名产品主管经理领导，下设若干个产品大类（产品线）经理，产品大类（产品线）经理下再设几个具体产品经理。

该组织的优点是：可以协调其所负责产品的营销组合策略；能及时反映产品在市场上出现的问题；使不太重要的产品也不会被忽视掉。该组织的缺点是：需要同其他营销部门合作，容易造成部门冲突；很难成为公司其他功能的专家；管理成本往往比预计的高；经理的流动导致该产品营销规划缺乏连续性，影响产品的长期竞争力。

（4）市场型营销组织

当企业把一条产品线的各种产品向不同的市场进行营销时可采取这种组织模式。例如生产计算机的企业可以把目标客户按不同的购买行为和产品偏好分成不同的用户类别，设立相应的市场型组织结构。

市场型组织的优点在于：企业的市场营销活动是按照满足各类不同顾客的需求来组织和安排的，有利于企业加强销售和市场开拓。其缺点是存在权责不清和多头领导的矛盾。

（5）产品-市场管理组织

生产多种产品并向多个市场销售的企业，可以采用产品管理型，也可以采用市场管理型，还可以建立一种既有产品经理又有市场经理的两维矩阵组织，即产品-市场管理组织。

该组织结构管理费用太高，而且容易产生内部冲突。比如各个产品在市场上的定价是由市场经理决定还是产品经理决定？如何组织销售人员？是按人造丝、醋酸纤维等产品品种分别组织销售队伍，还是按男装、女装等市场来分别组建队伍？

7.4.3 营销控制

所谓营销控制，是指衡量和评估营销策略与计划的成果，以及采取纠正措施以确定营销目标的完成。

营销控制的必要性如下。

（1）环境变化的需要

控制总是针对动态过程而言的。从营销管理者制定目标到目标的实现通常需要一段时间，在这段时间里，内外部的情况可能会发生变化，尤其是面对复杂而动荡的市场环境，每个项目都面临着严峻的挑战，各种变化都可能会影响项目已定的目标，甚至有可能需要重新修改或变动以符合新情况。高效的营销控制系统，能帮助营销管理者根据环境变化情况，及时对自己的目标和计划做出必要的修正。一般来说，目标的时间跨度越大，控制也越重要。

（2）需要及时纠正执行过程中的偏差

在计划执行过程中，难免会出现一些小偏差，而且随着时间的推移，小错误如果没有得到及时的纠正，就可能逐渐积累成严重的问题。

营销控制不仅是对营销过程的结果进行控制，还必须对营销过程本身进行控制，而对过程本身的控制更是对结果控制的重要保证。因此，营销管理者必须依靠控制系统及时发现并纠正小的偏差，以免造成不可挽回的损失。

控制与计划既有不同之处，又有密切的联系。一般来说，营销管理程序中的第一步是制订计划，然后是组织实施和控制。而从另一个角度看，控制与计划又是紧密联系的。控制不仅要按原计划目标对执行情况进行监控，纠正偏差，在必要时还将对原计划目标进行检查，判断其是否合理，也就是说，要及时修正战略计划，从而产生新的计划。

7.5 营销案例：上方堂营销推广路径

1. 淘宝平台推广

进入家家乐购专卖店后台服务，营销中心内有"我要推广"的选项，其中有"满就送红包""淘金币""联合销售""淘宝试用""天天特价""会员俱乐部""集分宝"7大推广工具，

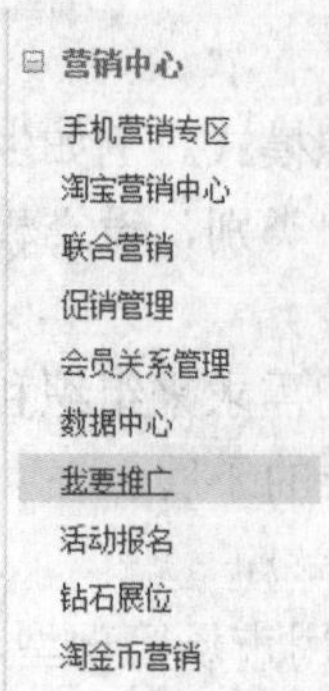

如图 7-1 所示。

阿里妈妈平台销售的淘宝客（简称 CPS），属于效果类广告。区别于淘宝直通车的按点击付费，淘宝客是按照实际的交易完成（买家确认收货）作为计费依据的。淘宝客支持按单个商品和店铺的推广形式，可以针对某个商品或店铺设定推广佣金，佣金可以在 5%～50% 范围内任意调整。具体佣金费用的扣除，将会在每个交易结束后，根据相应的佣金设置从交易额中扣除。

到目前为止，上方堂营销已经进入淘宝客平台，实现了平台推广。淘宝客单击量分析如图 7-2 所示。同时针对"上方堂品牌"设置了推广佣金，如图 7-3 所示。

图 7-1 营销中心

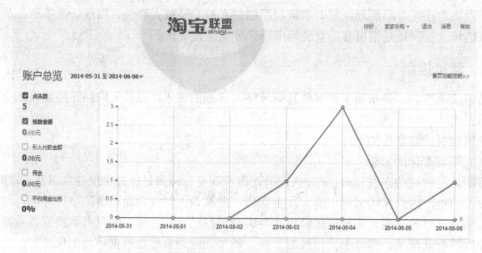

图 7-2 淘宝客单击量分析图

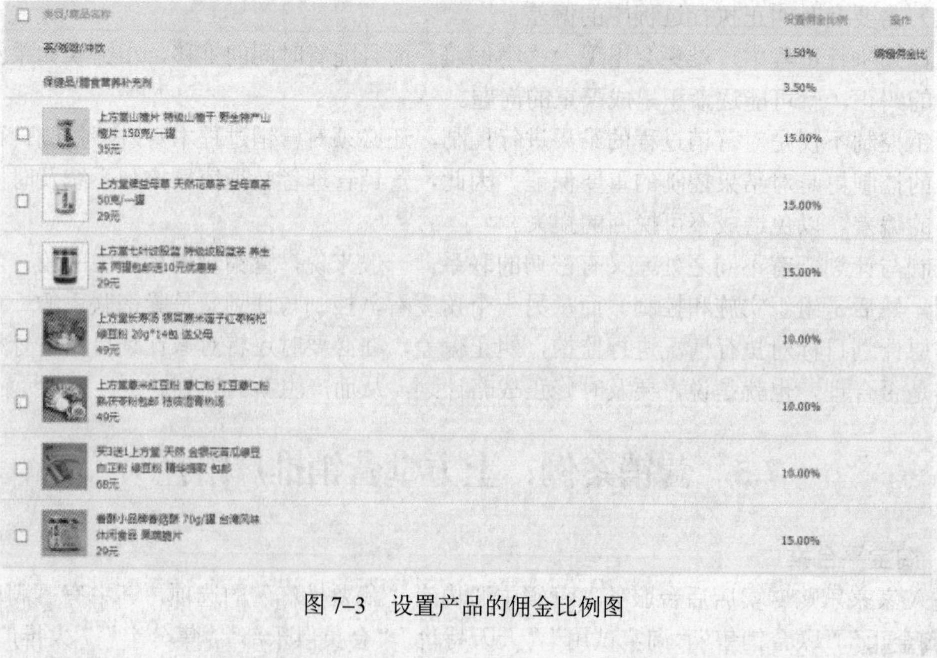

图 7-3 设置产品的佣金比例图

在店铺外部功能方面，上方堂营销主要做的有麦麦平台促销、直通车、淘宝客等，如图7-4所示。

图7-4 麦麦平台、直通车、淘宝客平台截图

2. 新媒体推广

在观察和研究大量成功的新媒体推广案例后，确定推广方案的最终目的是将品牌告诉潜在客户并引起他们消费的兴趣，同时为网店导流。在微博上，挖掘家家乐购潜在客户，通过新媒体巧妙深化和包装"上方堂"品牌，吸引受众人群注意力，提高"上方堂"在新媒体平台上的知名度。组织活动引起用户在社会化媒体上的互动，并带动品牌的口碑传播。主要利用了当下流量比较大的几大平台，如微博、微信、微淘、视频网站、qq群、博客和百度知道、猫扑、天涯、问问等平台，全面而又具有针对性地进行上方堂品牌推广。

（1）微博

2009年7月份，新浪微博推出了内测版，成为门户网站第一家提供微博服务的网站。截至2014年3月，微博月活跃用户1.437亿，日活跃用户6 660万，在社会的各个角落，几乎只要有手机的人都会拥有一个或者几个微博账号。在具有如此高流量的地方也针对"上方堂"

品牌的客户群做出策划推广，经过分析，针对客户群——成家的白领女性，要求微博平台做以下 7 个方面的推广活动。

① 有规律地进行微博的更新，每日 5～10 条的微博更新，抓住上班、上学、午休、下班、晚间这个微博用户在线高峰期，增加微博的被阅读量和转发量。

② 根据不同时期设置不同的标签，根据节日和热门微博，利用软文将"上方堂"品牌推广出去，比如母亲节、父亲节等节日进行促销活动，将"给自己的爸妈一次天然的爱"以微博形式转发 3 次的人就可以拿到 10 元优惠券活动等。同时也保持几个固有的板块，例如"健康顺口溜""养生药膳""滋补品鉴别"等，保持自己的特色和原有的顾客群，如图 7-5～图 7-7 所示。

图 7-5　微博板块"健康顺口溜"截图

图 7-6　微博板块"鉴别滋补品"截图

图 7-7　养生热门文章截图

③ 主动搜索相关话题，与相关用户互动，发展新粉丝，稳定粉丝群。写出有价值、粉丝受用、吸引眼球的微博，增加用户阅览、转发微博，最后成为粉丝，关注微博内容。

④ 运用时下热点话题编写微博，因为热点话题适合大多数人，并且回应时事热点，增加热点事件参与度，贴近广大用户的生活，如图 7-8 所示。

图 7-8　微博热门话题的转发截图

⑤ 定期举办促销活动，在活动过程中适时就品牌和个人魅力的推广与客户互动，增加客户好感度，如图 7-9 所示。

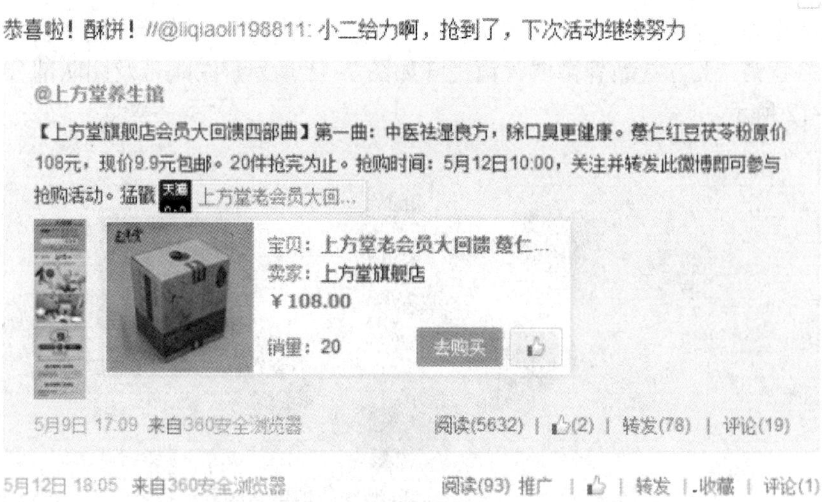

图 7-9　微博促销活动转发截图

⑥ 进行合作宣传，联系微博平台管理员将账号添加到"公司机构"等栏目，并通过实名认证，多和微博大号互动，增大自己微博的曝光率。微博粉丝数、阅读数、转发数及评论数截图如图 7-10 所示。

图 7-10　微博粉丝数、阅读数、转发数及评论数截图

⑦ 微博矩阵营销。微博矩阵是指在一个大的企业品牌之下，开设多个不同功能定位的微博，与各个层次的网友进行沟通，达到 360 度塑造企业品牌的目的。在"上方堂"品牌推广中，团队拥有 6 个微博账号，其中以"上方堂养生馆"微博账号为主轴，建立 5 个话题，其他队员的微博作为 5 个支柱，分别再建立 5 个话题，如此团队一共拥有 30 个话题用于线上互动及线上网络营销。上方堂品牌微博营销矩阵如图 7-11 所示，主账号及团队部分成员的话题截图如图 7-12 所示。

图 7-11　上方堂品牌微博营销矩阵图

图 7-12　主账号及团队部分成员的话题截图

在团队用心经营下,成功增加微博粉丝数 722 人,发布微博 760 条,仅在 11 月 9 日—11 月 16 日微博转发评论数 621 次,如图 7-13 所示。

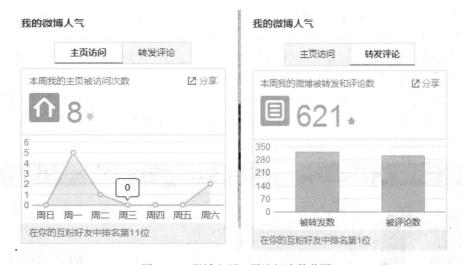

图 7-13　微博主页一周访问次数截图

(2) 微信

在利用微信推广上,"上方堂"建立了自己的微信订阅号,并且经过成员之间的讨论,要求微信平台做以下 6 个方面的推广活动。

① 坚持每天推送一条微信小知识,针对客户群喜欢养生的特点发送日常生活百科。微信推送信息界面截图如图 7-14 所示。

图 7-14　微信推送信息界面截图

② 微信公共平台搭建，通过第三方平台把自己的产品放在微信上实现自动回复等，让客户能够对自己感兴趣的产品实现自助了解。

③ 鼓励用户晒单到朋友圈，截图发送到公众平台可获得优惠券等。朋友圈是个比较封闭但效果较好的推广方式，以小成本让产品得到更大的推广。

④ 如果允许可以利用第三方平台做微商场，技术难度较小，购买服务由模板进行搭建，并实现微信支付。

⑤ 微信服务号可参与百果园微信，每月整理发送本月优惠活动和优惠单品，推送的信息要具备知识性和趣味性，这样阅读和转化率会更高。

⑥ 对微信进行二次开发，在微信上面建设自己需要的一些板块，比如陪聊、大转盘、刮刮乐等，以方便用户；通过开发一些互动功能，促进客户的黏度。微信二次开发体验界面如图 7-15 所示。

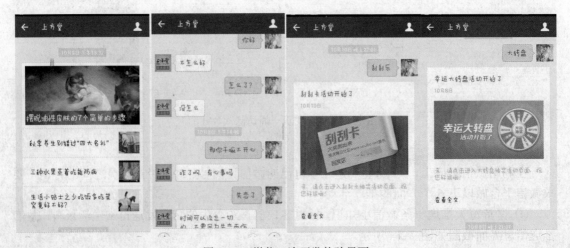

图 7-15　微信二次开发体验界面

微信按主题划分，每日发布养生知识，并且充分利用平台的互通性，在淘宝平台、微博积极宣传，粉丝数现已超过 600 余人。微信公众平台粉丝数前后对比如图 7-16 所示。

图 7-16　微信公众平台粉丝数前后对比

（3）QQ 群

在回复商品评论中加强与顾客的沟通，并通过 QQ 群宣传扩大品牌影响，如图 7-17 所示。

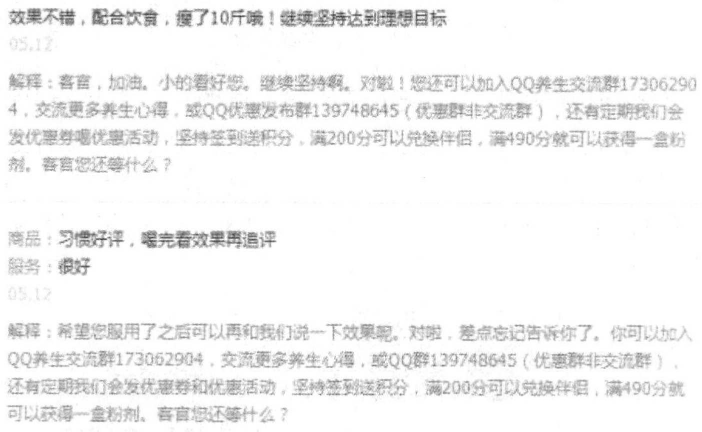

图 7-17　QQ 群宣传截图

通过 QQ 群公告定时发布店铺聚划算活动，如图 7-18 所示。

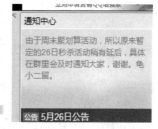

图 7-18　通过 QQ 群公告发布活动

通过 QQ 群回答会员的疑问，如图 7-19 所示。

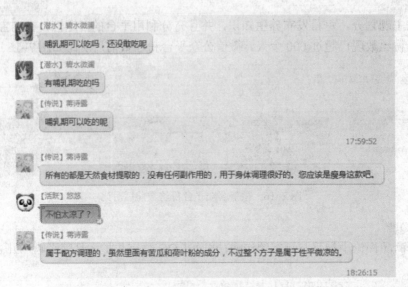

图 7-19　通过 QQ 群回答疑问

QQ 群从建立以来，团队主要是针对已经购买产品的顾客群体，采取回评的方式，达到刺激老顾客二次消费的目的。当初建立 QQ 群的目的是更好地了解产品各方面的动态，后来却和 QQ 群里的绝大多数顾客变成好友，话题不局限于产品，甚至还有一些线下交流聚会。截止到目前，QQ 群的人数为 400 余人，活跃程度相对乐观。QQ 群活跃指数及 QQ 群人数如图 7-20 所示。

图 7-20　QQ 群活跃指数及 QQ 群人数

（4）网站

在网站营销方面主要是为上方堂品牌建立网站，并且购买域名和服务器。上方堂官网页面布局如图 7-21 所示。

图 7–21　上方堂官网页面布局

（5）博客

目前，博客人气已经达到 2 400 余人次。新浪博客人气指数如图 7–22 所示。

图 7–22　新浪博客人气指数

（6）微淘

微淘是手机淘宝变形的重要产品之一，定位是基于移动消费领域的入口，在消费者生活细分领域为其提供方便快捷、省钱的手机购物服务。在微淘平台营销方面，上方堂保健团队充分利用微淘的核心，以回归用户为中心，每个用户都有自己关注的账号，对感兴趣的领域，通过订阅的方式，获取信息和服务，如图 7–23 和图 7–24 所示。

图 7-23 无线数据端显示界面

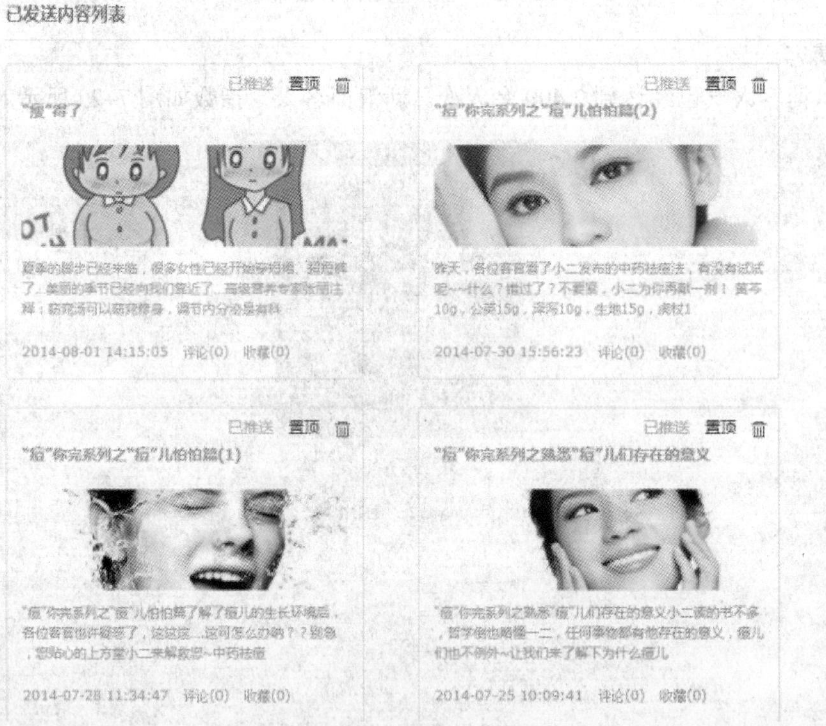

图 7-24 微淘平台

（7）视频网站

在视频网站的营销方面，团队向广告专业的队友学习，简单描述了队友的广告创意后，团队美工便开始着手制作品牌创意视频。该视频根据朴树的《平凡之路》改编而成，在土豆和优酷均有投放，并且在微博、微信、博客等社会化媒体平台均有宣传，并且团队队友在个人微博、QQ 空间均有转发，获得了大家的一致好评。短短几天时间，视频播放量就突破 1 万次，如图 7-25 所示。

图 7-25　土豆视频播放次数及评论展示

（8）其他社会化媒体

除了以上提及的社会化媒体之外，团队在不破坏互联网正常秩序的前提下，在百度知道、猫扑、天涯、问问等平台发布软文，运用了软文营销模式，将流量引入到淘宝 C2C 平台，如图 7-26 所示。

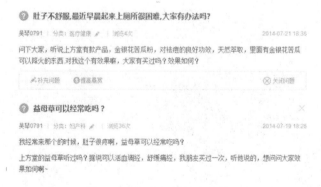

图 7-26　百度知道软文营销

3. 专题讲座

在学校开展了三场主题为"看上方堂团队如何玩转上方堂"的讲座，目的是宣传上方堂品牌。

思考题

1. 试述市场营销环境中宏、微观环境分析的具体内容。
2. 简述市场营销环境的特点及其对企业营销的影响。
3. 试分析影响消费者购买行为的主要因素。
4. 试举例说明（创业）企业的基本市场策略。
5. 结合实践活动，描述市场营销计划的内容。

第 8 章

信 息 系 统

8.1 信息系统的概述

1. 信息系统的定义

信息系统(information system,IS),是由计算机硬件、网络和通信设备、计算机软件、信息资源、信息用户和规章制度组成的以处理信息流为目的的人机一体化系统。

它是一门新兴的科学,其主要任务是最大限度地利用现代计算机及网络通信技术加强企业的信息管理,通过对企业拥有的人力、物力、财力、设备、技术等资源的调查了解,建立正确的数据,加工处理并编制成各种信息资料及时提供给管理人员,以便进行正确的决策,不断提高企业的管理水平和经济效益。企业的计算机网络已成为企业进行技术改造及提高企业管理水平的重要手段。

随着我国与世界信息高速公路的接轨,企业通过计算机网络获得信息必将为企业带来巨大的经济效益和社会效益,企业的办公及管理都将向高效、快速、无纸化的方向发展。管理信息系统(management information system,MIS)通常用于系统决策,例如可以利用MIS找出迫切需要解决的问题并将信息及时反馈给上层管理人员,使他们了解当前工作发展的进展或不足。换句话说,MIS 的最终目的是使管理人员及时了解公司现状,把握将来的发展路径。

从技术层面来讲,信息系统有以下 4 个特点。

① 涉及的数量大,数据一般需存放在副主存储器中,内存中设置缓冲区,只暂存当前要处理的一小部分数据。

② 绝大部分数据是持久的,即不随程序运行的结束而消失,需长期保留在计算机系统中。

③ 这些持久数据为多个应用程序所共享,甚至在一个单位或更大范围内共享。

④ 除具有数据采集、传输、存储和管理等基本功能外,还可以向用户提供信息检索、统计报表、事务处理、分析、控制、预测、决策、报警、提示等信息服务。

2. 信息系统的功能

信息系统具有 5 个基本功能:输入、存储、处理、输出和控制。

(1)输入功能

信息系统的输入功能决定系统所要达到的目的及系统的能力和信息环境的许可。

（2）存储功能

存储功能指的是系统存储各种信息资料和数据的能力。

（3）处理功能

基于数据仓库技术的联机分析处理（OLAP）和数据挖掘（DM）技术。

（4）输出功能

信息系统的各种功能都是为了保证最终实现最佳的输出功能。

（5）控制功能

对构成系统的各种信息处理设备进行控制和管理，通过各种程序对整个信息加工、处理、传输、输出等环节进行控制。

8.2 电子商务环境下的信息系统：淘宝店铺实例展示

8.2.1 淘宝店铺开店流程

1. 开店准备

（1）硬件设施

计算机一台，笔记本电脑、台式计算机均可，并可以上网。对计算机配置没有要求，当然配置越高越好。

（2）身份证及储蓄卡

申请开店者必须年满18周岁，并且持有二代身份证，在中国工商银行、中国建设银行或者中国农业银行（推荐这三个银行是因为这三个银行开网店的操作程序最简单，好操作，安全系数较高）办理一张银行储蓄卡，也就是平时说的"银行卡"（非信用卡，信用卡不能开店），并且开通了网上银行（简称网银）。注意，开通了网银的银行卡有电子口令卡或者U盾或者K宝，如果现在还没有这些，那就是只办理了银行卡，还没有开通网银。

（3）手机

申请开店者必须有一部手机并处于正常通话状态（为注册淘宝、安装一些淘宝必要的辅助组件时作为接收验证码使用）。

（4）身份证正、反面照片（电子版）

非常清晰的开店人的身份证正、反面照片（电子版），如果开店人没有照相机，建议去照相馆拍照或者扫描，手机拍照、摄像头拍照的照片不行，清晰度不够，如图8-1所示。

图8-1 清晰的（开店人的）身份证正、反面照片（电子版）

（5）两张开店人上半身照片

非常清晰的开店人的上半身照片及开店人上半身手持身份证反面（有头像的一面）照片各一张（电子版）。清晰的开店人上半身照片及上半身手持身份证照片（电子版）如图8-2所示。

图8-2　清晰的开店人上半身照片及上半身手持身份证照片（电子版）

注意，以上两张照片要求图片背景一致，并且手持身份证的照片必须能够看清身份证上的文字，放大后，要求与身份证反面照片清晰度一致或者接近。

上述内容是淘宝网开店必备条件，如果开店人可以满足上述条件，就可以进行下一步工作。

2. 开店前注册淘宝会员名和支付宝

① 登录http://www.taobao.com，单击左上角的免费注册，弹出淘宝网注册第1步——填写账户信息对话框，如图8-3所示。

图8-3　淘宝网注册第1步——填写账户信息

② 在图 8-3 中，输入会员名、登录密码等相关信息，选择"同意以下协议并注册"选项，弹出淘宝网注册第 2 步——验证账户信息对话框，如图 8-4 所示。

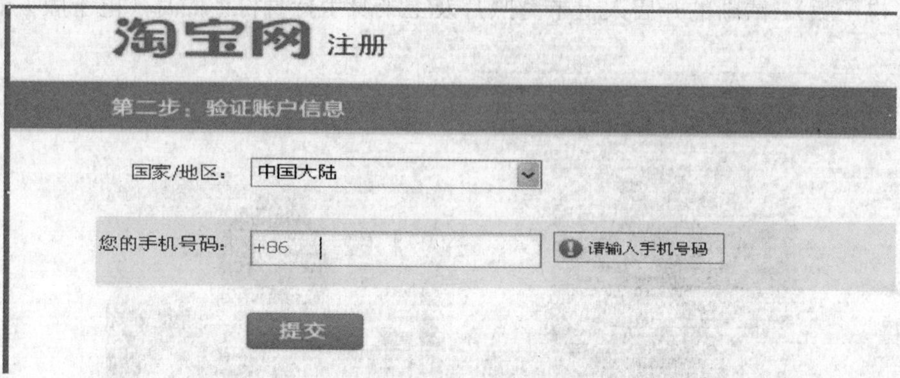

图 8-4　淘宝网注册第 2 步——验证账户信息

③ 在图 8-4 中，输入开店人手机号码，选择"提交"按钮，弹出"验证手机号码"对话框，如图 8-5 所示。

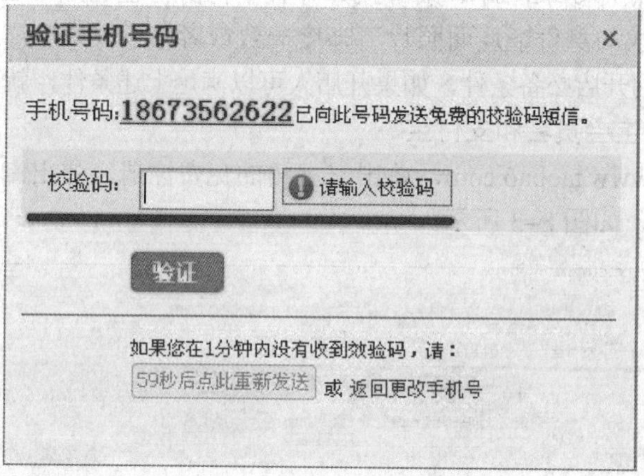

图 8-5　验证手机号码

④ 在图 8-5 中，选择校验码区域，将手机接收的校验码输入，选择"验证"按钮，弹出"恭喜您，注册成功"对话框如图 8-6 所示。

图 8-6　"恭喜您，注册成功"对话框

淘宝会员名和支付宝一并注册成功，淘宝会员名就是开店人自己取的那个名字，支付宝账户就是开店人的手机号。支付宝的登录密码和淘宝会员名的登录密码是一样的。

3. 支付宝进行实名认证

① 在图 8-6 中，选择右侧"登录支付宝"按钮，输入支付宝账户（开店人的手机号），输入支付宝登录密码（和淘宝会员名的登录密码是一样的），选择"登录"按钮，弹出安全中心对话框，如图 8-7 所示。

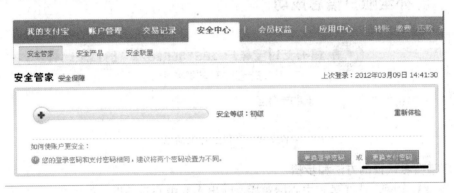

图 8-7 安全中心

② 在图 8-7 中，选择"更换支付密码"按钮，弹出"填写账户信息"和"填写个人信息"对话框，如图 8-8 所示。

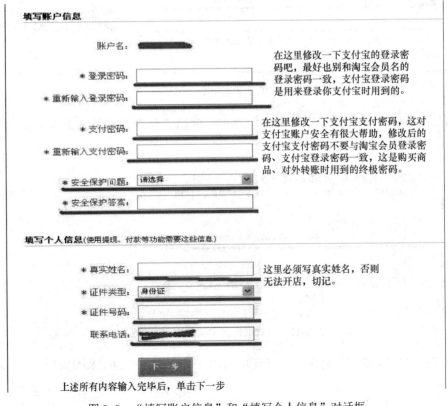

图 8-8 "填写账户信息"和"填写个人信息"对话框

③ 按图 8-8 右侧的各项要求，逐项完成各项选择和设置，选择"下一步"按钮，就完成基本信息设置，弹出支付宝补全信息对话框，如图 8-9 所示。

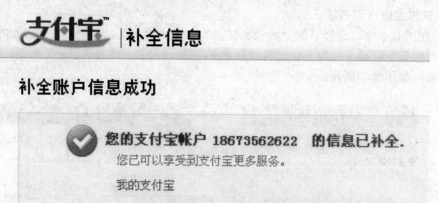

图 8-9 支付宝补全信息

4. 店铺实名认证的方法和步骤

① 登录淘宝网，选择卖家中心标题栏，弹出卖家中心对话框，如图 8-10 所示。

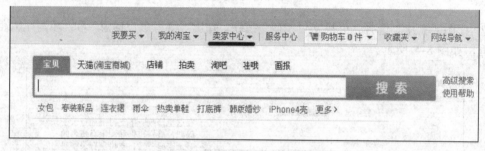

图 8-10 "卖家中心"对话框

② 在图 8-10 中，选择"卖家中心"选项，弹出"欢迎来到淘宝卖家中心"对话框，如图 8-11 所示。

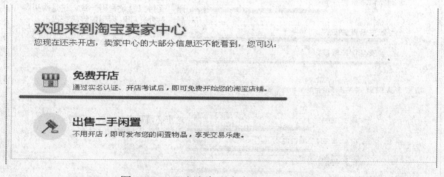

图 8-11 "欢迎来到卖家中心"对话框

③ 在图 8-11 中，选择"免费开店"选项，弹出完成以下 3 件任务，即可成功开店，如图 8-12 所示。

第 8 章 信息系统 | 133

图 8-12 成功开店

④ 在图 8-12 中，选择"开始认证"按钮，弹出实名认证对话框，如图 8-13 所示。

图 8-13 实名认证

⑤ 在图 8-13 中，选择"开通实名认证"选项，弹出"支付宝实名认证"对话框，如图 8-14 所示。

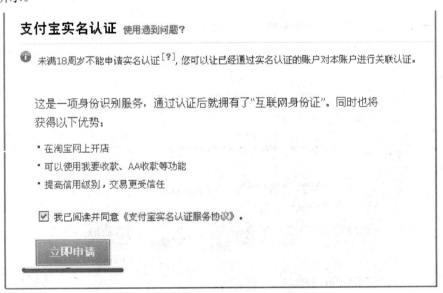

图 8-14 "支付宝实名认证"对话框

⑥ 在图 8-14 中，选择"立即申请"按钮，弹出快捷认证、银行认证对话框，如图 8-15 所示。

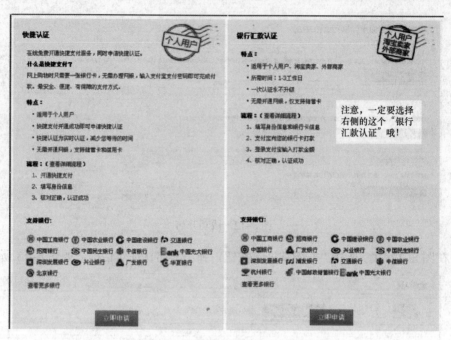

图 8-15 快捷认证、银行认证

⑦ 在图 8-15 中,选择"立即申请"按钮,弹出会员实名认证对话框,如图 8-16 所示。

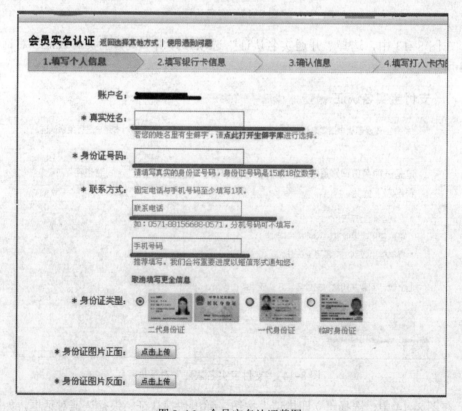

图 8-16 会员实名认证截图

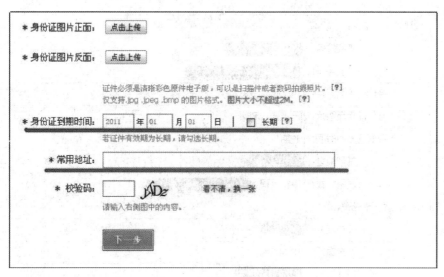

图 8-16 会员实名认证截图

注意：上述内容要迅速填写，时间不能超过 100 s，否则会提示"请不要重复提交请求"，只要出现这几个字，就证明输入过慢，这时重新认证即可。

⑧ 在图 8-16 中，按右侧要求完成设置，选择"下一步"按钮，弹出填写"会员实名认证"对话框，如图 8-17 所示。

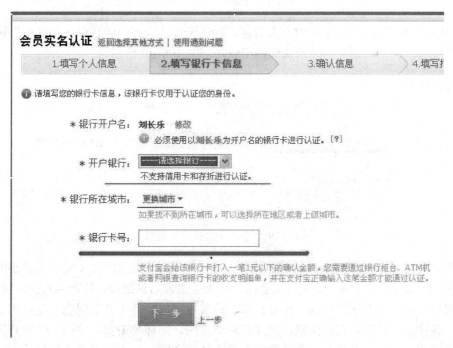

图 8-17 会员实名认证截图

⑨ 在图 8-17 中，根据自己的储蓄卡选择所在银行，输入银行卡号，选择"下一步"按钮，弹出"确认个人信息"对话框，如图 8-18 所示。

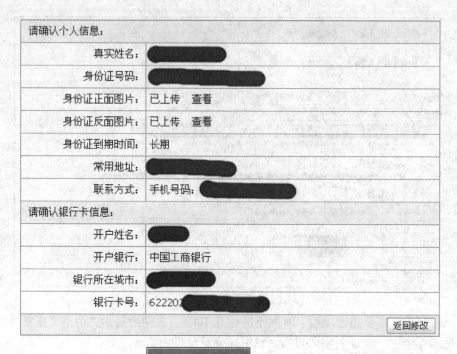

图 8-18 确认个人信息截图

⑩ 认真仔细核对图 8-18 中的个人信息，确认无误后选择"确认信息并提交"按钮，弹出"会员实名认证"对话框，显示认证提交成功，如图 8-19 所示。

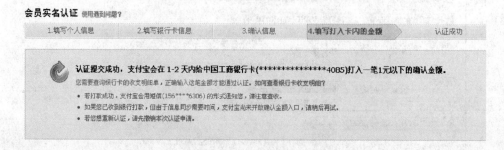

图 8-19 "会员实名认证"截图

支付宝公司在 1~2 天之间，给该张银行卡打入一笔钱，其金额在 1 元以下但不能确定具体是多少。如果银行打款成功，支付宝会给开店人手机发短信通知，让开店人登录网银查看，登录网银后，单击查看账户明细，选择日期，往前推两天，其中会发现有一笔收入金额在 1 元以下，备注是支付宝，记住金额，然后登录淘宝网，同样单击卖家中心、免费开店、开店认证、开通实名认证，此时会出现让开店人输入打款金额，将支付宝给你的打款金额正确地输入，选择"提交确认"按钮，如果输入的金额正确，网银认证就通过啦！

网银认证通过后，再次登录淘宝网，同样选择卖家中心、免费开店、开店认证等选项，弹出身份证信息认证对话框，如图 8-20 所示。

第 8 章 信息系统 | 137

图 8-20 身份证信息认证截图

按图 8-20 上右侧的要求,上传持身份证正面头部照和上半身照,等到有上传照片的显示后,选择"提交照片认证"按钮,完成身份信息认证上传信息。

完成以上所有步骤,等待 1~2 个工作日,淘宝官方审核通过,支付宝的整个实名认证过程就完成了。

支付宝的整个实名认证过程完成后,再次登录淘宝网,同样选择卖家中心、免费开店、开店认证,弹出"完成以下 3 件任务,即可成功开店"对话框,如图 8-21 所示。按淘宝网要求完成实名认证,开店考试完善店铺信息 3 件任务,即可开店成功。

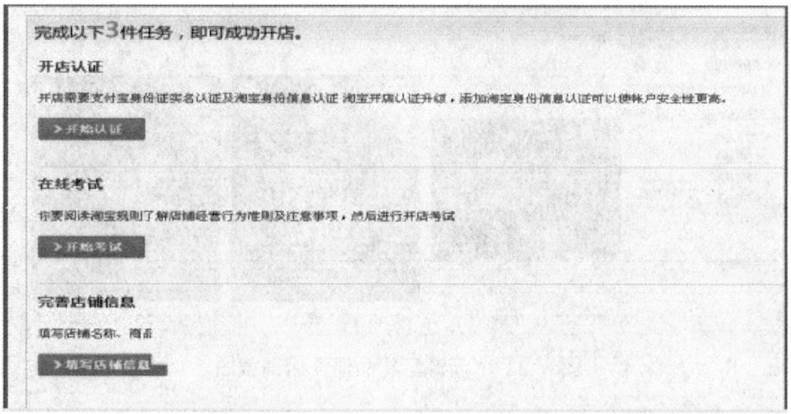

图 8-21 开店认证

8.2.2 淘宝店铺经营展示

下面以"新源汇礼品册"淘宝店铺作为实例,对店铺的经营状况进行展示。"新源汇礼品册"店铺截图如图8-22所示。

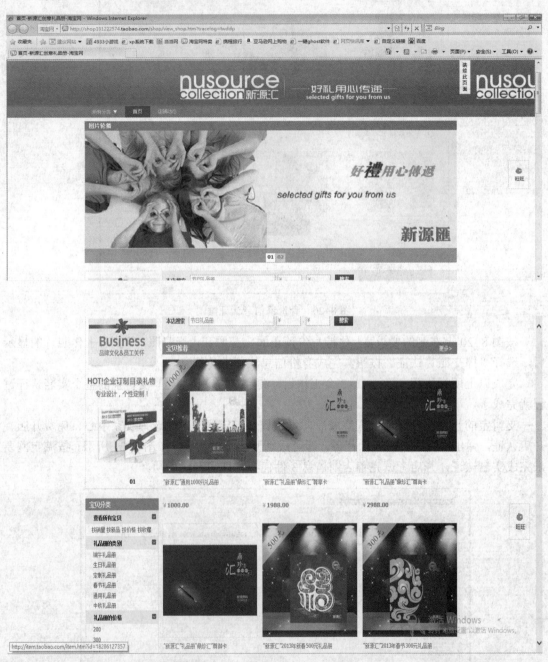

图8-22 "新源汇礼品册"店铺截图

店铺子页截图如图8-23所示。

第 8 章 信息系统

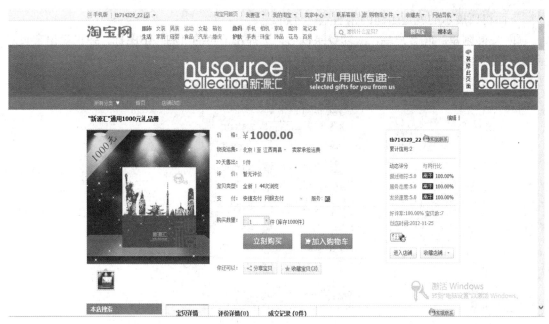

图 8-23 店铺子页截图

"1 000 元礼品册"详情截图如图 8-24 所示。

图 8-24 "1 000 元礼品册"详情截图

下面将要展示的就是店铺的销售数据分析。

① 安装阿里旺旺客户端,成功登录以后,选择左下角的"淘"小图标,弹出卖出宝贝对话框,如图 8-25 所示。

图 8-25 卖出宝贝对话框

② 选择第一个选项"已卖出的宝贝",弹出所有已经售出的店铺宝贝,如图 8-26 所示。

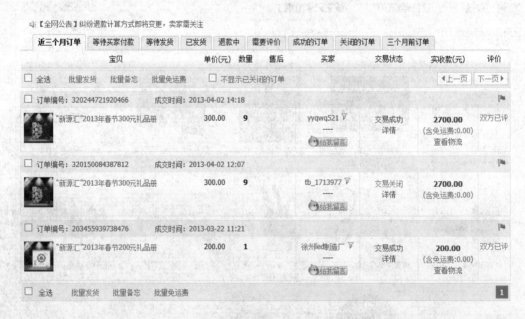

图 8-26 已经售出的店铺宝贝

③ 选择"数据中心"选项,弹出所有关于店铺的数据分析图,图中包括店铺数据、流量数据、成交数据、转化率数据、客户营销数据,如图 8-27 所示。

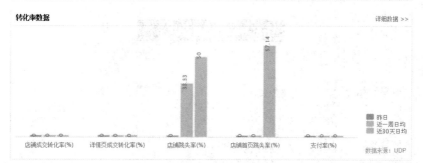

图 8-27 店铺数据分析

8.3 电子商务环境下的信息系统：微店实例展示

注册之前，先进入应用商店下载微店客户端，目前支持网页版和手机版。

8.3.1 个人开店流程

① 输入手机号进行注册。下载微店客户端，输入手机号进行注册，弹出"注册微店账号"对话框，如图8-28所示。

② 手机接收短信验证码。在图8-28中，按要求输入手机号码，选择"下一步"按钮，弹出"填写验证码"对话框，如图8-29所示。

图8-28 注册微店账号　　　　图8-29 填写验证码

③ 设置登录密码。在图8-29中，输入手机接收到的短信验证码，选择"下一步"按钮，弹出"设置密码"对话框，如图8-30所示。

图8-30 设置密码

④ 上传头像并输入店铺名称。在图 8-30 中，设置密码，选择"下一步"按钮，按微店要求上传头像，输入店铺名称，弹出"创建店铺"对话框，如图 8-31 所示。

⑤ 微店创建成功。在图 8-31 中，按微店的各项要求，完成各种选择和设置，选择"完成"按钮，弹出"店铺创建成功"对话框，如图 8-32 所示。

图 8-31　创建店铺　　　　　　　　图 8-32　店铺创建成功

注册时要填写真实信息，若注册姓名与身份证号码和银行卡号不一致，会导致提现失败。

8.3.2　企业开店流程

1. 什么时候需要申请"企业微店"

① 当你想使用对公银行账号进行资金提现时。
② 当你想以"企业"名义报名"微店分销、一件代发"等平台推荐的活动时。
③ 当你想进行微店的"品牌认证"时。

2. 申请流程

注册一个微店账号，然后进行"个人微店"转"企业微店"。"个人微店"转"企业微店"，需提交个人对公及微店信息两方面的资料。

（1）个人改对公提交的资料

① 个人手持身份证照片（拍照时身份证带照片的一面面对镜头）、公司营业执照副本照片、法人代表身份证正反面照片、组织机构代码证（需显示组织机构代码号及公司名称）、开户许可证明（一般户提供银行卡办理业务申请单，清楚显示卡号、公司名称、公司公章及银行公章，基本户提供开户许可证明）。

② 本人手写声明并盖公司公章。声明内容如下。

本人注册微店使用的手机号是×××，注册时使用的身份证号码为×××，姓名为×××，银行卡号为×××；现本人自愿将前述微店信息变更为×××（公司名称）公司信息，变更内容为用户名×××，组织机构代码证×××，银行信息×××；并提交本人和拟变更人的证件照片。对前述变更信息和提交资料的真实性、准确性，本人和拟变更人承诺承担全部法律风险。对信息变更可能存在的风险（如变更后原账户未提现的余额会提现到新账户中），本人和拟变更人知晓并愿承担所有的法律责任。特此声明（本人签字、公司盖章）。

③ 将以上信息发送到邮箱 kefu@weidian.com，标题为"个人转对公业务申请"，提交清晰辨别的人像、证件内容、书写内容，并在邮件正文中标明注册微店手机号、公司名称、组织机构代码号、银行卡账号、银行开户行信息。工作人员在邮件发送后的3～4个工作日处理完成。如果提交的资料不符合，工作人员会回复邮件。

（2）"企业微店"信息修改

企业微店信息修改需要提供如下3方面的资料。

① 原注册公司和修改后公司双方提供公司营业执照副本、法人代表身份证正反面照片、组织机构代码证和开户许可证明（一般户提供银行卡办理业务申请单、卡号、公司名称、公司公章及银行公章，基本户提供开户许可证明）、工商局的变更证明等。

② 手写声明并盖双方加盖公司公章，内容如下。

本公司在微店登记使用名称为×××，因公司名称更改，现申请修改为×××。对前述变更信息和提交资料的真实性、准确性，本公司承诺承担全部法律风险。特此说明。公司名称：×××。年月日（盖章）

③ 在正文中打印出注册微店手机号、公司名称、组织机构代码、银行卡账号、银行开户行信息。

④ 将以上信息发送到邮箱 kefu@weidian.com，标题为"公司信息修改"，工作人员在邮件发送后的3～4个工作日处理完成。如果提交的资料不符合，工作人员会回复邮件。

思考题

1. 简述信息系统的定义和功能。
2. 以淘宝网为例，概述如何构建一个小型创业企业的信息系统。
3. 以微店平台为例，概述如何构建一个小型创业企业的信息系统。

第 9 章

企业资源管理

9.1 ERP 的概述

9.1.1 ERP 的定义

企业资源计划（enterprise resource planning，ERP），其概念由美国加特纳公司（Garter Group）于 20 世纪 90 年代初提出。经过短短几年时间，ERP 已由概念发展到应用。今天，MRP Ⅱ 软件供应商已经普遍宣布自己的集成系统是 ERP 产品。在制造系统市场上，ERP 成为一个流行的名词。究竟什么是 ERP？它的功能、特点是什么？它的发展状况如何？本节围绕这些问题进行讨论。

根据加特纳公司的定义，ERP 系统是"一套将财会、分销、制造和其他业务功能合理集成的应用软件系统"。

同时，还有另外一种 ERP 定义的存在，认为 ERP 可以从管理思想、软件产品、管理系统三个层次给出它的定义。

① 由美国加特纳公司提出了一整套企业管理系统体系标准，其实质是在制造资源计划（manufacturing resources planning，MRP Ⅱ）基础上进一步发展而成的面向供应链（supply chain）的管理思想。

② 综合应用了客户-服务器体系、关系数据库结构、面向对象技术、图形用户界面、第 4 代语言（4GL）、网络通信等信息产业成果，以 ERP 管理思想为灵魂的软件产品。

③ 集企业管理理念、业务流程、基础数据、人力物力、计算机硬件和软件于一体的企业资源管理系统。

对于管理界、信息界、企业界不同的表述要求，ERP 分别有着它特定的内涵和外延，相应地具有"ERP 管理思想""ERP 软件""ERP 系统"三种不同含义。

9.1.2 ERP 的发展阶段

ERP 发展至今，经历了以下 4 个发展阶段。

1. 20 世纪 60 年代的 MRP 系统

物料需求计划（material requirements planning，MRP），是根据主生产计划（master

production schedule，MPS）、物料清单（bill of material，BOM）、存货单（库存信息）等资料，经过计算而制订的物料生产与采购计划，同时提出各种订单补充的建议，并对已开工订单进行修正的一种技术。

在工业企业中，产品大多结构复杂、品种繁多，编制它们的物料需求计划是十分复杂、繁重、困难的工作。国际商业机器公司（IBM）的 Joseph A. Irlicky 于 1965 年提出了"独立需求""非独立需求"概念，并且随着计算机技术的发展及其在企业管理中的广泛推广与应用，在计算机上实现了用于装配型产品生产与控制的 MRP 系统。

2. 20 世纪 70 年代的闭环 MRP 系统

MRP 与能力需求计划（CRP）一起形成计划管理的闭环系统，称为闭环 MRP 系统。开环 MRP 系统是为产品零部件配套服务的库存控制系统，主要功能是解决产品订货所需要的物料项目、数量和供货时间等问题。

闭环 MRP 系统与开环 MRP 系统的区别是：在生成物料需求计划（MRP）后，依据生产工艺，推算出生产这些物料所需的生产能力；然后与现有的生产能力进行对比，检查该计划的可行性，若不可行，则返回修改物料需求计划或生产计划，直至达到满意平衡；随后进入车间作业控制子系统，监控计划的实施情况。

闭环 MRP 系统的扩展功能系统包括以下两个子系统：能力需求计划（capacity requirement planning，CRP）子系统和车间作业控制子系统。

3. 20 世纪 80 年代的 MRP Ⅱ 系统

对企业的制造资源进行计划、控制和管理的系统称为制造资源计划系统，简称 MRP Ⅱ 系统。MRP Ⅱ 对闭环 MRP 的改进，实现物流与资金流的信息集成，并增加了模拟功能。

MRP Ⅱ 中的制造资源包括以下 4 类。

① 生产资源，包括物料、人、设备等。
② 市场资源，包括销售资源、供应资源等。
③ 财务资源，包括资金来源和支出。
④ 工程制造资源，如工艺路线和产品结构等。

4. 20 世纪 90 年代的 ERP 系统

到了 20 世纪 90 年代，市场竞争进一步加剧，企业竞争的空间和范围进一步扩大，管理思想也由面向企业内部资源全面管理逐步发展成为怎样有效利用和管理整体资源。20 世纪 90 年代初（1993）美国加特纳公司首先提出了 ERP 的概念。企业管理的目的是使企业更有效地运作。衡量企业运作效率，管理者最常用的 4 个判断工具如下。

① 基础信息，如资金的现金流量和财务汇率等。
② 生产信息，如成本信息、资源利用率和总体利润等。
③ 能力信息，如企业相对于竞争者的优势和弱点。
④ 资源分配信息，包括资源和人力等。

在引入 ERP 之前，企业内部信息的交流大部分是通过纸张的传递进行的。尽管有的企业已经存在这样或那样的网络系统，但人们还是习惯于通过有形的文件来传达信息，这是因为企业内部的各个系统各自为政、互相割裂。ERP 正是为了改变这种局面而产生，它将组织中的各个功能模块有机地集成起来，共同运作。

9.1.3 ERP 的管理思想

1. 体现对整个供应链资源进行管理的思想

在知识经济时代仅靠自己企业的资源不可能有效地参与市场竞争，还必须把经营过程中的有关各方，如供应商、制造工厂、分销网络、客户等纳入一个紧密的供应链中，才能有效地安排企业的产、供、销活动，满足企业利用一切市场资源快速高效地进行生产经营的需求，以期进一步提高效率和在市场上获得竞争优势。现代企业竞争不是单一企业与单一企业之间的竞争，而是一个企业供应链与另一个企业供应链之间的竞争。ERP 系统实现了对整个企业供应链的管理，适应了企业在知识经济时代市场竞争的需要。

2. 体现精益生产、同步工程和敏捷制造的思想

ERP 系统支持对混合型生产方式的管理，其管理思想表现在两个方面。其一是精益生产（lean production，LP）的思想，它是由美国麻省理工学院（MIT）提出的一种企业经营战略体系。即企业按大批量生产方式组织生产时，把客户、销售代理商、供应商、协作单位纳入生产体系，企业同其销售代理、客户和供应商的关系已不再简单地是业务往来关系，而是利益共享的合作伙伴关系，这种合作伙伴关系组成了一个企业的供应链，这即是精益生产的核心思想。其二是敏捷制造（agile manufacturing）的思想。当市场发生变化，企业遇有特定的市场和产品需求时，企业的基本合作伙伴不一定能满足新产品开发生产的要求，这时企业会组织一个由特定的供应商和销售渠道组成的短期或一次性供应链，形成"虚拟工厂"，把供应单位和协作单位看成是企业的一个组成部分，运用"同步工程（SE）"，组织生产，用最短的时间将新产品打入市场，时刻保持产品的高质量、多样化和灵活性，这即是敏捷制造的核心思想。

3. 体现事先计划与事中控制的思想

ERP 系统中的计划体系主要包括：生产计划、物料需求计划、能力计划、采购计划、销售执行计划、利润计划、财务预算和人力资源计划等，而且这些计划功能与价值控制功能已完全集成到整个供应链系统中。

另外，ERP 系统通过定义事务处理（transaction）相关的会计核算科目与核算方式，以便在事务处理发生的同时自动生成会计核算记录，以保证资金流与物流的同步记录和数据的一致性。

此外，计划、事务处理、控制与决策等功能都在整个供应链的业务处理流程中实现，要求在每个流程业务处理过程中最大限度地发挥每个人的工作潜能与责任心，流程与流程之间则强调人与人之间的合作精神，以便在有机组织中充分发挥每个人的主观能动性与潜能；实现企业管理从"高耸式"组织结构向"扁平式"组织机构转变，提高企业对市场动态变化的响应速度。总之，借助 IT 技术的飞速发展与应用，ERP 系统得以将很多先进的管理思想变成现实中可实施应用的计算机软件系统。

9.2 电子商务环境下的 ERP

由于各个 ERP 厂商的产品风格与侧重点不尽相同，因而其 ERP 产品的模块结构也相差较大。对于初次了解 ERP 的读者来说，有时可能会觉得弄不清到底哪个才是真正的 ERP 系统。所以，在这里撇开实际的产品，从企业的角度简单描述 ERP 系统的功能结构，即 ERP

能够为企业做什么,它的模块功能到底包含哪些内容。

在企业中,一般的管理主要包括三方面的内容:生产控制(计划、制造)、物流管理(分销、采购、库存管理)和财务管理(会计核算、财务管理)。这三大系统本身就是集成体,它们互相之间有相应的接口,能够很好地整合在一起对企业进行管理。另外,要特别一提的是,随着企业对人力资源管理的加强,已经有越来越多的 ERP 厂商将人力资源管理纳入 ERP 系统的一个重要组成部分。ERP 的实施模块如图 9-1 所示,下面介绍主要的几个模块。

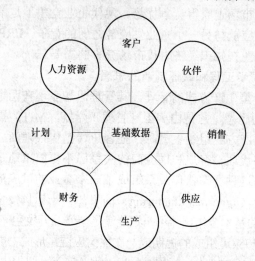

图 9-1　ERP 实施模块

1. 财务管理模块

企业中,清晰分明的财务管理是极其重要的,所以在 ERP 整个方案中它是不可或缺的一部分。ERP 中的财务管理模块与一般的不同,作为 ERP 系统中的一部分,它和系统的其他模块有相应的接口,能够相互集成。比如,它可将由生产活动、采购活动输入的信息自动记入财务管理模块生成总账、会计报表,取消了输入凭证烦琐的过程,几乎完全替代以往传统的手工操作。一般的 ERP 软件的财务管理模块包括会计核算与财务管理。

(1)会计核算

会计核算主要是记录、核算、反映和分析资金在企业经济活动中的变动过程及其结果。它由总账、应收账、应付账、现金、固定资产、多币制等部分构成。

(2)财务管理

财务管理主要是基于会计核算的数据,再加以分析,从而进行相应的预测、管理和控制活动。它侧重于财务分析、财务计划和财务决策。

2. 生产控制管理模块

这部分是 ERP 系统的核心,它将企业的整个生产过程有机地结合在一起,使得企业能够有效地降低库存,提高效率。同时各个原本分散的生产流程的自动连接,也使得生产流程能够前后连贯地进行,而不会出现生产脱节,耽误生产交货时间。生产控制管理是一个以计划为导向的先进的生产、管理方法。首先,企业确定它的一个总生产计划,再经过系统层层细分后,下达到各部门去执行。即生产部门以此生产,采购部门按此采购等。制造资源计划概览框图,如图 9-2 所示。

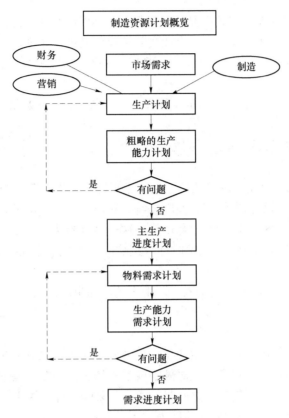

图 9-2　制造资源计划概览框图

3. 销售管理模块

1）分销管理

销售的管理是从产品的销售计划开始，对其销售产品、销售地区、销售客户等各种信息进行管理和统计，并对销售数量、金额、利润、绩效、客户服务做出全面的分析。分销管理模块大致有以下 3 个方面的功能。

（1）对于客户信息的管理和服务

它能建立一个客户信息档案，对其进行分类管理，进而对其进行有针对性的客户服务，以达到最高效率地保留老客户、争取新客户。在这里，要特别提到的就是新出现的 CRM 软件即客户关系管理软件，ERP 与它的结合必将大大增加企业的效益。

（2）对于销售订单的管理

销售订单是 ERP 的入口，所有的生产计划都是根据它下达并进行的。而销售订单的管理是贯穿产品生产的整个流程。它包括如下 5 个方面。

① 客户信用审核及查询（客户信用分级，逐级审核订单交易）。
② 产品库存查询（决定是否要延期交货、分批发货或用代用品发货等）。
③ 产品报价（为客户做不同产品的报价）。
④ 订单输入、变更及跟踪（订单输入后，变更的修正及订单的跟踪分析）。
⑤ 交货期的确认及交货处理（决定交货期和发货事物安排）。

（3）对于销售的统计与分析

这时系统根据销售订单的完成情况,依据各种指标做出统计,比如客户分类统计、销售代理分类统计等,再就这些统计结果对企业实际销售效果进行评价。

① 销售统计(根据销售形式、产品、代理商、地区、销售人员、金额、数量来分别进行统计)。

② 销售分析(包括对比目标、同期比较和订货发货分析,从数量、金额、利润及绩效等方面做相应的分析)。

③ 客户服务(客户投诉记录,原因分析)。

2)库存控制

用来控制存储物料的数量,既保证稳定的物流支持正常的生产,又最小限度地占用资本。它是一种相关的、动态的及真实的库存控制系统。它能够结合、满足相关部门的需求,随时间变化动态地调整库存,精确地反映库存现状。这一系统的功能有如下 3 个方面。

① 为所有的物料建立库存,决定何时订货采购,同时作为采购部门采购、生产部门制订生产计划的依据。

② 收到订购物料,经过质量检验入库,生产的产品也同样要经过检验入库。

③ 收发料的日常业务处理工作。

4. 采购管理模块

采购管理模块主要是确定合理的定货量、优秀的供应商和保持最佳的安全储备;能够随时提供定购、验收的信息,跟踪和催促对外购或委外加工的物料,保证货物及时到达;建立供应商的档案,用最新的成本信息调整库存的成本。采购管理模块有如下 4 个方面的功能。

① 供应商信息查询(查询供应商的能力、信誉等)。

② 催货(对外购或委外加工的物料进行跟催)。

③ 采购与委外加工统计(建立档案、计算成本)。

④ 价格分析(对原料价格进行分析,调整库存成本)。

5. 人力资源模块

以往的 ERP 系统基本上都是以生产制造及销售过程(供应链)为中心的,因此长期以来一直把与制造资源有关的资源作为企业的核心资源来进行管理。企业内部的人力资源越来越受到企业的关注,被视为企业的资源之本。在这种情况下,人力资源管理作为一个独立的模块,被加入到 ERP 实施模块中,和 ERP 中的财务、生产系统组成了一个高效的、具有高度集成性的企业资源系统。

9.3 ERP 的实施与评价

企业实施 ERP 的过程包括项目前期工作、实施准备和系统实施过程三个阶段,要做到步步为营,在整个实施过程中,每个阶段都要环环相扣,不可操之过急。ERP 项目实施的过程就是一个项目管理过程。在我国,软件项目的失败率是很高的。有效的管理虽然不是项目成功的全部,但缺乏管理的项目一定是成功不了的。强有力的过程管理是软件项目质量保证的必要条件。

9.3.1 ERP 的项目实施

项目前期工作内容主要包括领导层培训、需求分析、确立目标、软件选型。培训的主要对象是企业高层领导和基层主要领导及今后 ERP 项目组的人员，使他们掌握 ERP 的基本原理和管理思想，细致深入地了解 ERP 系统的运作方式、运行模式和最终结果。企业领导要思考什么是企业当前最迫切需要解决的问题？这些问题 ERP 系统是否能够解决？企业是否到了可以运用 ERP 操作系统的阶段？ERP 的投资回报率或投资效益如何？ERP 系统能够解决哪些问题及达到哪些目标？基础管理工作有没有到位？人员的素质够不够高？同时通过对企业现行管理和业务流程存在问题的评估，明确预期目标，并制定一份需求分析和投资效益报告，作为企业实施 ERP 理论依据。

软件选型非常重要，经调查发现，在大部分 ERP 实施不成功的案例中，因选择错误的软件而导致失败的占 67%。在软件选择时，最重要的是从本行业或企业的特殊性来考察所选软件是否满足企业要求。例如，制造行业中大多是过程化企业，属于生产或混合生产类型，具有连续性、多产品性、工艺复杂性等特点，选择的管理软件应包括符合该行业特色的功能模块。选择合适的 ERP 供应商是一个非常重要的步骤。一定要对供应商提供的产品质量进行跟踪调查，还要看 ERP 供应商的信用问题、服务质量、产品使用范围等问题。

项目组织通常由项目领导小组、项目实施小组、项目业务小组和软件公司项目小组组成。项目领导小组由总经理挂帅，并与有关副总经理一起组成。他们站在企业经营战略的高度，从计算机应用与企业经营管理的长远规划出发，提出企业信息化的目标和要求。同时对人力资源进行合理调配，例如项目经理的任命，优秀人员的发现和启用等。项目实施小组负责制定和下分项目的实施计划，解决和协调项目实施过程中的各项具体问题，定期向项目领导小组汇报计划执行情况，指导各业务部门和车间的项目实施工作。由项目经理来领导组织工作，其他的成员应当由企业主要的业务部门的领导或者是业务骨干组成。项目业务小组负责将 ERP 实施贯彻到基层，通过对 ERP 系统掌握，寻求一种新的解决方案和运作方法，并用新的业务流程来验证。最后协同实施小组一同制定新的工作规则和准则。软件公司项目小组负责与用户及实施小组共同制定项目实施的具体计划，对用户的管理人员进行培训，指导用户进行规范化的实施工作。

ERP 系统运行需要准备和录入大量、有效的基础数据，包括一些产品、工艺、库存等信息，还包括了一些参数设置，如系统安装调试所需信息、财务信息、需求信息等，而系统自身无法判断这些数据是否准确。这就需要企业必须对基础数据进行优化分析，也就是说企业在 ERP 应用前一定要开展管理咨询和业务流程重组，通过强化企业管理来确保基础数据的准确性。

在项目实施过程中，许多问题都会逐渐暴露出来。首先要根据企业及实施小组和业务组自身的条件，决定采取什么步骤，既可以各个模块并行实施，也可以串行实施。并行实施的缺点是如果实施不好，会使整个项目没有头绪。而串行实施相对来说内容较少，可以有条不紊地进行，培训工作也好开展，缺点是可能实施周期比较长，上线运行能够及时准确地发现问题，如人员素质、操作规程、工作流程等方面。但切记是运行时间不宜过长，需要二次开发的部分应及早进行，以确保 ERP 的实施质量。新系统应用到企业后，还需要对企业实施的结果进行总结和自我评价，以判断是否达到了最初的目标。另外由于市场竞争形势的变化，将不断有新的需求提出，再加之系统的升级换代，总会对系统构成新的挑战，所以必须在不断巩固的基础上，通过自身评价和理解，制定下一目标，进一步完善、巩固和提高。在这个过程中，相关培训工作贯穿始终，从领导层对ERP原理的培训到软硬件产品培训及系统分析员、程序员培训直至最终用户的培训。不同企业应结合自身的实际需求及企业的资金预算，结合自己的管理体制及管理能力实施ERP。总之，在实施ERP的过程中需要注意处理以下7个方面的问题。

（1）选择一位领导才能卓越的项目经理

根据国外实践表明，企业实施ERP失败率很高，究其原因主要是企业经营者与ERP项目经理之间的关系没有把握好。这两个角色可以由一个人扮演，也可以由两个人分别负责。在两个人负责的情况下，只要两个人的意见基本一致，就可以减少失败的风险。项目经理必须具有卓越的领导才能，能够带领ERP项目组实施团队协同作战，充分发挥团队成员的积极性。

（2）让ERP概念深入人心

企业在实施ERP过程中，CEO的参与极为重要，CEO应该以企业全局利益的角度来看待ERP项目的实施，否则，ERP实施将丧失动力，且屈服于各个部门之间的利益斗争。CEO应在ERP项目实施动员大会上向广大员工和部门经理表明，在信息经济时代企业实施ERP的重要性和急迫性。CIO应当发挥以信息技术推动业务发展的作用，从业务部门的作业流程中了解他们真正需求，并结合业务部门的信息系统了解业务部门的专业知识和作业流程。CEO与CIO之间的互动很重要，他们需要彼此沟通，从企业的自身利益出发来推动ERP项目的执行。相关人员的积极参与也是关系到ERP项目成败的重要因素。信息技术的导入将使企业的组织形式发生变革，部门利益重新分配，这样，原企业的既得利益者一定会制造阻碍来反对ERP项目实施，被裁减的员工一定会联合反对，而留任的员工也会面临岗位调整和重新培训的巨大压力。这时，项目领导加强与广大员工之间的沟通十分重要，通过沟通使他们能够正确对待，接受新的思维与新的业务流程。

（3）合理筹划项目的执行

企业经常需要组织执行小组全权负责内部作业计划，必须保持客观、公正的态度。应将每项作业中的关键人物抽调到小组中去，小组的主要工作是实施方案、确定部门需求、掌握各项资料、与项目参与方进行协调、控制项目进度、制订作业监督管理条例。ERP项目费用必须包括ERP软件费用、咨询费用及内部参与人员的费用。一般而言，内部人员的参与费用较难估计，可暂不予计算。ERP软件费用与咨询费用的比例一般为3:7，所以企业考虑购置ERP系统时，除了软件费用外，还需考虑昂贵的咨询费用。企业往往要求在最短的时间内将系统运转起来，咨询人员了解ERP系统，但不是非常了解公司的业务系统，由于时间限制，项目实施小组与咨询人员之间往往发生矛盾。对此，项目小组与咨询人员要共同拟定部门业务流程，并不断的沟通以迅速解决分歧。

（4）考察公司现有组织形式和业务流程

ERP项目实施之前必须明确界定公司整个组织形式和营运目标，这个组织包括企业领导、外部咨询人员、企业流程再造主体。ERP系统中的每位成员应充分了解流程再造的范围，仔细分析现有流程不合时宜之处，同时在拟定新流程之前，要明白企业未来的发展战略。企业要了解本身的需求，流程现状和自身的竞争优势，掌握哪些流程需要变革，哪些流程需要保留既有的特性及功能，哪些流程需要加强，要尽量扬长避短。

（5）预计企业未来的流程

讨论业务流程的优化方式，使表单一致，流程简单化，组织扁平化。要注意倾听员工的意见，与广大员工保持良好的关系，减少不必要的争议。此外，ERP 的实施要符合企业文化和发展目标，提高员工的执行效率。要加强对 ERP 系统的控制，编制明确的控制图表，并标明各项工作的内容、负责人、执行时间、预期效果、完成时间，以便于领导者随时掌握和控制 ERP 的进度。

（6）完善公司激励机制

ERP 的实施使企业不同职能得到简化和合并，从而极大地激励了企业激励结构。随着管理系统集成度的提高，企业业务流程将变得越来越复杂，确认每个员工的努力程度也越来越难，从而难以进行团队的有效监督。在 ERP 条件下，企业唯一可度量的是团队的产出，而个人的业绩却无法由这一产出推断出来，在员工的贡献难以观测的情况下，客观存在员工逃避责任的动机，很容易出现"搭便车"现象。

（7）选择合适的软件供应商

选择适合公司需要的 ERP 供应商，并非追求流行品牌，必须根据企业所处的产业环境，可以访问那些已经开展 ERP 的企业，学习他们的经验，选择那些对企业内部作业流程了解并熟悉 ERP 技术的人才。

9.3.2　ERP 的绩效评价

随着我国 ERP 应用的不断深入，应用 ERP 的企业应积极开展应用绩效评价工作，通过定量计算，定性分析和客观公正的评价，从不同的角度科学地揭示 ERP 应用状况，有利于企业提高应用水平，管理水平和持续发展。

ERP 应用绩效评价体系由 ERP 评价制度体系、ERP 评价组织体系、ERP 评价指标体系 3 个部分组成，其中 ERP 评价指标体系是 ERP 应用绩效评价体系中的主要组成部分。基于 ERP 项目是一个企业管理系统工程，而不是一个简单的企业管理信息系统工程或者企业信息化建设工程。因此，ERP 应用绩效评价指标体系既要定性地反映企业通过应用 ERP 之后在管理方面有哪些明显的改进、提高和创新，又要用相关的经济指标定量地反映企业综合能力和管理过程状况的改进和提高。

ERP 应用绩效评价指标体系的具体评价内容主要包括以下 6 个方面。

① 运行 ERP 系统所需的各种基础数据是否准确、及时、有效，其准确率是否达到 95%以上，例如物料、物料单、计划、工作中心、加工路线、成本和财务等数据，其中物料单数据的准确率应争达到 90%。

② 企业是否运用 ERP 系统对整个供应链管理中的相关环节和企业资源进行有效的规划和控制。

③ 应用 ERP 之后有无促使企业在管理思想、模式、方法、机制、基础方面，在业务流程，组织结构，过程评测，质量管理，规章制度，全员素质，企业竞争力，企业形象，科学决策和信息化建设等方面发生一些明显的改进、提高和创新。

④ 通过财务分析，企业在市场预测分析，加强财务管理，合理组织生产，资源优化配置，压缩生产周期，降低物料库存，减少资金占用，降低生产成本，提高产品质量，扩大市场销

售和改善客户服务等方面有无产生相应的经济效益。

⑤ 评价企业综合能力的主要经济指标和企业管理过程状况的评测指标有无发生相应的改进和提高，如利税占有率、全员劳动生产率、成本费用利润率、总资产报酬率、市场预测准确率、合同履约率、生产均衡率、完工准时率、存货周转率、产成品周转率、废品率、工时定额、生产批量、安全库存量、加班加点比率、设备利用率、客户满意率等。

⑥ ERP 项目的实施周期、投资收益率、投资利润率和投资回收期。

此外，为了科学有效地评价 ERP 应用绩效，对 ERP 应用绩效评价指标体系中专家的专业构成要有一个科学、合理的比例，且应以管理技术专家为主。

思考题

1. 详述企业资源计划的定义。
2. 概述 ERP 的管理思想。
3. 试述电子商务环境下的 ERP 实施模块。
4. 简述 ERP 应用绩效评价指标体系的具体评价内容。

第 10 章

大学生创业案例精选：盛宇家纺商城[①]

10.1 创业背景

10.1.1 中国家纺市场背景

1. 家纺业发展空间

中国家用纺织发展空间在整个行业中较大。在发达国家，服装类纺织品、产业类纺织品和家用类纺织品基本上三分天下，而在我国，服装类纺织品约占 65%，家用类纺织品约占 12%，从这个趋势看，家用类和产业类纺织品在国内市场依然有较大的发展空间。

中国家纺消费市场的空间巨大。据权威预测，在未来 10 年，家纺消费市场每年的增长率将不会低于 20%，而人均消费每增加一个百分点，每年新增加的需求就是 300 亿元以上。

据中国家纺行业协会调查，国民人均纺织品消费仍比世界平均水平低 27%，而家纺生产与消费占纺织品总体生产消费的比例还不到发达国家的 50%，因此市场前景广阔。据统计，我国每年新竣工的住宅面积为 5 亿平方米，再加上大量的旧宅改造，每年家居装修的工程将达 3 000 亿元以上，而且每年以 30% 的速度增长，今后两年将达到 5 000 亿元。居民装修房屋花在家用纺织品的购置费用约占整个工程的 25%。

目前国内家用纺织品有 50% 集中在大城市，30% 集中在县级市，而占全国 70% 的农业人口，消费量只有 20%。随着农村生活水平的提高、居住条件的改善及与城市间交流的频繁，人们对家纺用品也提出较高的需求，而潜在的农村市场的启动将为家纺业可持续发展带来较深远的影响。

政府倡导的和谐社会建设，必然催化国内家庭的人文家居建设，而家纺用品与每个家庭成员的接触时间占生命周期的三分之一。因此，生活质量的提高和消费观念的更新，使家纺消费市场需求逐步旺盛，增长势头强劲。

同时，电子商务的迅猛发展与日趋成熟，也给家纺业带来了无限商机。有研究报告显示，中国有关电子商务的物理网络和其他基础设施已基本具备。中国现有网民约 1.37 亿人，在世界上仅次于美国，近年来中国的网民增长速度超过美国，中国每年数以千万的网民数量的增

[①] 本案例获得第六届全国大学生网络商务创新应用大赛全国赛区一等奖

长,将对本国和世界互联网都产生深远影响。电子商务自身的优势加之上述客观环境的变化,使得电子商务在国内有着不可估量的发展前景,存在巨大的潜在市场。图 10-1 是 2012 Q1—2013 Q2 中国网络购物市场交易规模图,图 10-2 是 2012 Q1—2013 Q2 中国购物网站细分结构市场份额变化情况图,如图 10-2 所示。

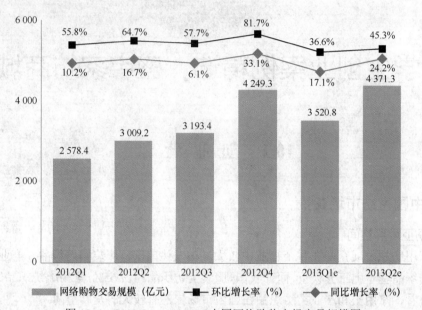

图 10-1　2012 Q1—2013 Q2 中国网络购物市场交易规模图

注:网络购物市场交易规模是以实物产品销售为主营业务的平台电商与自主销售式电商的 GMV(成交总额)之和,包括实际成交的实物和虚拟产品、增值税及未支付和退货等未成交订单。

来源:根据企业公开财报、行业访谈及艾瑞统计预测模型估算,仅供参考。

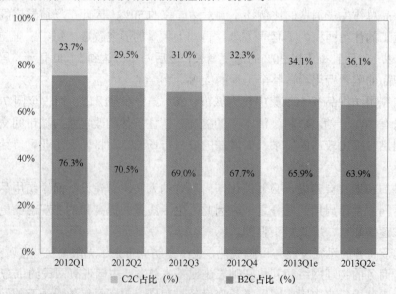

图 10-2　2012 Q1—2013 Q2 中国购物网站细分结构市场份额变化情况图

来源:综合企业财报及专家访谈,根据艾瑞统计模型核算。

经过对欧美家纺行业发展路径的研究，认为家纺行业的发展历程是：无品牌阶段，品牌强化阶段与弱化品牌、渠道为王三个阶段。目前欧美家纺行业已进入成熟期，处于弱化品牌、渠道为王阶段。该发展阶段的重要特征是家纺品牌影响力逐渐弱化，多数家纺品牌或被服装品牌系列化，或由零售商以降低成本为目的自有品牌经营。

中国家纺正处于品牌强化的第二阶段。目前存在家纺行业品牌建设落后、不同品牌之间同质化程度严重、家纺电商渠道不成熟等问题，所以家纺企业未来的发展充满了机遇与挑战。

2. 我国家纺业目前发展状况

2013 年前 5 个月，生产实现平稳增长，出口增速放缓，内销成为拉动增长的主要因素，行业总体运行质量保持良好，总体形式表现为各项指标保持增长，行业实现稳定发展两大趋势。

（1）生产增长平稳，投资情况良好

2013 年 1—5 月，国家统计局统计的 1 793 家规模以上企业实现主营业务收入 967 亿元，同比增长 9.7%。家纺协会统计的 15 个产业集群 15 月完成工业总产值 978 亿元，同比增长 12%。重点跟踪统计的 191 家企业完成工业总产值 328 亿元，同比增长 4.2%。规模以上企业 1—5 月实际完成投资 162 亿元，同比增长 17.7%。

（2）出口保持增长

据中国海关统计数据显示，1—5 月我国累计出口家用纺织品 147.8 亿美元，同比增长 7.6%。

（3）总体运行质量良好

1—5 月，1 793 家规模大的企业全年利润达 46 亿元，较去年同期增长 6.5%，平均利润率达 4.8%。家纺协会统计的 15 个产业集群利润同比增长了 10.5%，平均利润率达 5.2%。重点跟踪统计的 191 家企业利润同比增长了 1.7%，利润率为 5.3%。

3. 国际国内行业发展的特点

（1）国际市场趋向多元化

价格因素拉动出口增长。2013 年 1—5 月出口量同比下降了 2.9%，出口价格同比增长了 10.5%。国际市场多元化趋势加快。1—5 月，我国对美国、欧盟和日本三大市场主要国家和地区出口 71.7 亿美元，同比增长 0.23%，出口规模保持稳定。除了三大主要市场外，我国对其他国家和地区出口同比增长 15.5%，主要是新兴市场对出口增长拉动明显。其中对俄罗斯出口同比增长 46.6%，对东盟 10 国出口同比增长 34.2%。

综上所述，当前我国家纺产品出口的市场多元化趋势日趋明显，以床品、毛巾等大类产品增长为主。床上用纺织物品出口额同比增长 17.4%，毛巾类物品同比增长 9.4%，餐厨用纺织物品同比增长 31.3%。

（2）国内市场销售较好

内销增速较好。2013 年 1—5 月，15 个产业集群内销产值增速同比增长 13.3%。上半年，淘宝平台销售的几大类家用纺织品同比增长 55.2%。

毛巾和布艺产品市场销售增长良好。在家纺协会跟踪的企业中，出口占比低于 50% 的 10 家毛巾企业的内销产值同比增长 11.9%。新一轮房地产市场回暖对国内市场布艺销售是利好因素。

品牌床用纺织品企业在传统渠道的销售增速放缓。家纺协会调查的南通市 45 家床用纺织品企业数据显示，2013 年 1—5 月内销产值同比下降了 20.5%。

（3）企业两极分化明显

2013 年 1—5 月，在家纺协会重点跟踪统计的 191 家重点企业中，利润率超过 10%的 33 家企业的利润同比增长 13.1%，占到全部企业利润总额的 51.4%，行业利润继续向少数企业集聚。而亏损的企业数由 2012 年 13 家增至当前的 26 家，亏损情况更加严重。

4．家纺业面临的问题

当行业呈现蓬勃生机的同时，也不难看到国内家纺产业存在的诸多问题，可谓机会与危机并存。

（1）市场趋于混乱

我国的经济规模发展了，消费量与水平提上去了，但我国家纺市场经营质量却是趋于恶化，市场秩序更加混乱了。如今，很多产业都把发展家纺作为一个新的增长点，不仅纺织企业、服装企业发展家纺，就是其他行业也看中了家纺，如不加以引导，势必形成同一水平、同质化发展的局面，严重打乱市场的格局。

（2）企业管理水平落后，信息化程度弱

首先是行业基础相对薄弱，企业效益普遍不高，对市场冲击的承受力较低；其次，推动企业快速发展的中高级人才严重短缺，同时企业家队伍建设滞后于行业发展，导致企业没有能力建立适用市场经济体制的产品开发机制、技术创新机制、快速反应机制、资本运营机制和员工激励机制等一系列管理制度。

（3）缺乏专业电商人才，发展遇瓶颈

如今随着（移动）互联网行业的迅猛发展，网购人群不断扩大，家纺产品购买渠道逐渐转至线上，催动了家纺电子商务行业的飞速发展，但稀缺的电商人才成了企业发展电商渠道的拦路虎。

（4）渠道冲突，线上线下难融合

家纺行业试水电商成绩不俗，但传统的线下模式在线上模式的蚕食下受到很大冲击，加盟商利益受损严重，线下流量部分被引入线上，实体店销售不景气。因此企业不得不对传统模式进行产业升级以适应线上发展，最终使线上线下完美融合。

（5）企业两极分化明显

2013 年 1—5 月，在家纺协会重点跟踪统计的 191 家重点企业中，利润率超过 10%的 33 家企业的利润同比增长 13.1%，占到全部企业利润总额的 51.4%，行业利润继续向少数企业集聚。而亏损的企业数由 2012 年 13 家增至当前的 26 家，亏损情况更加严重。

（6）产品附加值低，用户体验差

目前行业绝大多数企业还处在产业的低端，服务观念差，品牌意识薄弱，营销手段落后，行业文化建设跟不上，缺乏过硬的品牌，大部分家纺软装饰产品的消费附加值低，顾客满意度不理想，用户体验差。

（7）设计团队能力弱，产品辨识度低

随着家纺行业的迅猛发展，我国家纺设计人才供应出现严重不足。同时，设计文化落后，设计师行业知识浅薄、专业素养低、自主创意不足，行业基本上都是"拿来主义"，对本民族文化发掘不够。

产品辨识度方面，设计注重花型，忽视功能与品牌风格的创新，导致品牌辨识度低，同质化现象严重。

（8）缺乏市场认知，产品设计以企业自身为导向

设计师队伍缺乏对市场的了解，企业总会考虑自身固有资源，从自身做什么产品、自己设计师的队伍能做什么样的东西来考虑，然后再去设计产品，推出市场，引导消费。如何从推式变成拉式，站在消费者需求和市场的角度研究产品是一大问题。

（9）知识产权意识淡薄

家纺企业知识产权意识淡薄，品牌权益缺乏保护，产品盗版现象严重，在无视他人创造的同时对自身成果也不加保护。

（10）产品缺乏文化内涵

家用纺织品作为室内软装饰有其深厚的文化内涵，不同的家居软装饰环境体现出主人不同的性格、情趣、修养、文化品位等。因此家用纺织品不能仅限于生活用品的意义，它更是一种家居艺术，表达的是主人的生活主张和文化诉求。但目前市场上大多数产品显然对消费者研究不足，没有明显的文化特征，风格同质化、文化主张模糊化甚至无文化主张现象严重。

10.1.2 家纺行业电子商务现状

1. 电子商务总体现状及趋势

1）现状

电商整体高速发展，市场结构变化趋势稳定。2012年中国电子商务市场整体保持高速增长态势，交易规模突破8.1万亿元。从市场结构来看，网络购物交易额占比持续攀升，由2011年的12.3%升至2012年的16.0%。在线预订交易额占比维持在2.1%，网络团购市场份额由2011年的0.2%升至0.3%。

据艾瑞咨询分析，2012年中国电子商务能保持较高速度的增长主要源于以下3方面的原因。

① 国内政策支持与引导。2012年3月，工信部出台《电子商务"十二五"发展规划》，指出要积极发展农业电子商务，促进农资和农产品流通体系的发展，拓宽农民致富渠道。另外，政府也进一步加强对电子商务市场发展的规范与引导。2012年12月，发改委明确表示："2013年元旦、春节期间，各级价格主管部门重点关注大型经营者的促销行为，严肃查处促销高于原价，不履行价格承诺，隐瞒价格附加条件等违法行为。" 12月20日，国内首个电子商务调解中心——中国贸促会/中国国际商会电子信息行业分会电子商务调节中心在北京成立。

② 资本市场青睐。2012年资本市场对国内电子商务市场的态度虽相对保守，但整体上仍持青睐态度。2012年全国电子商务领域全部投融资（包括VC、PE、IPO、债券、并购等）总金额为65.08亿美元。

③ 运营商自身加速变革。B2C市场中，各运营商一方面加速开放平台发展，另一方面拓展新品类，竞争"蓝海"，如生鲜品类。中小企业B2B市场中，各运营商加速盈利模式创新，从收取会员费向收取交易佣金转变。图10-3是2009—2016年中国电子商务市场交易规模图。图10-4是2012 Q1—2013 Q2中国购物网站细分结构市场份额变化情况图。

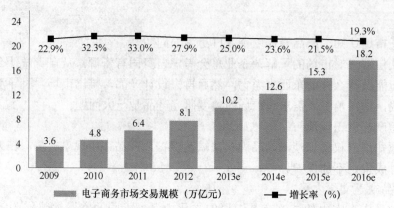

图 10-3　2009—2016 年中国电子商务市场交易规模图
来源：综合企业财报及专家访谈，根据艾瑞统计模型核算。

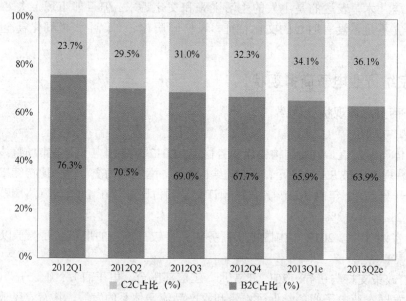

图 10-4　2012 Q1—2013 Q2 中国购物网站细分结构市场份额变化情况图
来源：综合企业财报及专家访谈，根据艾瑞统计模型核算。

2）趋势

（1）电商模式创新，多盈利方式拓展

B2C 电商专注品类扩张，加快开放平台发展。2012 年，京东、苏宁易购、当当网等电商纷纷扩大开放平台，吸引商家入驻，为全品类电商做战略布局。2013 年 6 月，凡客诚品调整发展战略，由纯自营电商逐步转向开放平台。2013 年 9 月，苏宁推出"苏宁云台 3.0"。未来开放平台的演变与发展必将对中国电子商务乃至传统零售市场产生深远影响。B2B 领域，阿里巴巴和敦煌网率先推出"按效果付费"盈利模式，慧聪网、我的钢铁网等运营商也正努力促进 B2B 线上交易。未来中国中小企业 B2B 电子商务运营商或将逐步参与到商户的每一个交易环节，并能提供便捷的金融担保服务，有望实现 B2B 电商生态圈。

（2）移动购物市场热度依旧，规模发展大势所趋

据艾瑞统计，2012 年中国移动购物市场交易规模达 631.7 亿元，占网购整体的 4.8%。

从季度数据来看，移动购物市场维持高速增长的趋势，2013 上半年交易规模已达 641.8 亿元，占网购整体的 8.1%。市场规模与渗透率均超过去年全年水平。目前，我国移动购物尚处早期发展阶段，随着无线网络覆盖区域的扩大和网速的提升，未来移动购物的渗透率会进一步提升。

（3）O2O 模式成行业"新宠"，企业争相抢占先机

面对电子商务的不断冲击，多数传统企业正转变固化态度，谋求创新，O2O 模式为其较优选择。艾瑞咨询认为，O2O 模式有两种布局方式：一是利用线上将客流引至线下；二是打通线上、线下产业链，实现价格、供应链、仓储物流等维度全面融合。无论哪一种布局方式，O2O 模式都能将线上优势和线下资源有效地整合，为传统企业和电商企业提供新的发展契机。目前，苏宁、银泰等传统企业均已试水 O2O。

总结：经过粗放式的增长时期，未来中国电子商务一方面将从服务和技术等领域趋向精细化，另一方面将加速 B2B2C 融合和线上线下融合。

2. 家纺电商现状及发展趋势

1）现状

经过 2012 年的价格战厮杀后，进入 2013 年，各大电商之间的竞争已从"价格战"升级为"体验战"。未来电商网站的消费者体验仍会不断提升，而那些能够在较短时间内构筑从"前台体验"（商品价格、品类丰富度等）到"后台体验"（物流、售后等）的门槛，并具备持续经营能力的电商网站将胜出。

环顾当下，受全球金融危机影响，实体经济整体承压，传统企业亟待转型。随着电子商务的迅猛推进，传统行业升级优化已经成为必由之路。

淘宝网数据显示，2013 年上半年淘宝平台家用纺织品销售额同比增长 55.2%。其中，床上用品增长 58.8%，毛巾增长 37.1%，窗帘窗纱增长 47.6%，餐桌布艺增长 90.7%。由此看出，电商发展是家纺企业不可忽视的关键环节。

目前在家纺电商圈，市场竞争态势已基本明确，以罗莱、富安娜、博洋为代表的线下品牌对电商的重视与推广投入越来越大，占据着网购的高端市场。以南通家纺基地为代表的网络品牌，凭借南通家纺市场的成本优势牢牢占据着低端市场。面对南通的市场通路大货，很多家纺企业并不具备成本价格优势。而面对线下的传统品牌，又不具备品牌和客户基数优势。因此，对于一些家纺企业来说，这似乎是一个没有想象力的市场。

总结：纺织行业以其相对标准性的特征，从我国电子商务市场火爆开始，就是其中最具代表性和成长性的垂直细分行业之一。虽然，纺织行业电子商务市场整体发展势头迅猛，但我国的家纺电商格局还不够成熟，商品货源、服务、物流等环节，短期内难以实现规范化统一管理。不论是在 C2C、B2C 领域还是在 B2B 领域，都很难完全保证家纺商品的品牌化和品质化，家纺品质和品牌营销问题随之出现，线上线下难以融合成为束缚家纺电商发展的瓶颈。

2）趋势

（1）企业"电商化"已成大势

随着电子商务特别是移动互联网电商的深入发展，传统品牌企业已经不是"做选择题，打钩还是打叉要不要做电商"的问题，企业"电商化"已成大势，传统品牌企业纷纷"触电上网"，平台的爆发式发展已经对线下形成倒逼及冲击态势，传统企业再不开始均衡线上线下渠道就要落后于时代并将错失未来黄金 10 年的企业发展及业务版图扩张的机会。

(2) 线上线下需融合

渠道的扁平化趋势和大电商综合平台对线下市场的不断侵蚀和挤压，必然会倒逼并强力推动线下零售商务的电子化进程，加快传统企业电商化改造的步伐，线下渠道加速融入电商市场，并推动 O2O 业态的发展，进一步促动产品、营销、渠道、产业链格局发生适应电商市场发展的深刻变化。

(3) 次序管理需担当

传统品牌商的电商市场受假货、窜货、乱价等困扰，品牌电商需承担起"次序管理"的职责。

(4) 线下渠道经销商受电商化冲击，需要谋求经销商的二次发展

面对电商冲击，作为品牌商需承担起帮扶经销商扩大渠道效益的责任。特别强调电商 O2O 模式为线下渠道的输血功能，帮助线下渠道实现高度信息化，同时让经销商逐步融入电商体系，线上线下资源整合，共同做大蛋糕。这样，经销商才会对品牌抱有信心，才会与品牌商家相融、共生共谋发展。因为电商再怎么发展，也不可能靠一家打天下。

10.1.3 自建商城的优势与劣势

1. 优势分析

(1) 扩展性高，自由灵活

一切在自己的掌握中，想怎么扩展就怎么扩展（很多项目功能可以向软件商一次性买断使用权，不用长期付款。有的功能可以聘请程序员自己开发，费用更低）。

(2) 有利于各种资源的整合

可以承载产品展示、品牌形象、品牌信息沟通、客户服务沉淀、线上支付订购、新兴互联网技术的体验、经销商信息的对接查询、老客户的二次营销、全网客户的沉淀、企业大数据的整合平台角色等。

(3) 提高商城页面权重

可以把网络商城作为一个导航栏目放到企业网站，那么给企业网站做的所有推广链接权重就全部都落在企业网站的头上。

(4) 服务工作能做得更好

有了自己独立的 B2C 网站就可以有足够大的空间和更大的展示页面，更大的流量为客户服务。在销售服务的过程中，企业完全可以做得比第三方平台要求的更好。

(5) 给客户提供更加个性化的服务

网上商城有足够大的空间和更多的展示页面，满足客户个性化的需求，贴合用户的使用习惯，更全面地为客户提供服务，努力做好用户体验。

(6) 更大力度的网络营销

通过自建网上商城，打造一支完全属于企业自己的网络营销队伍，对企业网上销售的长期发展是非常有益的。

(7) 投入产出比更合理

随着"淘宝商城"收费越来越高，导致很多的企业最终还是选择自建网上商城。特别是新进入电子商务领域的企业，与其向"淘宝"交一笔昂贵的推广费用，不如自建网上商城。

(8) 便于生产企业维护品牌形象和渠道信誉度

"淘宝"上同样也有很多仿冒产品，这对知名品牌企业会产生致命损伤。而企业有了网上

商城后,就可以收编"淘宝"的"散兵游勇",让他们要么被收编,要么自生自灭,这比建立一支维权团队效果好得多,成本也低得多。

2. 劣势分析

① 传统电商企业势力大。目前,现有电商行业空间及格局大体被几个巨头切割成形,大部分传统企业要想推动自有 B2C 商城,需要资源、产品、供应链等的强势整合和资金的大力投入,同时还要面临大电商综合平台的打压。大部分家纺家居自有 B2C 商城不具备这个能力,也不会有太多的成功机会。

② 商城建立初期可信度低,导致推广难度大。

③ 前期投资大,培育周期长,见效慢。需要花费的时间成本和人力成本比较高,并且效果不会立竿见影,需要一段时间的积累才会出现持续稳定的流量和排名。

④ 不可预见的情况太多,失败的概率远大于借助平台发展。

⑤ 对团队要求高,涉及面宽,一般企业通过普通招聘方式很难解决。

⑥ 运营成本高。人才价码越来越高,写字楼租金也越来越贵,导致运营成本不断攀升。

⑦ 需要专业的技术团队维护日常运营。

⑧ 难以快速准确知道相关信息。比如,同行在什么时间开发了哪些新产品,在"淘宝"上销售得怎样,价格定位如何等。

⑨ 可能出现恶性循环。若长时间不见盈利,容易导致士气低落、投资者丧失信心,继而出现恶性循环。

10.2 盛宇公司现状

10.2.1 公司简介

盛宇集团有限公司总部设在苍南县灵溪示范工业园区,是苍南县"模范工业企业",温州市"百龙示范企业"。盛宇家纺成立于 1996 年,经过 15 年的发展,从 1996 年的只拥有 10 万元的小公司发展到截至 2011 年拥有 13 家全资及控股子公司,是国内一家集家纺、织布、印染、床上用品生产及研发于一体的集团企业。2010 年,被国家有关部门认定为中国驰名商标。集团公司占地面积 75 hm²,建筑面积 30 万 m²,员工 3 100 人(其中母公司 1 100 人)。集团公司已形成技术研发、生产制造(棉花加工、纺纱、织布、印染、成品布、床上用品)、销售和贸易为一体的产业链,具有年产 350 万件(套)床上用品的生产能力。

多年来,公司坚持以产品质量求生存,以技术进步促发展,立足自主创新,走品牌兴业之路,先后荣获中国驰名商标、国家免检产品、浙江名牌产品、省级文明单位、省 AAA 级"守合同重信用"单位和省 AAA 级纳税信誉企业,连续 10 年获省农行 AAA 级资信企业。

盛宇人牢固树立"让世人感受温暖"的企业使命,共同托起"打造百年家纺企业"的愿景,全力塑造"以人为本、不断创新、注重结果、追求完美"的核心价值观,积极弘扬"诚信、自强、团结、奉献"的企业精神,努力实践"让顾客满意、让员工满意、让供应商满意、让社会与政府满意、让股东满意"的经营宗旨,坚持"安全第一,防消结合,清洁生产,节能减排,持续提供优质产品,始终满足客户需要"的管理方针,追求卓越管理,力创世界名牌,实现基业长青。盛宇发展历程如图 10-5 所示。

图 10-5 盛宇发展历程图

集团母公司主要生产：配套床上用品、床罩、被套、被芯、床单、床垫、枕芯、凉席、中药保健床品、窗帘、毛毯、巾类制品等 12 大类，种类多样的床上用品系列产品，具有年产 350 万件（套）床上用品的生产能力。在全国 27 个省市自治区设有 30 家总代理，800 多家专卖店和 1 000 多家加盟分销店，在国内已形成较健全的销售网络，部分产品远销东南亚及欧美等国际市场。

10.2.2 战略布局

1. 总体战略

近期，盛宇家纺宣布实施"内部打造，外部引进"战略。在日趋激烈的市场竞争中，盛宇家纺将产品的创新与研发作为企业发展的原动力，进一步加强企业内部管理，重组技术研发团队，在新产品的推出与研发上助力加码，使企业在与同行业的竞争中抢得先机。

2. 线下布局

没有新产品的创新与研发，就没有企业发展的生命力。2013 年盛宇秋冬发布会上共推出各系列新品 292 款，公司董事长曾上教说："今年公司的生产没有淡季，'三珍纺'系列产品在全国订货会上，接了 1 140 万元的订单，占公司订单总金额的 5.81%，是去年销售额的 5 倍多。"曾上教表示，"三珍纺"系列产品的研制成功使盛宇家纺得以在混战中突围，抢占市场先机，但它仅仅吹响了进攻的号角。目前，盛宇家纺已就"多珍纺"布料生产技术向国家相关部门申请专利。同时，4～10 珍纺等 7 个系列的产品已经登上盛宇家纺的新品目录。

同时盛宇家纺开始逐渐重视细分消费人群，明确消费定位，今年秋冬新品"豪门爵士乔迁系列""中国红婚庆系列""盛世花园系列"等就涉及各种风格，能满足各年龄层和不同消费需求的消费者。

3. 线上布局

2012 年天猫、京东商城、凡客等电商网站重磅推出"双 11"购物狂欢节，并取得了举世瞩目的销售业绩。2013 年天猫盛宇家纺官方旗舰店（也称盛宇天猫商城）已经早早地开始筹备"双 11"，店铺方面推出领取优惠券、收藏宝贝有奖活动。与此同时，盛宇家纺也在天猫首页斥巨资投放广告。

10.2.3 态势分析

1. 优势分析

从所得资料获知，盛宇家纺在以下 10 个方面具有不可比拟的优势。

（1）家纺行业著名品牌
- 2008 年和 2009 年两度荣获"全国实施卓越绩效模式先进企业"。
- 2009 年荣获"中国驰名商标"（国家工商总局认定）。
- 2010 年盛宇集团被评选为中国家用纺织品行业协会常务理事单位。
- 2010 年盛宇家纺被评选为驰名商标。

- 2011年盛宇家纺被认定为中国质量检验协会团队会员。
- 2011年盛宇家纺荣获全国实施卓越绩效模式先进企业称号。
- 2011年盛宇家纺获国际品质检验证书。
- 2012年盛宇集团有限公司纺织产品检测中心荣获国家级认可证书。

（2）强大的研发实力

盛宇集团的主要技术来源于自主研发与创新。盛宇集团大力引进和培养专业技术人才，与浙江理工大学建立了长期的校企合作关系，为产品研发提供技术支持，使产品研发始终占据行业领先地位。公司设立了企业技术研发中心，配置技术研发中心工作室 1 788 m²。

盛宇集团拥有自己的检验检测中心，该中心可以做家纺产品及原辅材料等 22 个检测项目，中心的建成加快了公司的新产品开发步伐，提高了公司的创新能力和产品质量保障能力。公司注重产品的研发与专利保护，新品开发多，2013 年共研发出 6 大系列，292 款的秋冬新品，新品以"健康、舒适、典雅、时尚、便捷"为理念，以"够用、实用、耐用"为原则进行研发设计，共有 91 项获得专利。

（3）易于调整

作为一个目前位于 1～2 线之间的家纺集团，盛宇集团很多事情刚刚起步，未来的经营模式、网商模式可以借鉴前人经验，发挥出自己的独特个性。

（4）盛宇集团在网商的敏感度值得称赞

天猫上的销量较好，盛宇天猫商城部分产品展示图，如图 10-6 所示。

（5）盛宇产品品类涉及丰富

全力推进品牌升级，打造了盛宇（品牌）、思天仆、皇车、鱼跃、玛里奥特 5 大品牌，满足了多层次的消费需求，完善了从普通消费者到都市白领再到高端消费者各个层次的不同需求，同时依托专卖店、超市、电子商务平台全方位营销产品。

从价值 200 元以下到 2 000 元以上，均有产品，这样可以更加从容地打开家纺市场。

图 10-6　盛宇天猫商城部分产品展示图

（6）营销方式多样

盛宇家纺对目前的所有网络促销手段都有一定程度的尝试，包括换季新装折扣行动。多方面的尝试，能使盛宇家纺尽快地找到最合适的发展销售路线。

（7）盛宇官网实体销售店全国均有分布

盛宇家纺实体销售店在一线城市和沿海城市分布较多，在实体销售仍是主流的形势下，不得不说，根基扎实。盛宇家纺全国店铺分布图如图10-7所示。

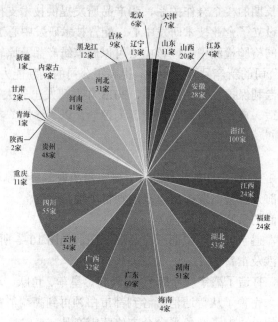

图10-7　盛宇家纺全国店铺分布图

（8）产业链完善

公司已形成技术研发、生产制造（棉花加工、纺纱、织布、印染、成品布、床上用品）、销售和贸易为一体的产业链。盛宇家纺基本情况图如图10-8所示。

经营信息			
员工人数	1000人以上	研发部门人数	31~40人
主要销售区域	全国;全球	主要客户群体	专卖店、专柜、商场
年营业额	人民币1亿元/年以上	年出口额	人民币2 001万~3 000万元
品牌名称	盛宇	质量控制	内部

图10-8　盛宇家纺基本情况

（9）先进的用人理念

盛宇家纺看学历，不唯学历，唯才是举。盛宇家纺重实际，不唯资历，任人唯贤。企业的发展离不开人才，企业的竞争依赖于人才，"治国之道，唯在用人"，治国如此，何况企业呢？创造一切有利条件，"让每块金子发光"，是盛宇的人才之道。只要员工是一块金子，企业就一定会创造机会，让其大显身手，充分发挥其优势、潜能。

（10）比较成熟的市场分布

盛宇家纺集研发、制造、销售和贸易为一体，拥有从国外引进的先进设备，制造工艺和装备水平已在国内同行业中领先，同时形成较健全的销售网络，产品热销国内外，获得了消费者的青睐。盛宇家纺从没停下创新的脚步，持续研发出优质产品，现已有配套床上用品、床罩、被芯、床单、枕芯、凉席等系列产品，品种齐全，款式和花色众多，客户可随意挑选。

2. 劣势分析

盛宇家纺存在以下 7 个方面的问题。

（1）品牌优势不明显

就品牌建设而言，盛宇品牌不如罗莱、富安娜等品牌有影响力，在品牌建设方面还要继续加大力度，持之以恒。

（2）缺乏精细研读

精细研读盛宇家纺在天猫商城旗舰店的发展，可以看出评分处于劣势，盛宇家纺天猫商城动态评分图，如图 10-9 所示。

图 10-9　盛宇家纺天猫商城动态评分图

（3）客户服务体系有待提升

在天猫旗舰店商品有差评时，却没有得到及时回应。虽说只是个别现象，特别是在最高销售量中发现的，应该引起足够的重视，结果却相反，反映客服制度不完善。天猫商城盛宇家纺旗舰店差评图如图 10-10 所示。

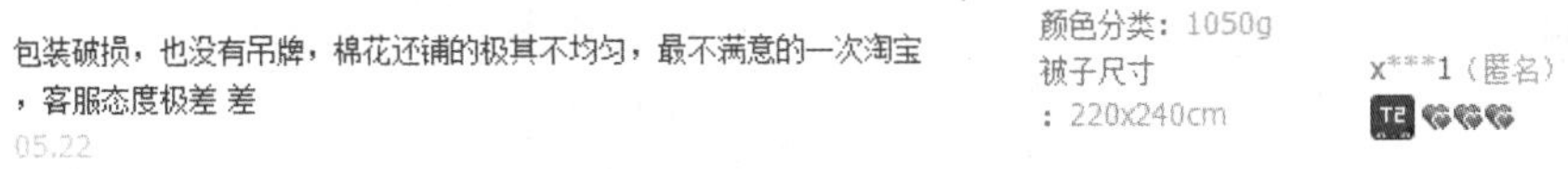

图 10-10　天猫商城盛宇家纺旗舰店差评图

（4）线上推广力度弱

官方商城知名度低，关键词的优化、广告的投放等有待提高。虽有不少相关微博，但在企业、产品的宣传等方面做得不够，并且粉丝活跃度不高，有"僵尸粉"的嫌疑。

（5）官网管理不善

官网作为展示企业形象、企业实力的窗口，出现打不开页面、内容更新过慢、内容老旧等问题，说明官网的管理不完善，亟待加强。

（6）网络销售被动

由于对产品的宣传不力，或网上技术跟不上，或是产品品质滞后等原因，导致消费者网上购买被动。

（7）目标消费群体未细化

不同的消费群之间对于品牌的需求、品牌的认知存在极大的差异，盛宇家纺天猫商城在对目标消费者界定上不清晰，品牌定位也不够明确，消费者的认同也就可想而知了。

3. 机会分析

（1）市场发展空间大

家纺行业存在 7 000 亿～8 000 亿的市场空间，网购市场潜力巨大，是家纺行业未来的主要战略重地。

（2）消费者品牌意识低

中国消费者的购买特征是重视产品外观，不重视"品牌"，这给盛宇家纺提供了机会，完全可以借助网络渠道为消费者树立良好的品牌形象，打开一片天地。

（3）消费者消费水平提高

消费者消费水平逐渐提高，消费结构从实用的单一功能逐步向"实用、装饰、美化、保健"等多重功能发展，高、中、低档消费细化趋势越来越明显。中低端消费群体更多关注产品的价格、质量和实用性，即追求产品的性价比。中高端消费群体则更加关注产品品牌、设计风格与售后服务，即追求产品的附加价值，注重产品图案、色彩及款式设计的个性化风格及与家居环境的协调性，借以彰显消费者自身的生活风格与品位。

（4）无领军品牌

众多家纺企业在品牌建设上仍处于初级水平阶段——单纯依赖知名度、代言人推动，在传播自己的品牌文化与设计风格方面力度不够。家纺企业在品牌上尚不存在 B2C 领域的"巨无霸"，即使在传统家纺行业，也存在商家零散的情况。

（5）定位不够细化

许多家纺企业对家纺市场、消费人群等的定位较粗放，未细化。

（6）销售模式单一

国内家纺行业线下大多采用的是传统的"直营+加盟店"渠道模式，网络渠道应用较少，也不成熟，这为盛宇家纺进一步的市场拓展提供了新的渠道模式和机会。

4. 威胁分析

（1）行业竞争激烈

我国家纺行业还处于快速发展期，企业能否做大做强关键是看它的渠道扩张是否能快速进行。罗莱家纺、富安娜、梦洁家纺作为国内家纺行业的"三剑客"，都在迅速扩张，竞争日趋激烈，三者实力相当，谁能笑到最后还不得而知。国外知名家纺品牌不断进入，国内大批中低端家纺品牌迅速提升，这些都将进一步增大行业的竞争。

（2）国际市场需求放缓，国内一二线需求饱和

受全球经济不景气的影响，家纺外销大幅缩水，内需是中国家纺业未来发展的重要引擎。但是一二线城市市场日趋饱和，一二线市场增长将放缓，三线市场将是未来增长的重点。

（3）相关产业的影响

房地产市场的波动，也可能对家纺类公司带来影响。目前家纺行业消费与房地产行业关联度较大，消费中乔迁、婚庆、改善性需求的比重约为 4:3:3。虽然地产风险无法量化，但肯定有负面影响，不可不防。

（4）市场混乱

家纺行业门槛低，全国目前有两万家以上家纺企业，家纺中小企业的恶性竞争很多，存

在价格战、同质化等问题。

（5）行业销售成本上升

随着原料费用、人工成本等的不断提高，行业销售成本也在相应加大。

（6）设计经常遭到抄袭

目前市场上很多商品都是抄袭别人的设计，拿别人的图自己用，一样的设计，质量却大不相同，让消费者难辨真伪。

10.3 市场分析

10.3.1 竞争者分析

1．市场领导者

（1）产品定位

家纺品牌的主要竞争企业一般都有其独特的品牌内涵，品牌定位一般都体现现代全新的家居理念。

罗莱家纺是一家专业经营家用纺织品，集研发、设计、生产、销售于一体的纺织品企业，是国内最早涉足家用纺织品行业，并已形成自己独特风格的家纺企业。罗莱家纺体现欧洲家纺市场的最新潮流，深刻了解中国消费者，充分满足消费者对家纺系列化产品和服务的需求。其产品风格源于欧洲浪漫、典雅的设计风格，演绎现代优雅、精致生活。

富安娜家纺以高贵、典雅、浪漫、温馨为设计风格，使用纯棉面料，高支高密，精梳工艺，手感柔软，吸水性好，经丝光处理，布面保持永久性丝般光泽。在款式设计上，以绣花、印花为主，结合别具一格的绗缝和先进的印染工艺及配套饰品，将艺术灵感、时尚元素和现代科技融为一体，形成了绝佳的艺术效果。

梦洁家纺倾心于生机勃勃的中国家纺业，坚持人本主义的设计理念，用创造艺术的激情，演绎家纺产品的经典、时尚和永恒。自"艾比"诞生以来，以自身鲜明的产品特色，多彩靓丽、青春时尚的风格，迅速得到了市场的认同，并以惊人的速度在发展。同时其大众化的价格也为广大消费者所接受。家纺品牌定位如表10-1所示。

表10-1 家纺品牌定位

公司	品牌性质	品牌	定位	收入占比（2009）
罗莱家纺	自有品牌	罗莱（Luolai）	中高端	84%
		罗莱儿童（Luolai Kids）	儿童品牌	
	自有网络品牌	Lovo	网络品牌	
		雪瑞丹（Sheridan）	高端	
		尚玛可（SaintMarc）	中端	
		迪士尼（Disney）	儿童品牌	
		sllip（思力普）	美国专业枕芯品牌	

续表

公司	品牌性质	品牌	定位	收入占比(2009)
罗莱家纺	代理（授权）品牌	Yolanna（意欧恋娜）	意大利高端家纺品牌	16%
		Zucchi（素缔）	意大利高端家纺品牌	
		Christy（克里斯蒂）	英国高端毛巾品牌	
		Graccioza（格莱斯傲莎）	葡萄牙地垫品牌	
		Millefiori（米兰菲丽）	意大利香氛品牌	
富安娜	自有品牌	富安娜（Fuanna）	中高端	83%
		唯莎（Versai）	高端	
		馨而乐（Bravo）	中端	
		圣之花（St. Fiose）	大众	17%
	自有网络品牌	劳拉夫人（Lady Laura）	网络品牌（筹备中）	
梦洁家纺	自有品牌	梦洁（Mendale）	中高端	84%
		梦洁宝贝（MJ Baby）	儿童品牌	
		寐（Mine）	高端	
	自有网络品牌	觅（Mee）	网络品牌	16%

罗莱家纺、富安娜和梦洁家纺的主要产品为套件、被芯、枕芯。以罗莱家纺为例，罗莱家纺产品主要包括标准套件类、被芯类、枕芯类、夏令用品类及其他饰品类。其中，主营收入中毛利率较高的标准套件类和被芯类占比最高，达到80%，并呈现逐年提高趋势。

（2）价格体系

企业价格定位为中偏高，主要产品价位集中于 800～5 000 元（指基本 4 件套：床单、被套、枕套）。富安娜、罗莱、梦洁的价位都在这个范围内。

（3）经营模式和规模

在对罗莱、富安娜、梦洁的渠道建设有了初步的了解后，可分析发现这三个品牌都是从自有品牌入手，并且从地方性的专卖店开始建设销售渠道，而且在发展步骤上三个品牌也很相似：采用自营与加盟的经销模式，在中心城市采取自营模式，在次中心城市采取代理模式，积极开发县级城市。目前自营模式占 50%～60%，加盟占 40%～50%，自营采取在百货公司设立专柜、在中心城市设立专卖店的方式销售，加盟的零售终端则包括百货专柜、品牌店、专卖店。目前这类企业的自营模式大多是主要形式，加盟代理处于次要形式。例如富安娜全国专卖店、专柜共计约 800 家；梦洁家纺在全国省（直辖市）设立了 200 多家专卖店，500 多家专柜。目前三家家纺企业的渠道扩张模式都是一线城市做形象，二三线城市做业绩。

罗莱家纺为缓解品牌商和加盟商之间的矛盾，维护加盟商利益，在家纺行业中率先提出线上线下同款同价。目前罗莱部分直营店在试点 O2O 模式，即线上下单，线下体验提货。但是罗莱 90%以上收入来自加盟商，此前加盟商对电商发展颇有抵触，实现双线融合势必要解决好加盟商分利问题。罗莱家纺将公司的业务模块进行划分，电子商务营销成为公司新的一大业务模块，公司提出线上线下"同步"经营，线下主推品牌"罗莱"，线上主推品牌"罗芙"，通过线上线下的品牌区分，进一步维护经销商、代理商的核心利益，避免传统线上线下产品价格的差异化。

富安娜一直致力于研发线上专供产品,全面拓展第三方平台。目前线上富安娜销售额占比超过七成,但不影响富安娜品牌中高端的形象,同时逐步扩大线上专供产品圣之花的销量。今年也会继续拓展在第三方电商平台营销的渠道,当当网、卓越、凡客等都是目标。目前线上线下产品款式不同,不存在推线上线下同款同价的问题。

梦洁家纺跟富安娜类似,线上产品大多数与线下区隔,少部分为库存消纳。相关负责人表示,目前来看电商仍是作为传统销售渠道的重要补充。但以后一定会打通线上线下业务,将两者融合在一起,实现利益共享。

2. 市场挑战者
(1) 产品定位

家纺企业有很多是给国际知名的家纺品牌企业做代理或与外企合资等形式继而创建自己的品牌,它们通常利用国际品牌的影响力进行推广。品牌定位很多时候是为代理品牌服务,不过宗旨却一样,都希望为消费者提供舒适温馨的床上用品。

梦兰家纺以"崇尚自然,贴近自然,感受自然"为主题,追求产品的系列化、配套化、个性化、时尚化,产品开发的定位不仅仅体现在居住空间,而且以思想、文化和行为的多元化为特征,努力创造梦兰产品与众不同的个性和风格,强调与家居环境尤其人的和谐。

恐龙床上用品品牌的设计灵感源自时尚之都的法国和意大利,将中世纪的古典之风与现代的流行元素糅合,给人以历久弥新之感。追求品质,表现卓越,产品种类丰富。它的舒适与温馨使注重家居生活质量的家庭女性更懂得生活,更体贴关心家人。

水星家纺将同一风格的产品系列化,使消费者能在水星专卖店选择到风格化、个性化、功能卓越的系列产品。水星家纺选用高档面料(如丝棉交织、色织提花、大提花)及进口面料,选用优选天然材料(如羊毛、羽绒、蚕丝、天然棉花)及高科技合成材料(三维螺旋卷曲纤维),研发产品时注重创造舒适感受,提升生活品位,引领时尚潮流。

(2) 价格体系

企业产品价格一般定位中档或中高档,如水星家纺主要产品价位集中于500~3 000元(指基本4件套:床单、被套、枕套),恐龙家纺主要产品价位集中于800~5 000元(指基本4件套:床单、被套、枕套)。

(3) 经营模式和规模

这类企业多采取代理、自营与加盟的经销模式,在中心城市采取自营模式,在次中心城市采取加盟模式,积极开发县级城市。自营模式仍占主导地位,加盟代理为辅。自营采取在百货公司设立专柜,在中心城市设立专卖店的方式销售,加盟的零售终端则包括百货专柜、多品牌店、专卖店。

企业网络大多遍及全国,如水星家纺网络遍及全国,公司在全国省(直辖市)及各大中城市拥有800多家专卖店,并以每年新增200家的速度快速增长。恐龙家纺网络遍及全国,公司在全国省(直辖市)设立了近400家专卖店、专柜。

水星家纺打造部分线上专供款,同时也将线下产品放到线上,但同款货品不同时出现在两个渠道上。当线上做活动时,线下货品会大量上线,库存进出量从1 000左右暴增至2 000~3 000。当日常销售中出现滞销款时,可以通过线上线下渠道的互换来清货。许多线下的滞销款在线上被打造成爆款,而线上的滞销款到线下后,由于消费群体的差异,也能够改善销售。

3. 市场追随者

（1）产品定位

红富士和小绵羊是家纺企业中低端市场做得非常好的企业。红富士以"科技、健康、睡眠"为核心理念，致力打造生态家纺，塑造民族企业品牌，营造健康睡眠环境，以"诚信、勤勉、高效、创新"的企业精神，坚持实施品牌战略。红富士目前产品以被套、床单、纤缝被、枕套、靠垫等床上用品为主，并涉及毛巾、窗帘、席类、蚊帐等家居布艺用品。

（2）价格体系

企业产品价格一般定位中档，如红富士家纺主要产品价位集中于200~1 500元（指基本4件套：床单、被套、枕套）。

（3）经营模式和规模

这类企业最大的特点都是通过超市这个销售渠道来销售自己的产品。红富士的产品遍及全国性超市的所有门店，在沃尔玛、家乐福、大润发、好又多、世纪联华、易初莲花、欧尚、新一佳、农工商、苏果、家得利、易买得等全国连锁超市形成了1 000多个产品销售终端，随着城市化的进程，每年还不断有新的超市门店增加。红富士是我国超市最大的供应商，也是业内公认的超市床品专家。

10.3.2 直营店与加盟店分析

在家纺行业中，直营店与加盟店一直以来都扮演着不同的商业角色。企业发展的初期离不开加盟，大部分家纺企业在企业成立的初期，都是借助特许经营的商业模式迅速打开市场局面的。然而随着企业的不断壮大及加盟网络的迅速扩展，企业在初期开展加盟时的一些弊端也随之显露出来，特别是在对加盟店的管控力度上，加盟店的管控难度高于直营店。此时，加盟模式又成了制约家纺企业发展的一个瓶颈。面临着这一困境，更多的企业选择通过直营店的建设去为企业开疆扩土。但对于部分资金不是特别充裕的家纺企业来说，直营店建设所需要投入的大量资本、人力、物力又使其陷入一个尴尬的境地中，那么有没有一种更好的方式，使加盟与直营为企业所用。事实上，家纺企业要想建设和发展连锁终端网络，首先要做的就是选择适合企业的专卖店模式，并且通过一定数量的比例关系来平衡加盟店与直营之间存在的优劣势，以实现企业综合管控。

1. 企业中扮演的角色关系

认清加盟店与直营店之间的区别，首先要做的就是研究加盟店与直营店这两种不同专卖店各自的特性，并了解在整个企业中直营店与加盟店所扮演的角色。只有做到这一点才能让加盟店及直营店为企业发挥出更大的价值。直营店与加盟店特性对比如表10-2所示。

表10-2 直营店与加盟店特性对比

项目名称	直营店	加盟店
单店投资	由企业直接承担直营店投资金额	由加盟商承担加盟店投资金额，并交纳一定的保证金及加盟金给企业
毛利率	毛利相对较高	毛利相对较低
企业所得利润	零售给消费者的零售价所得利润	批发给加盟商的批发折扣价所得利润及加盟费、保证金等收入

续表

项目名称	直营店	加盟店
选址	由企业总部负责选址及评估	由加盟商进行选址,企业负责对店址进行评估
装饰装潢	从设计图纸到装饰装潢由企业独立承担	企业提供设计图纸,由加盟商根据企业提供的设计图纸进行施工建设
人员招募	由企业负责人员招募	加盟商进行人员招募
人员培训	企业负责对终端人员进行培训	企业指派专员对加盟商及店内管理人员、服务人员进行培训
开店支持	公司总部各部门对终端进行开店支持	企业指派专员对加盟商开展支持
营运管理	公司总部负责对终端进行营运管理及督导	加盟商负责对加盟店进行营运管理,公司负责对加盟商进行营运督导
商品处理	库存由企业总部消化,规模效应下的库存风险低	库存由加盟商消化,规模效应下的库存风险相对较高
人员后续培训	企业负责对终端管理人员及工作人员进行培训,可集中组织培训,培训成本较低	由加盟商进行培训
营运支持及促销推广	单店营运由总部直接负责,直营单店可获得总部较高的营运支持及服务	加盟店终端运营由加盟商自主负责,受总部独立的支持相对较少
风险承担	由企业负责承担直营店盈亏	由加盟商承担经营盈亏
商业角色	是企业宣传及占领市场的平台,同时还是企业获得较高利润的产品销售平台	是企业快速占领市场、宣传、利润来源的平台

2. 优势与劣势分析

(1) 直营店优势

① 直营店综合利润高于加盟店,净利润所得归属企业。

② 便于企业管理及掌控。

③ 直营店的建立为企业建立了较好的终端宣传平台。

④ 为企业建立了人才输送体系及人才储备体系。

(2) 直营店劣势

① 直营店投资金额由企业自行承担,对于资金不是非常充裕的企业有一定的制约性。

② 由企业独立承担投资风险。

③ 店铺选址相对较难,对于快速发展的企业,需要有一批优秀的拓展队伍进行选址。

④ 人员招聘、培训由企业独立承担,对企业招聘、培训系统要求相对较高。

(3) 加盟店优势

① 可以充分利用外部资金为企业进行拓展。

② 吸纳一部分外部资金,如加盟费、保证金,为企业提供现金流支持。

③ 减少市场选址的难题。

④ 降低企业终端投资风险,增强企业规避风险的能力。

⑤ 降低企业扩展人力资源成本,减少企业对终端管理人员招募、培训费用的投入。

⑥ 增强企业产品的销售渠道及对渠道的掌控力,但相对于直营店,总部对加盟店的掌控力更弱。

(4) 加盟店劣势

① 分摊了企业利润。

② 降低企业对直营店的管控督导能力，增加企业对直营店管理控制的难度。

③ 企业品牌风险增强，连锁企业常见的现象是"一荣俱荣、一损俱损"，一家加盟店的经营成果好坏直接影响其他终端品牌形象。

④ 对企业督导、服务、支持系统要求甚高，加盟商资质的评估取决于企业的评估系统，后期发展主要取决于督导、服务和支持系统。

3. 家纺行业融入电商体系的影响

（1）正面影响

① 可以有效遏制加盟商的过分膨胀，均衡厂家和加盟商的力量，促成全面的合作局面。

② 有利于不断改善渠道环境，增加厂家的渠道权力，同时又可引起渠道的各个因素变动，最终推动渠道模式的变革朝集约化、扁平化方向发展。

③ 推动加盟商转型，促使其发展。加盟商迫于生存的压力，不得不快速转变观念，发展或者转变职能，以适应厂商和市场的要求而避免被淘汰的命运。

④ 可推动网上直销和传统分销各自的发展，给消费者带来更大的利益。

（2）负面影响

渠道冲突如果不加以控制和协调，带来的后果不堪设想。尤其是在网上直销和传统分销并存的模式下，渠道灾难，可一触即发。

① 网上直销不可避免地要从加盟商处争夺客户，挫伤加盟商的积极性，导致加盟商的集体对抗。

② 各销售渠道利益分配难以均衡，易引起加盟商的不满，导致销售策略难以执行，市场和价格混乱，厂家形象受损。

③ 加盟商忠诚度大幅下降，会想尽一切办法阻碍直销渠道的发展，增加了企业改善渠道环境的成本和业绩的上升。

④ 通路不畅，矛盾重重，将消耗企业极大的精力和巨额的资金。

总结：冲突有利也有弊，对待冲突，企业采取的态度应该有所差异。为了避免销售渠道冲突带来的损失，保证产品价值的最终实现，应该认识到合作的重要性，采取有力措施，减少厂商之间的恶性竞争，协调不同渠道之间的矛盾。当销售渠道成员之间存在利益的冲突时，竞争往往大于合作，如果每一个渠道成员都各自去追求自身利益最大化，只能产生短期相对最优的结果。从长远来看，只有合作才能双赢。而且合作是克服传统分销劣势、保证其价值实现的唯一方法，当然也是化解冲突的方法。

10.3.3 消费者分析

1. 消费者群体分析

在家纺消费市场中，不同的消费者对追求个性化，多样化与高、中、低档消费区别越来越明显。中高档消费群体较多注意产品的品牌、风格与服务，即追求产品附加价值。其中，在产品风格上，这些消费群体主要注重于产品的图案、色彩及款式的设计组合及卖场陈列摆设上是否体现出一种鲜明的个性化主题色彩，而这种个性化的风格产品与购买家居环境风格相一致，均体现出购买者自身生活方式特征的一个缩影或表现。中低档消费群体则较注重的是产品的价格与品质，即面料与工艺方面是否与产品的价值相符。

在价格方面，用自己的钱购买床品的消费者年龄特征在 20 岁以上，其性别构成多为具有一定审美能力的知识女性。从市场抽样的情况来看，购买高端产品价格在 5 000 元及以上的约占 16%；购买中端产品价格在 2 000～5 000 元（不含）的客户约占 25%；购买中低端产品价格在 500～2 000 元（不含）的客户约占 40%，其余 19%购买 500 元以下，或是自己加工生产。消费者购买价格分布如图 10–11 所示。

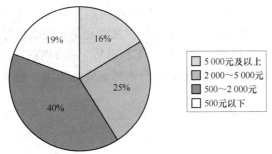

图 10–11　消费者购买价格分布图

据有关资料表明，我国中等收入人群所占比重在 15%～20%之间，这是一个庞大的市场，由于该阶段以工薪阶层居多，讲究生活品位，对于消费也较为理性。目前以连锁专卖店经营的知名品牌，在许多消费者心中营造了一种错觉，仍然被视为奢侈品。在一些知名品牌的专卖店里，一套小 4 件的零售价一般在 600 元左右，消费者普遍认为价格偏高。事实上，当有的知名品牌开展促销活动，将促销价格定在 300 元左右的时候，往往吸引了众多消费者的热购。可见，对于中档次的品牌有极大的需求，而在该档次却又没有主导品牌，因此发展空间巨大。

由于没有领导地位的强势品牌，造成了领导品牌的定价仍以追逐利润为主，占据高端市场。而一般流通品牌尽管以低价进入，但由于自身实力弱、质量不稳定，对整个行业形成不了大的冲击。知名品牌的高端定位，与低价的流通品牌形成两极分化的同时，中档品牌市场出现巨大的发展空间。

2. 消费层次分析

（1）0～10 岁

此年龄层无购买能力，但正处于被家庭呵护阶段，最需要健康成长。我国越来越多的家长对儿童的关爱更加浓烈，所以儿童家纺近年来也备受消费者关注。而儿童家纺最重要的是让家长感受到放心，家纺产品一定要够舒适、够环保，对儿童的健康没有任何伤害，同时也要注重童真特色。

（2）11～24 岁

此年龄层一般无购买能力，但正处于青春发育阶段，最需要快乐成长与个性共存。这一年龄层的人的家纺产品多为父母帮助购买，这一年龄层的人都有自己的个性，他们更加追求家纺产品的个性化。但对于家纺产品而言，父母最注重的还是品质。所以家纺产品的品质与个性是最能够引起这一年龄层消费的。

（3）25～50 岁

此年龄层具备强大的购买能力，含结婚、生子、生活美化与品质提升等诸多行为，且都可以创造购买行为。此年龄层对家纺产品的关注度比较强，是家纺行业的主流消费者，其中 25～35 岁是网购家纺的主要人群。他们往往会全方位地考虑家纺产品在家庭中的适用性、舒适度、价格等。

（4）50 岁以上

此年龄层具备购买能力，处于晚年需要被子女照顾阶段。此年龄层的家纺产品并不追求家纺产品的各种特色、个性之类的，他们更加希望的是家纺产品质量更加优质，产品更加舒适。

3. 消费者购买地点分析

70%～80%消费者是在百货商场、专卖店和超市购买家纺用品。相对来说在网上购买家纺产品的消费者寥寥无几，网购家纺产品在目前来看还是不怎么流行的，但是调查结果显示20～25岁的妇女有60%会选择在网络上购买床上用品。随着网络的发展，有一部分消费者已经接受了网购这种观念，相信在不久的将来网购可能会逐渐流行起来。

（1）普通百货商店

以经营中低档家纺品牌为主，主要吸引工薪阶层的消费者。普通商场多采用专柜销售或自选销售的方式。

（2）高档商场

处于发展比较迅速的一种业态，这种业态在保证床上用品品牌形象和回款方面上有较大优势，但目前专卖店多由中高端品牌支撑，多集中在大城市。

（3）超市/连锁店

经营成本低，具有价格优势，处于近年来发展最迅速的业态，所售家纺以中低档为主，由于销量大、价格低而广受消费者欢迎。

（4）批发市场

由厂家和经销商专门经营的场地，目前占据家纺销售最大份额，同时支持了最广阔的农村市场及部分城市低档市场。

（5）网上购买

占据的市场份额较低，还没有形成专业化的规模，网上购买速度快、购物便捷的特点，相信会成为一种主流的购买方式。

4. 消费者购买特征

（1）品质大于品牌

消费者购买家纺产品的心理动因是为了美化家庭环境，舒心，感觉好，与住房的装潢风格、布置匹配。因此，产品的颜色和花色图案等外在特征成为最重要的购买因素。家纺产品，特别是床品，由于它与日常的生活品质息息相关，较之服装，时尚度和流行性相对较弱，而产品品质和购买的便捷性相对更为突出。消费者一般都更为注重家纺产品的质量。在家纺消费的初级阶段，品牌的力量很大方面缘于其背后的品质保证。消费者对家纺产品特性的关注度如表 10-3 所示。

表 10-3 消费者对家纺产品特性的关注度

产品/特性	浴巾	床单	寝具
柔软	94	92	88
耐用	89	89	88
清洗方便	87	85	90
颜色/款式	84	84	89
抗褪色	80	79	82

续表

产品/特性	浴巾	床单	寝具
纤维含量	75	80	71
经纬密度	64	82	68
洗后干燥时间	53	55	66
品牌	30	33	33

（2）向整体家纺发展

从成熟市场的家纺用品公司来看，经营的家纺种类主要包括床品、家饰、浴室用品、厨房用品、家居服几大类。根据对我国消费者对床上用品的消费需求的统计显示，套件类和被芯类是消费需求最多的两大品类，合计占全部床上用品需求的65%。通过对三家上市公司有关资料的比较分析，套件类产品对罗莱、富安娜和梦洁的销售贡献分别达46.47%、50.93%和49.23%，说明随着生活水平的提高人们青睐具有整体性的家纺产品，消费习惯从过去的单品购买向成套购置发展。同时，对于床上用品以外的家纺用品发展不足，未来有较大提升空间。家纺产品所占的比例如图10-12所示。

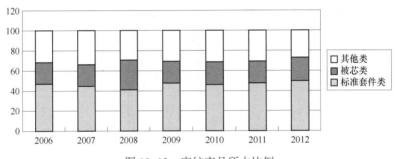

图10-12 家纺产品所占比例

（3）环境影响较大

有49%的消费者，也就是将近一半的消费者是通过自己在购物现场的观察来决定购买与否的，有19%的消费者是通过朋友推荐或介绍来决定购买某种产品的。因此，家纺消费者的购买行为主要是通过直接或间接体验（朋友推荐）方式产生的。

总结：家纺行业的竞争，还没有进入品牌竞争的阶段，还处在产品竞争的初级阶段。家纺企业，应该把大部分的营销精力放在产品的设计和开发及组货上。

由于消费意识的不成熟，导致企业在进行产品开发时不得不在产品外观上下功夫。现在国内的家纺产品在产品方面的创新还很有限，无非是多几个颜色、花型、款式、造型，新品类的开发很少，在同一层面上展开激烈的价格对抗也就不足为奇。

5. 个性定制家纺分析

为更准确地分析消费者如何看待个性定制家纺，家纺协会进行了市场调查。本次调查的地点是南昌市万达购物广场，主要调查对象是20～55岁的家庭妇女。被调查者中普通职员占到40%，家庭月总收入在3 000～5 000元之间。政府公职人员、教师、医生占到20%左右，家庭月总收入在5 000～12 000元之间，甚至1.2万元以上。个体经营者和自由职业者约占22%，家庭月总收入为5 000～8 000元之间。还有一部分是无业在家、学生等占18%。

被调查者中80%的人对个性定制家纺产品十分有兴趣，尤其是在特别的时期，例如结婚纪念日、孩子的生日等特别想为他们订制一个有特色的家纺产品。调查者分享了他们的一些想法。如他们所设计的专属风格的产品特点是不拘泥于以往既定的模式，在色彩和搭配上推陈出新。例如一款有着春天般绿意的床单，搭配上深蓝色的枕套及红色的被单，年轻人注重自我的个性就这样被张扬出来。在图案选择上，抽象、卡通图案成为最受欢迎的选择，加菲猫、史努比和各种抽象的图案成为年轻人不愿长大的宣言和追求个性的旗帜。

6. 存量消费与增量消费

（1）存量消费——人均消费低，潜在增长空间巨大

发达国家市场，服装、家用纺织品、产业用纺织品三类消费（按照纤维消费量计）各占市场消费总量的1/3左右。而在我国目前的家纺占比仅为13%，远远落后于美日的40%和英法的37%。

从2009年的家纺产品人均消费量来看，中国家纺人均消费为6美元，为欧美消费量的1/10不到。亚洲人的家庭观念相对于欧美家庭更强一些，女性对家居整理和日用品的更换习惯更加频繁，和具有较相似传统的日本相比，我国家纺产品消费量是其1/20，未来发展空间巨大。家纺产品人均消费如图10-13所示，衣着与家纺产品人均消费对比如图10-14所示。

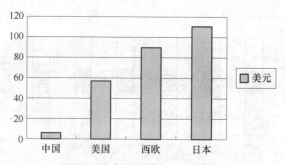

图10-13　家纺产品人均消费图

服装消费					家纺消费/衣着消费				
服装消费量（件）	2005	2006	2007	2008		2005	2006	2007	2008
中国	13	14	16	18	中国	5.1%	5.3%	5.5%	5.5%
美国	30	32	33	34	美国	5.9%	5.8%	6.2%	6.2%
西欧	17	18	18	18	西欧	14.1%	14.1%	14.2%	14.4%
日本	19	18	18	18	日本	12.4%	12.4%	12.4%	12.4%
服装消费值（美元）	2005	2006	2007	2008	家纺消费值（美元）	2005	2006	2007	2008
中国城市	98	113	137	168	中国	3	4	5	6
中国农村	18	21	25	30	美国	55	55	59	58
美国	922	949	966	941	西欧	77	80	88	90
西欧	547	561	619	628	日本	107	101	99	111
日本	868	813	794	896					

图10-14　衣着与家纺产品人均消费对比图

（2）增量消费——房地产和婚庆拉动家纺消费

据有关研究表明，约有82%的中国消费者在迁入新居或装修时需购置各类家纺产品用于装饰居所，我国历来有婚庆消费家纺用品的习俗。目前我国正进入结婚高峰期。假定每对新婚夫妇在家纺用品方面消费1 000元，仅此项每年将带来100亿元的销售额。可见，庞大的婚庆需求成为家纺消费前景乐观的重要支撑。近年来我国结婚登记情况如图10-15所示。

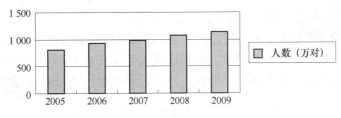

图 10-15　近年来我国结婚登记情况

7. 消费者的需求及其发展趋势

随着生活水平的提高与消费观念的逐渐改变，床上用品的需求呈现以下 6 个方面的发展趋势。

（1）床上用品崇尚个性化

定制个性家纺产品非常受消费者青睐，尤其是在特别的时期，如结婚纪念日、孩子的生日等，该类产品前景广阔。

（2）追求保健床上用品

时下人们对床上用品的需求由保暖型向保健型转变。一些具有远见的生产厂家和敏感的商家，近年已经连续推出保健型床上系列用品，包括被子、枕头、床单、被褥、毯子等大类。

（3）消费者青睐带有绿色标志的床上用品

健康型消费是纺织品消费新时代的另一个主要特征。"绿色服装""绿色床上用品"等已成为纺织品消费的主流，有关纺织品上某些生态毒性物质可能对人体健康和环境造成危害的问题已经引起消费者的普遍关注，所以带有绿色标志的产品日益受到消费者青睐。绿色标志还成为进入国际市场的通行证。

（4）追求高科技床上用品

现代科技的应用，带来家纺行业的革命。家纺用品的保健功能，高科技质料让织物经反复洗涤后保持良好的恢复能力和抗菌能力，赋予床上用品耐污、透湿、排汗、速干、抗菌、防蚊、抗紫外线、耐热、防皱、防弹、抗静电等性能已成为消费者的追求。

（5）健康卫生成为床上用品的新追求

据商家反映，人们选购床上用品的观念已渐渐改变，选购床上用品从原来的只注重款式和舒适转变为注重健康、卫生。一份医学报告指出，睡眠与人体健康息息相关。枕头、被褥、床褥是细菌和尘螨滋生的温床，枕头用上 6 年便含有 10% 的霉菌，是健康睡眠的大敌。

（6）床上用品追求时尚化

床上用品将形成一种独特的室内文化。目前城市居民已开始将床上用品、窗帘、餐桌布、毛巾、布艺家具甚至手帕（这类各自独立的消费品）看成室内软装饰的整体。在色彩、图案及功能上趋同一款，呈现配套化的趋向，从而使风格、色彩在家居中独具一种"时装"的感觉。

根据以上研究分析，家纺行业将向以下 3 个方面发展。

① 加强科学睡眠的应用研究。大量研究表明，人们睡眠不好除人体的病态因素外，还有其他要素，如睡眠的寝具、睡眠的姿势、睡眠的时间、睡眠的环境。

② 加强高新技术的应用研究。以信息技术、生物技术为代表的高新技术、新材料技术在

纺织行业内已经推广应用,并已取得明显的经济效益。

③ 加强市场的开发研究。床上用品的发展,在国际市场上与服装发展趋势一样,正在不断升级换代,并趋于追随服装新潮流。因为现代人希望在衣着和室内装饰两个方面表现整体的效果,同时对产品的艺术性、功能性、系列性和配套性要求越来越高,产品流行周期越来越短。

10.4 网站优化

10.4.1 盛宇家纺官网的可用性测试

1. 测试目的

发现盛宇家纺官网的问题,并进行修改完善。

2. 测试人数

每组 3 人,共 6 组。

3. 测试人群

上网的任何人。

4. 测试地点

有计算机、有网络的任何地方。

5. 测试时间

每人 20 min。

6. 测试方法

分两个阶段:第一阶段,让两组测试者共 6 人使用原网页,观察每个人使用网站时的习惯,给他们一些任务让他们完成,测试人从中发现问题,并对网页进行修改。第二阶段,修改后再找没有做过测试的一组人进行测试,不断修改、完善网页,总共修改并测试 4 次。

7. 测试环节

① 欢迎环节。你好,今天由测试人引导你完成测试。当你使用网站时,希望你能尽可能地说出你看到的、想做的及怎么想的,这将给测试人极大的帮助。(1 min)

② 提问环节。提问的目的是让被测试者放松,从中了解他们的一些基本情况。你每天上网多少时间呢?你会在网上购物么?你喜欢的网站有哪些呢?(2 min)

③ 主页观光。这里的目标是判断网站的特征是否明显。请看看这个页面,告诉我你觉得这是什么公司的网站?该网站是做什么的?你能从这个网站做什么?它最吸引你的地方是什么?(2 min)

④ 执行任务。任务是测试的核心所在。需要把有关任务的简单描述转化为被测试者能够理解并遵循的场景。(15 min)

任务 1:你想注册成为该网站的会员吗?

任务 2:你要结婚,需要一些床上用品,请在该网站上查看相关产品。

任务 3:尝试去购买你看中的产品。(到最后环节喊停)

任务 4:你不知道该怎样支付,现在要想办法获得帮助。

任务 5:在当前页面(首页)做你想做的,查看你感兴趣的东西。

8. 测试结果

① 网页靠左，不美观，如图 10-16 所示。这是所有测试者对网站的第一印象。

图 10-16　网页靠左，不美观

② 选择主导航栏上的标题栏，在标栏中选择"被芯系列"，单击鼠标，弹出对话框内容，选择对话框内容选项时，对话框消失，如图 10-17 所示。

图 10-17　选择对话框内容选项时对话框消失

③ 当选择页面上"夏威夷夏凉新品"等 4 个选项时，鼠标变手状，显示可以单击，但是单击鼠标后并不能链接到相应的板块，如图 10-18 所示。

图 10-18　单击鼠标后不能链接到相应的板块

④ 商品分类显示在页面靠中间的位置，不方便用户查找和使用。有两位测试者主动提出应该将商品分类放在主导航上，如图 10-19 所示。

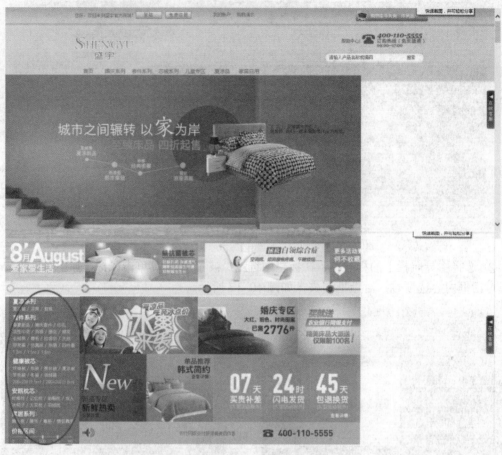

图 10-19　将商品分类放在主导航上

⑤ 实用工具放置的位置太散，如图 10-20 所示。

图 10-20　实用工具放置的位置太散

⑥ 无法注册，如图 10-21 所示。输入正确手机号码却显示不是完整的 11 位手机号。

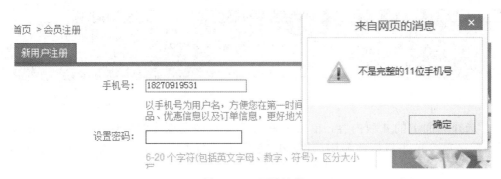

图 10-21　无法注册

10.4.2　盛宇家纺官网优化

① 将网页居中，如图 10-22 所示。

图 10-22　网页居中

② 子栏目很容易单击。只要鼠标触碰到相应的标题栏就会显示该栏目的子栏目。这些子栏目与原来导航内标题栏所对应的网页的分类是相应的，选择子栏目选项，单击鼠标就可以链接到相应的网页。选择套件系列单击鼠标，如图 10-23 所示。选择"新款套件"选项，如图 10-24 所示。

图 10-23　选择"套件系列"单击鼠标图

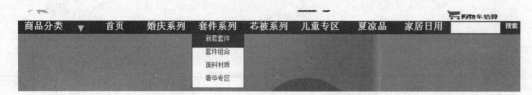

图 10-24　选择"新款套件"选项

③ 选择页面上的 4 项内容，单击鼠标后就会链接到相应的板块。如选择"夏威夷夏凉新品"选项，单击鼠标前截图如图 10-25 所示，单击鼠标后截图如图 10-26 所示。

图 10-25　单击鼠标前截图

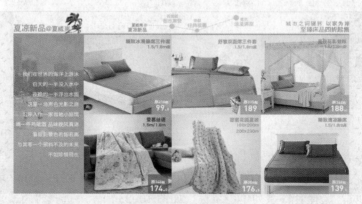

图 10-26　单击鼠标后截图

④ 把商品分类移到主导航栏上，如图 10-27 所示。

⑤ 将实用工具集中放置在右上角，如图 10-28 所示。在测试中发现，当要求测试者找客服询问情况或使用其他实用工具时，他们的第一反应都是看页面的右上角，并且根据测试者的需要对实用工具的内容进行了补充。

图 10-27　把商品分类移到主导航栏上

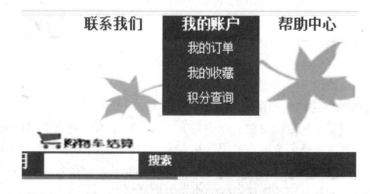

图 10-28　将实用工具集中放置在右上角

● 在线客服、客服邮箱、投诉中心（此栏目的主要目的是方便买家与商家的联系，以显示重视与客户之间的交流，希望能够满足客户的需求，将"客户就是上帝"贯彻始终）。

● 我的订单、我的收藏、积分查询（此栏目的主要目的是方便客户了解他们在网站的消费情况）。

● 购物指南、配送方式、支付方式、售后服务（将所有流程聚集在帮助中心这个栏目下使客户能够更加清楚地了解网站购物的整个过程）。

⑥ 由于技术问题，注册问题暂时无法解决。购物车结算和搜索栏；虽然有设置，但不能链接到相应的网页。

10.5 运营模式

10.5.1 适合传统零售企业的 O2O 模式

1. 传统零售企业触网遇到的问题

（1）传统电商企业势力太大

目前，现有电商行业空间及格局被大体几个巨头切割成型，大部分传统企业要想推动自有 B2C 商城，需要资源、产品、供应链等的强势整合和资金的大力投入，同时还要面临几大电商综合平台的打压。

（2）线上线下冲突

做电商，更令传统企业头疼的是线上线下的冲突。渠道、产品价格体系冲突尤其头疼，很多传统品牌企业电商匆忙上马导致严重亏损及渠道混战而不得章法，有些企业对电商业务放任运营导致传统渠道矛盾激化、价格混乱甚至引起生死存亡级别的挑战。这也是目前很多传统品牌企业电商至今还在踌躇不前的原因。

有段时间以纯叫停了其所有电商业务，包括其在国美在线及天猫、京东等电商平台上的旗舰店均已关闭。许多业内人士表示，以纯这次叫停电商业务的根本原因是其线上业务与线下之间产生了冲突，导致诸多加盟商不满，最后不得不叫停。这既暴露出了线下品牌做线上业务的短板，同时又反映出了线下品牌的普遍担忧。以纯是一家以加盟为主要经营方式的传统服装品牌，之所以在其电商化进程中遭遇挫折，就是因为在涉足电商的时候没有认真考虑，才导致线下线上乱作一团的局面。

总之，线下零售企业触网，不能复制传统电商模式，这样不仅与传统电商（如天猫、京东）正面交锋，还要和线下传统实体店左右手互搏。

2. 传统企业电商如何与纯电商企业竞争

传统企业电商相对于纯电商企业有很明显的劣势：自上而下电商理念还未完全扭转，缺乏既懂传统行业又具备电商操盘能力的团队和人才，受传统经销渠道产品及价格冲突的制约，传统终端网点布局需要瘦身和优化，供应链及决策体系冗长，大批量采购生产与电商产品时尚及个性化生产的冲突等，无法适应电商的快速发展。

传统品牌企业电商在发展上比纯电商企业更具有后发优势：传统品牌企业长期积累的强大线下零售经验，相对完善的终端网点及渠道布局，强大的生产能力和采购能力，供应链管理能力，资源的整合能力，物流配送能力，渠道的话语权，市场营销能力等。

要想让自己的优势发挥最大的效用，传统企业需要均衡线上线下渠道，做好 O2O 线上线下差异化融合，整合企业供应链条上的产品及配套产品，为消费者提供产品、服务、订购、体验等一体化的解决方案，这样才能真正具有竞争力。

京东是一个纯电商企业，在 3C 方面的优势使很多人形成了"买 3C 产品上京东"的印象。而苏宁作为线下零售巨头，面对这么强劲的对手，是如何做电商的呢？苏宁采取了商品融合、服务融合和价格融合的全渠道融合模式。全国所有苏宁门店、乐购仕门店销售的所有商品，将与苏宁易购网上商城实现同品同价销售。消费者可以在苏宁易购上选定商品，在苏宁的实体店体验后下单购买,也可以在苏宁门店实现自提、退换货、售后服务等相关功能。

在中国排名前10名的电商企业中,苏宁是唯一来自传统线下的零售企业。而令人欣喜的是,在电商发展领先于我们10年左右的美国,前10名的电商企业只有两家是纯电商企业,其他的都是线下零售企业。这足以让我们看到传统零售业未来电商的发展。

3. 如何解决线上线下冲突

面对电商冲击,作为品牌商需承担起帮扶经销商扩大渠道效益的责任。特别强调电商O2O模式是线下渠道的输血功能,帮助线下渠道实现高度信息化,同时让经销商逐步融入电商体系,线上线下资源整合,共同做大蛋糕。这样经销商才会对品牌商有信心,才会与品牌商相融共生共、谋发展。因为就算电商再怎么发展,也不可能靠一家打天下。

以前由于信息不对称、地域的区隔、物流配送体系不发达、信息化落后等传统问题导致的需要靠大量的层层分销体系完成的事情,随着电子商务的进一步发展,特别是O2O的进一步融合,只要靠厂家及大的区域经销、电商平台即可完成,经销渠道融入电商,产供销格局更加完善和科学,供应链等高度协同,线上线下利益及利润分配趋于一致化。

当然,线上的发展肯定会挤占线下的部分市场,在一定阶段还会有转变的阵痛,但在目前如此残酷、快节奏、资本大鳄式的市场竞争态势下,必须走线上线下一体化经营及O2O融合策略,线下一定要正视并看到消费者购物习惯的改变,积极拥抱变化,这才是最核心的。

10.5.2 关于O2O模式的市场调查

1. 调查对象

普通消费者,盛宇家纺及其他几大家纺的加盟商、盛宇企业教官。

2. 调查地点

万达、天虹等各大商场及家纺门店。

3. 调查时间

2013年9月19—21日。

4. 调查人数

普通消费者共计203人,加盟商共计15人。

5. 调查形式

普通消费者问卷及加盟商和企业教官咨询。

6. 调查内容及结果

(1)普通消费者

① 请选择您购买家纺的途径,如图10-29所示。

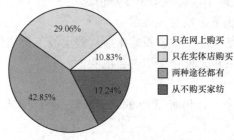

图10-29 请选择您购买家纺的途径

② 网上购物让您困扰的是什么（多选题），如图10-30所示。

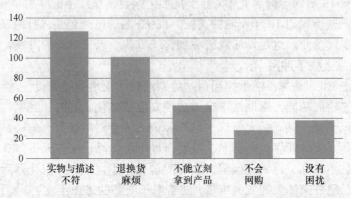

图10-30　网上购物让您困扰的是什么（多选题）

③ 实体店购物让您感到困扰的是什么（多选题），如图10-31所示。

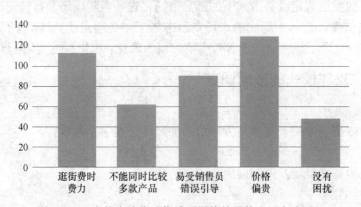

图10-31　实体店购物让您感到困扰的是什么（多选题）

（2）加盟商

在对加盟商的咨询中，得到了如下3点信息。

① 店内每天都会有产品做活动，活动产品的价格和网上产品的价位差不多。

② 大多数品牌会严格区分线上线下产品。

③ 加盟商希望企业能为他们提供一个展示的平台。

（3）企业教官

在对盛宇企业教官的交流中，得到如下3点信息。

① 盛宇严格区分线上线下，没有实现融合。

② 盛宇现阶段采取的是网络专供款策略来解决线上线下渠道价格冲突问题。

③ 盛宇目前不具备像京东一样全渠道融合的实力。

7. 总结

① 在网购已经普及的今天，仍有30%的人只在线下购买家纺，足以说明消费者对家纺线下体验的需求很强烈。

② 实物与网上的描述不符、退换货麻烦且成本高是消费者在网购时遇到的最大的问题，

只有 10%左右的消费者网购没有遇到问题。实体店购物，消费者同样会遇到诸多问题，线上线下需要打通，解决现有的问题。

③ 电商运营成本越来越高，在实体店的促销活动下，实体店的商品与网上价格差不多。

④ 加盟商想要通过网络渠道销售。

10.5.3 盛宇家纺自建商城模式的提出

盛宇家纺现在有全国总代理 30 多家，专卖店 800 多家，加盟分销店 1 000 多家。线下，盛宇已经做了 16 年，可以说是非常成熟了。如何利用好线下资源，实现适合盛宇家纺的 O2O 模式呢？我们通过详尽的分析后提出了以下模式。

1. 总体定位

（1）一种新型的服务体系

针对传统品牌企业而言，应将电子商务定义为一种新型的服务体系。O2O 对用户最大的吸引力，并不是所谓线上展示和线下体验，而是商家给予消费者提供系统性的完整服务并贯串于整个交易流程，甚至后续的跟踪维护。线上了解、选购、支付、线下网点更多地凸显了用户体验和仓储物流配送、售后服务等优势，这样线上线下渠道将达到某种均衡。只有这样，才能让用户享受完整的购物体验和服务，才更乐意分享，从而形成口碑的二次传播和持续购买。当然，定义服务体系并不是就不做渠道和销售了，只是把渠道和销售囊括进服务体系，以一种系统性的思路来操作电商，弱化渠道色彩和线下渠道的反弹和阻力，推进企业电商的发展。

（2）自建商城，向线下引流

自建商城的作用更多地应该是向线下引流，利用线下实体店的优势，让消费者喜欢到线下实体店体验。现在线上的成本并不比线下低，要利用好线下的资源，就要向线下引流，而不是商家自己埋头卖货，把电商部门规划为卖货部门，不然销售规模既无法做大，也会耽误品牌在网上的战略布局，从而错失良好的发展机遇。未来一定是你中有我、我中有你，相融共生，形成一个完整的生态圈，重要的是需要以消费者为中心，做好客户服务体验，消费者只要选择了你，在哪里购买根本没那么重要。

（3）保证加盟商的利益

品牌商要真正弱化渠道冲突，一定要站在渠道经销商的角度考虑问题，真正帮助经销商谋求二次的渠道发展及转型，真正帮助经销商建立高度的信息化能力、强大的运营能力及执行能力。企业的自建商城应给予更多的产品及品牌曝光，让更多的消费者能很便利地通过网络了解所在区域经销商销售产品的信息，从而反向地支持经销商的业务开展。帮助线下经销商实现高度信息化，打通线上线下的销售系统、信息系统、ERP 系统，为电商化的改造及 O2O 的推进打下坚实的基础。在利益上能够充分顾及经销商，这样才能真正让经销商与品牌企业一起相融共生。

2. 模式概述

（1）线上

盛宇家纺的自建商城除了卖网络专供款外，还应开辟一个区域，让盛宇家纺所有线下实体店在这里开店，每家店由各个加盟商自己打理，展示实体店里的产品。消费者可以在线上看到本地所有加盟商的信息，根据地理位置或产品选择去某家店铺体验。当然，消费者也可直接在网上下单购买任意一款网络专供款产品或本地实体店铺的产品。

（2）线下

在实体店里，除了有线下产品的展示外，库存中应还有所有网络专供款样品。店内应提供设备让消费者能自由查看网络专供款的产品。如有需要，应从库存中拿出样品让消费者体验，如果他想要购买某款网络专供的产品，可由店员帮忙完成在网上购买，消费者只需在家里等送货上门即可。如果要购买线下产品，可直接拿货。线上线下模式如图10-32所示。

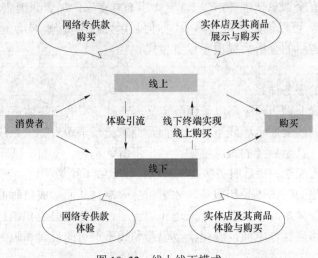

图 10-32　线上线下模式

3. 产品及定价策略

在解决线上线下冲突问题上，盛宇家纺采取的是网络专供款策略，采取产品差异化来解决矛盾。我们认为在 O2O 模式中这种产品策略仍可继续使用，理由如下。线上线下同款同价理论上是最佳的策略，但这对企业要求较高，还是应该根据企业自身的行业特点和实际情况出发来设计符合自身发展的模式和策略。现在虽说线上线下成本差不多，但线下加盟商还需要一定的利润分成，所以线下产品的价格还是会略高于线上。"同价"的含义是"同高"或"同低"，"同高"不能吸引消费者，"同低"不能满足加盟商的利益。

所以现在采取线上推出性价比较高的网络专供款，聚集品牌人气。线下每个加盟商的产品活动价位也只比线上产品高十几个百分点（比如线上一套四件套卖 300 元，线下的某款产品成本与线上的那款是一样的，但布料、花色或工艺有所不同，价格定位为 350 元）。

针对网络专供款策略有以下 4 点需要注意。

① 网络专供产品数量需要控制，数量过多的网络专供产品一定会反向挤压线下较高利润产品的销售市场空间。

② 网络专供产品一定是符合网络客户需求的高性价比、时尚化、个性化的产品。

③ 网络专供产品的开发一定要充分考虑经销商的利润诉求，在设计开发时就将这些因素考虑在内，品牌商及经销商双方各让一些利润，网络专供爆款主要起聚集订单和引流作用，线下经销商可以做一定的订单转化工作。

④ 企业在线下产品价格体系和渠道掌控能力上一定要强，必须掌控产品的定价，从进货价、折扣点到卖价，经销商或加盟商不能随意修改。

4. 渠道策略

网络专供款产品在每家实体店里都有样品，消费者可以去本地的实体店体验后再通过扫二维码，或由实体店店员操作完成网上下单购买，消费者只要在家里等待送货上门即可。

自建商城除了卖网络专供款外，还有一个区域，是盛宇家纺所有线下实体店在这里开的店铺。每家店由各个加盟商自己打理，展示实体店里的产品。消费者可以在线上看到本地所有加盟商的信息，根据地理位置或产品选择去某家店铺体验，体验后可以直接在实体店付款拿货。

以上两类产品，消费者均可直接在网上下单购买。其中网络专供款由盛宇总部或区域总代理发货，本地经销商实体店的产品由经销商发货。

品牌商与经销商的利益分配：网络专供款产品凡是在线下体验后购买的，均给加盟商一定的服务佣金。线上直接卖出或间接卖出的实体店的产品，利益均给加盟商。

将经销商拉入电商体系的方法有以下 5 种。

① 通过各种渠道给经销商灌输电商理念，描绘电商发展的美好前景及不做电商的危机，持续沟通诱导，说服并拉经销商"下水"电商。

② 加盟商部分，需对渠道传达"我是服务于你"的信息，电商定位于服务体系，是为线下"输血"服务的。将经销商当作电商的终端服务商，并通过销售量和服务佣金等利益驱动方式逐步改造。

③ 试点和扶持。挑选部分条件较好同时又有意愿做电商的经销商进行试点和重点扶持，让想富的人先富起来。

④ 让先富起来的经销商现身说法，树标杆，抓典型，以事实或数据说话，不断加强与未加入服务体系的经销商们的沟通，在保证质量和服务水平的前提下稳步扩展电商售后服务体系。同时做好区域帮扶，以点带面、区域联动的方式，逐步推进经销商的电商化。

⑤ "提升经销商队伍的综合素质才是正道"。传统企业在日后的招商过程中，一定要对加盟经销商的年龄和信息化的接受能力有一定的要求。在招商的时候就将电商的理念及公司的电商政策灌输进去，只有接受和符合条件的经销商才能加盟，从而提升整个加盟商队伍的素质。千万不要为了招商数量而牺牲质量，到头来公司对这些经销商难以掌控不说，这些跟不上电商化发展的经销商迟早会拖累公司，就算公司不淘汰，也会被市场淘汰。

5. 服务策略

O2O 是一个系统性的工程，要做好 O2O，两个"O"都要强，如果线上不强，体验、服务不好，客户无法便捷获取商家及产品的各种信息，那么很难做好 O2O。同样，线下的"O"没有电商化、信息化的改造，线下资源及大数据无法整合到位，线上线下的销售系统、信息系统没有打通，线下的终端体验、支付衔接、服务售后、配送无法有力支撑，同样做不好 O2O。

在模式中，线上，为消费者提供充分的信息。消费者既可以看到网络专供款产品，又可以了解本地实体店的产品及其地址等信息。线下，消费者可以体验到所有网络专供款产品，又可以体验到实体店内的产品。官方商城本身应该有 5 个左右的客服，而每个加盟商也应根据情况为自己的店铺安排客服。

同时，线上线下二者的客户大数据是相互共享完善的，线上把购买前端的数据对接给线下，线下把购买的后端体验、服务及数据等反馈回前端。这样不仅企业有了更加完善的数据，消费者（不论是在线上或线下购买）也可以在官方商城对产品或实体店评价、分享。线上将不断影响线下的运作并且持续督促商业经营的改进和提高以满足消费者的需要。从这点来说，线下渠道将不断受益。

6. 具体操作步骤

消费者在线上：

① 进入盛宇家纺官方商城。

② 选择自己所在的城市。

③ 浏览网络专供款产品，每个产品都会详细标明在本地是否有货。或者单击实体店，即可看到本地所有实体店信息，包括实体店地址、产品及评价。

④ 选择自己喜欢的产品，直接在网上下单购买或者预约体验。

⑤ 若直接在网上购买，网络专供款由盛宇总部或区域总代理发货，线下商品由所在实体店发货。

⑥ 若选择预约体验，则可去选择的商品所在的实体店体验。若体验的是实体店的产品，则可直接在实体店拿货，若体验的是网络专供款则由盛宇总部或区域总代理发货，消费者在家等待送货上门即可。

⑦ 购买完成后，可以通过短信或到官方商城对所购买的产品或实体店进行评价。

消费者在线下：

① 消费者在逛街的时候走进了盛宇的实体店。

② 消费者可以体验店内所有展出的商品，也可在店内提供的设备上自由浏览网络专供款产品。

③ 如果要购买实体店内展出的商品，可以直接购买拿货。如果要购买网络专供款，可先体验店内样品，然后由店员帮助完成网络下单，在家等待送货上门即可。

10.6 产品定位

10.6.1 互动型产品

1. 市场调查与分析

很多企业面临这样的问题：很好的产品为什么消费者却不购买？更多的企业还面对这样的问题：很好的营销但是产品却卖不出去？其实，对品牌而言，产品和营销不但必须结合，更应该通过传播，把声音传递给消费者，一起合奏动听的乐章。

这需要为产品打广告，但更需要产品本身能够讲述一个故事，能够为自己营销。产品应当是最强大的品牌建设营销工具。但是现在，家纺行业产品同质化现象非常严重，产品没有独有的特色，品牌的崛起更多靠的是营销。在营销成本越来越高的情况下，是不是可以用创新的产品打出一片天地呢？

带着问题我们做了这样一个测试：在市场中心等人群密集的地方，针对 A 家纺产品、B 家纺产品图（如图 10-33 所示），询问了大约 50 位带着小孩的母亲，她们会为小孩选择图 10-33

中 A 和 B 哪类家纺产品。70%的母亲选择了 B，问其理由，"特别"和"有趣"是两个出现最多的词。图 10-33 中的 A 选项是盛宇独创的刀刀狗儿童家纺，而 B 选项是某创意设计网站上的家纺产品。

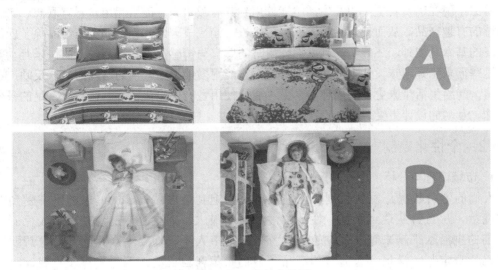

图 10-33　家纺产品图

可能并不需要设计一套宇航服这么夸张的产品，但至少应从中有所启发，是不是可以设计互动性家纺？互动性在产品设计中主要表现为通过设计，使产品与人在相互作用过程中相互影响，让人感到使用中的愉快，引起人们购买和使用的兴趣。家纺产品不仅能提供一般家纺的功能，更能带给消费者一种生活的趣味。

2. 互动性产品设计

根据市场调查及分析的结果，我们设计了一款女性夏凉被，如图 10-34 所示。

图 10-34　女性夏凉被

设计时的想法是：女性可以有性感的内衣，那么为什么不可以有性感的床品？它们同样都是纺织类产品，而且和一般服装不同的是，它们只能够给自己和爱人看。那么要怎样才能让床品性感起来？于是在一般家纺的基础上，在中间镂空出一个人的形体，透过一层薄薄的面料可以依稀看到窈窕的身形。而且，由于透出来的肉色只有镂空的那部分，所以不论多胖的人躺进去，看到的都是一样美好的形体。

总结：现在消费者更希望在生活中能使用到具有吸引力、能引起用户感官联想、带来欣喜情感的有趣产品，从而使生活环境变得更轻松、愉快。因此，当下的家纺产品除了应满足其自身的基本功能外，还应考虑到人们使用时的感官与情感需求、产品与人的快乐互动等问题，这些需求正是趣味设计中互动性的体现，它能更多地考虑人们的这些需求，反映产品精深价值，能给生活带来更多的乐趣与享受，能让使用者产生愉快情感。在物质富足的条件下有趣味、互动的设计更受现代人青睐。

10.6.2 个性化定制

1. 市场调查与分析

人们的消费状况正发生深刻变化，从追求温饱到追求品位，从追求物质享受到追求精神陶冶，从盲目从众到张扬个性。个性产品的最大特点就是专属，充满个人色彩。今天人们的生活水平越来越高，也越来越苛刻，很多人不再需要大众化的产品，想要完全为自己量身定制、满足个人需求的产品，他们希望在自己的东西里享有发言权。

定制产品作为对量产货物的款式补充，深受年轻人喜爱；网络作为便捷高效的商务平台，拥有庞大的用户群体。当这两者结合在一起的时候，在线定制商品就变为了现实。不必再为量产货物无法满足自己的个性需求而烦恼了，在家轻点几下鼠标，就能买到一套理想的产品。

在网上通过调查问卷的形式做了调查：在价格高于一般家纺的情况下，你希望为自己量身定制一款家纺产品么？结果如图10-35所示。

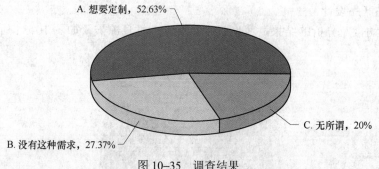

图10-35 调查结果

约200人参与了调查，其中有超过50%的人表示有这个意愿。

对于企业来说，比起批量生产，按需定制肯定要麻烦许多。但是，完全可以把这些定制的成本都加到商品的价格中去。这样真正要定制的人一定远远少于所调查的50%。但是，其中哪怕只有5%的人愿意消费，这都是一个非常巨大的市场。

对于消费者来说，结婚时的婚庆家纺产品、其他一些有特殊意义的家纺产品，个性化定制就显得非常有必要了。尤其是婚庆产品，几乎占据家纺市场的半壁江山，而结婚是一生中最重大的事，作为结婚的必需品，想必很多新婚夫妻都有自己个性化的需求。对于婚庆套件这种价格较高的大件家纺产品，消费者最为关心的是产品的质量，其次才是美观、个性。现阶段做定制家纺的都是一些小企业、小作坊，产品质量难以得到保证。而大品牌专注于量产产品，对于定制这块微小的市场不会投入什么精力，基本都不涉及这块业务。这就导致了在定制市场上难寻品牌家纺，而那些出自小厂之手的家纺产品又无法激起消费者的兴趣。

2. 家纺 DIY 界面设计

根据调查及分析，消费者希望能够有一种便捷的设计工具，让他们能够轻松几步就能自己完成一套家纺产品的设计。消费者可以在某款盛宇家纺的产品上稍作改动，也可以完全按照自己的意愿设计一整套家纺。根据消费者的构想设计了以下家纺 DIY 界面。

1）家纺 DIY 界面介绍

DIY 界面由三部分组成：设计窗口、工具栏、场景切换。

（1）设计窗口

用户可以在这里看到自己设计的产品，并且可以选择不同角度查看。设计过程中，系统还会根据用户的设计，在窗口左侧为用户推荐一些其他的设计方案。

（2）工具栏

面料、颜色、底纹、图案、画笔等按钮。其中底纹和图案，用户都可以上传自己的图片，然后用自己的图片来制图。画笔可以直接画画，也可以添加文字。

（3）场景切换

在设计窗口的上方，提供多种场景，用户可以根据自己的家装风格来选择场景，方便用户更好地设计适合自己的产品。

2）设计流程

① 进入网站的设计界面。

② 选择自我设计，单击鼠标就可以看到床上放着没有任何图案的枕头、被子和床单，如图 10-36 所示。用户可以根据自己的需要设计一种或多种产品。

图 10-36　没有任何图案的枕头、被子和床单截图

③ 选择设计按钮，单击鼠标，进入设计面页，如图10-37所示，假如要设计枕头，那么选择"枕头"选项，就会单独弹出"枕头"设计窗口。

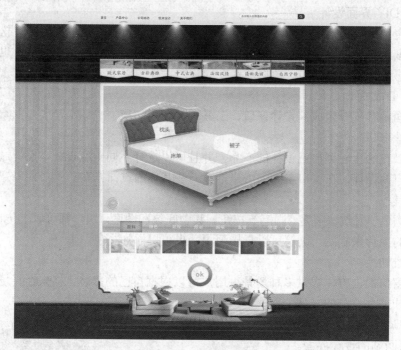

图10-37 设计页面截图

工具按钮有面料、颜色、底纹、图案、画笔等按钮。在操作界面的右边，有根据用户的设计为用户推荐其他设计方案。

经过以下几个步骤：选择面料→时尚洋红→点状底纹→矩形→选择小人图案后，就可以设计出枕头了。用户自己动手设计的枕头截图如图10-38所示。

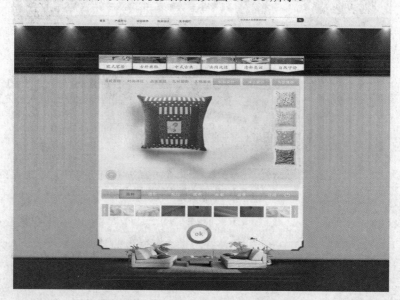

图10-38 用户自己动手设计的枕头截图

④ 设计好枕头后，选择设计产品数量，选择 2，选择完成按钮，单击鼠标，2 个自己动手设计的枕头就摆放在床上了，如图 10-39 所示。

图 10-39　用户自己动手设计的枕头

⑤ 同样的步骤可以设计好床单和被子，并一起摆放在床上查看效果。同时还可以选择不同的场景、不同的角度查看设计的效果，如果满意，单击"ok"按钮，设计就会被提交。一套用户自己动手设计的床品（如图 10-40 所示）就会展现在用户面前。

⑥ 用户可以在设计好的床品上选择不同颜色的搭配，直到选到自己认为满意的为止。

图 10-40　用户自己动手设计的床品

总结：对家纺行业来说，定制产品还是一个正在萌芽的市场，潜力巨大，盛宇家纺应当把握这个契机。推崇个性的年轻人和追求生活品质的成功人士应该是定制家纺产品的主要受众，因为他们更愿意花费更多的钱追求附加价值。

10.6.3 功能性礼品家纺

由于社会生活节奏的加快，影响睡眠的因素也在随之增加，导致人们的睡眠质量普遍下降，并且出现各种问题，如约 2 亿人打鼾、近 3 亿人失眠、5 000 万人在睡眠中发生过呼吸暂停等。睡眠问题成为人们不可忽视的问题，与此相对应，人们越来越肯为睡眠花钱。据统计，全世界每年安眠药物市场总销售额已达几十亿美元，与睡眠相关的枕头、床垫等产业更是蓬勃发展。人们逐渐意识到，必须捍卫自己"睡个好觉"的权利了。那么，作为日常生活中主要寝具的家纺产品，能够为普遍性的睡眠问题做些什么呢？换个角度来讲，对于家纺产业特别是具有保健作用的功能性家纺业，应该如何做才能发掘这其中蕴含的巨大商机呢？

围绕睡眠问题做了一个市场调查，其中问到了三个关于睡眠的问题。

① 最影响你睡眠的是什么？大多数人选择的答案是失眠、多梦及腰痛等一些身体疼痛。

② 针对睡眠问题，如果在就医或吃药、更换床品、调整生活习惯，以及没有采取任何措施四个方面你的选择是什么？调查统计结果，如图 10—41 所示。

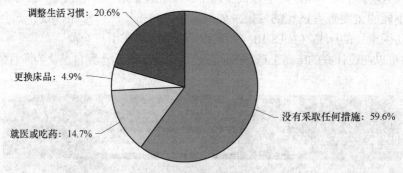

图 10—41　调查统计结果

③ 如果您看到有一款解决睡眠问题的功能性家纺的产品，你是否会购买呢？在参与调查的人员中，49%的人表示会购买，33%的人表示不相信功效，18%的人认为没必要购买。

分析：从①和②可以看出，人们对睡眠问题的态度类似于"亚健康"状态。当人处于"亚健康"状态之中，会感到不舒服，但这种状态对其工作、生活的影响并没有严重到不解决就无法继续的程度，因此很多人并不会主动采取措施去解决。从③可以看出，如果有方法能够解决消费者的问题，他们在引导下还是想要尝试的。同时也可以看出，消费者对现在市场上的功能家纺产品持有怀疑态度。

在我们走访一些家纺门店的时候，紫罗兰的加盟商跟我们说到紫罗兰开发了一些功能性家纺产品，加盟商都体验过，效果非常好，但价格太贵，销不出去。

从以上调查可以总结出：人们不会主动改变自己的睡眠状况；市场上许多产品良莠不齐，让消费者难以判断；真正有效果的大品牌功能性家纺产品价格过高。

根据这一调查得知，让消费者为自己买价格较高的功能性家纺产品的可能性较小，降低产品功效从而降低产品价格只会形成恶性循环，那么是不是可以引导消费者把功能性家纺产品作为送礼的产品呢？

在引导消费者把功能性家纺产品作为礼品时，企业需要开发出真正有效用的产品，并且在营销的时候把这些产品的物理卖点在某种情况下转化为具有社会意义的卖点。比如"除螨"功能可以提升为"美容"，为老人或者儿童购买的功能家纺产品可以表现为"爱心"或"呵护"。因为这种卖点诉诸"情感"，能使消费者的关注点不再聚焦于"功能"，产品价值更为丰富，作为礼品的价值也就越高。

对消费者来说，送保健家纺产品，不仅送了心意，更送去了健康。对企业来说，把功能性家纺产品作为送礼的主打产品，就可以尽自己所能把产品的功效做到最好，不用太过于考虑这种高端产品消费者是不是能够接受，因为人们送礼送的就是档次。企业把产品做好了，消费者会觉得拿它送礼，贵也是值得的。

10.7 营销推广

10.7.1 总体营销战略

营销战略看似独立，实则相互补充、相互辅助。以对盛宇企业采用的推广手段为例，展示了如下 6 大类营销战略，如图 10–42 所示。

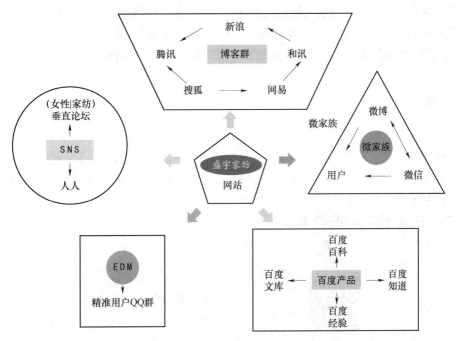

图 10–42 营销战略

1. 网站

通过第三方淘宝客网站的形式对盛宇品牌及产品进行推广，引流至盛宇店铺。但单品牌的导购很难留住用户。通过了解发现在家纺导购类网站中融合多方优质产品，博客交流和社区交流互动等形式的家纺社交化电商导购网站几乎没有，所以决定填补这个空白，建立一个这样的网站来满足家纺类不同人群的需求。

2. 博客群

利用博客群来构筑外链圈，让搜索引擎更多地收录内容。同时博客群通过写软文、与用户互动，对目标人群进行长期培育沉淀，同时这也是对品牌的建设与营销。

3. SNS

SNS 方面，主要做了女性跟家纺相关的垂直论坛，对精准目标用户进行长期沉淀，使其转化为忠实购买的用户，同时也是作为网站外链建设的一个重要环节。

4. 微家族

即微博与微信。通过微博，意在提高企业亲和力，拉近与用户之间的距离，从而获得目标用户的不断积累，最终达成转化。同时通过微博也能够及时获取反馈与意见，帮助盛宇发现问题，改进不足。当然，微博在辅助其他营销手段方面也是很不错的选择。

通过微信，意在做服务、做品牌，而非做产品推送。欲速则不达，漫长的培养需要时间的积累，但最终也会收获颇丰。

5. EDM（电子邮件营销）

通过电子邮件，将推广的内容精准推送给用户，逐渐渗透，让用户逐渐接受，在做长期的内容推送过程中偶尔推送一些商品活动信息。

6. 百度产品

首先百度产品在 SEO（搜索引擎优化）方面具有权重大的特点，所以对 SEO 能产生良好的效果。百度的搜索引擎使用率极高，所以通过百度产品做 SEO，对盛宇跟网站将是一个很好的流量导入口。其次"百度知道"等产品是很好的口碑营销平台，对品牌建设跟潜在用户的诱导也是很有用的。

10.7.2 平台推广实践

1. 微博营销推广

在对盛宇家纺进行营销推广的实践中，创业团队开通了以"盛宇家纺情报站"为名的新浪微博；参加了大学生网商大赛，在参赛期间，共发布 654 条微博，粉丝数为 2 221 人。根据统计，盛宇家纺情报站微博的阅读量为 140 448 条，转发量为 380 条，评论量为 167 条。盛宇家纺情报站微博如图 10–43 所示。

图 10–43　盛宇家纺情报站微博截图

盛宇家纺情报站的微博主要发布一些生活常识，盛宇家纺及团队制作的成果的信息，同时也与盛宇家纺官方微博和大学生网商大赛的官方微博进行互动。各种活动的截图如下。

鼓励的话语截图如图 10-44 所示。

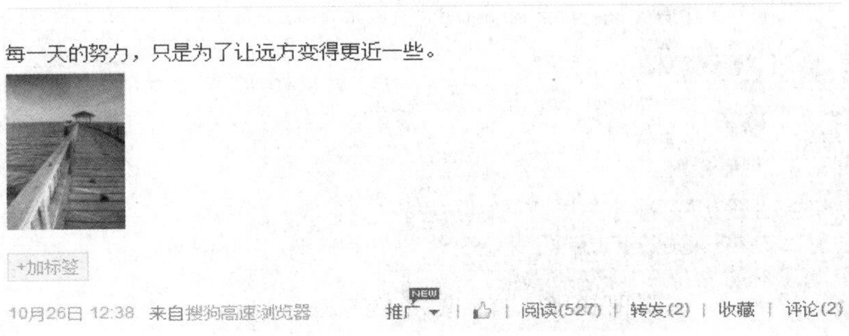

图 10-44　鼓励的话语截图

生活常识截图如图 10-45 所示。

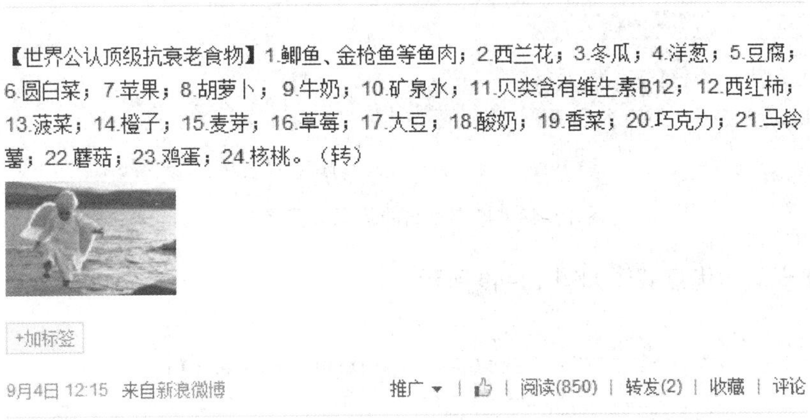

图 10-45　生活常识截图

家纺知识截图如图 10-46 所示。

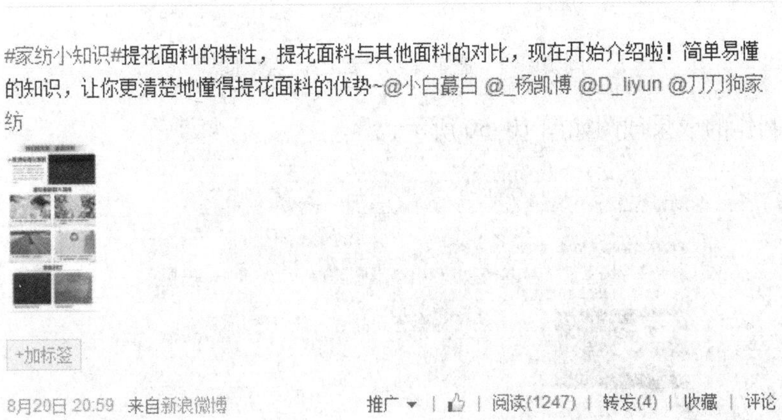

图 10-46　家纺知识截图

盛宇家纺的信息截图如图 10-47 和图 10-48 所示。

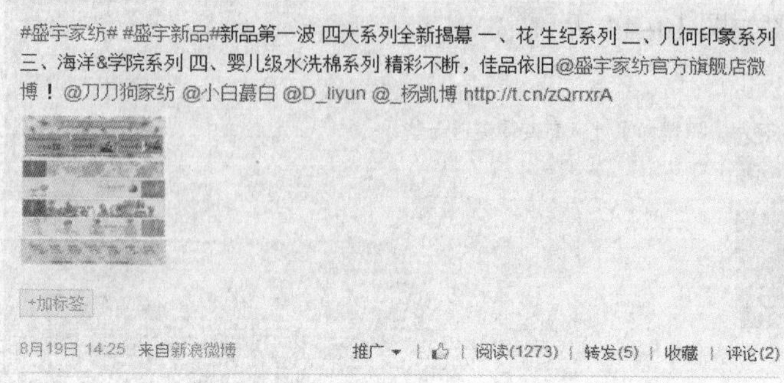

图 10-47　盛宇家纺的信息截图（1）

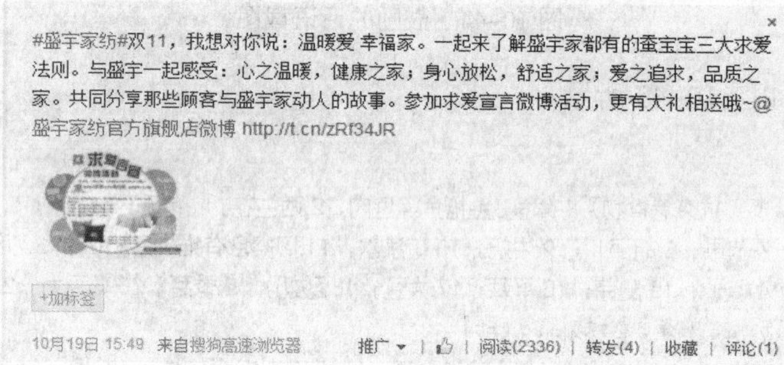

图 10-48　盛宇家纺的信息截图（2）

盛宇家纺产品的优点截图如图 10-49 所示。

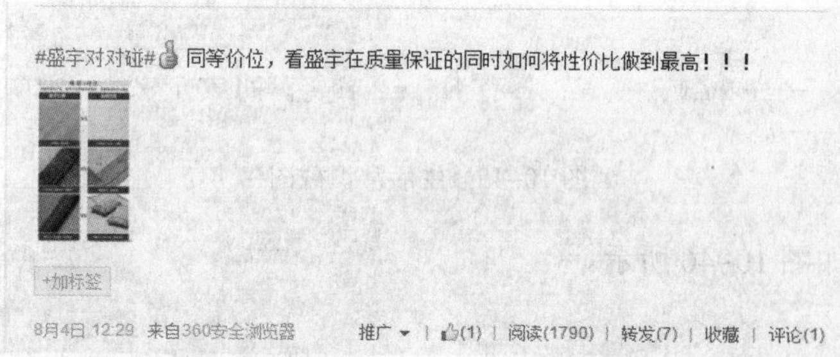

图 10-49　盛宇家纺产品的优点截图

创业团队制作的成果截图如图 10-50 所示。

图 10-50　创业团队制作的成果截图

创业团队的参赛历程截图如图 10-51～图 10-53 所示。

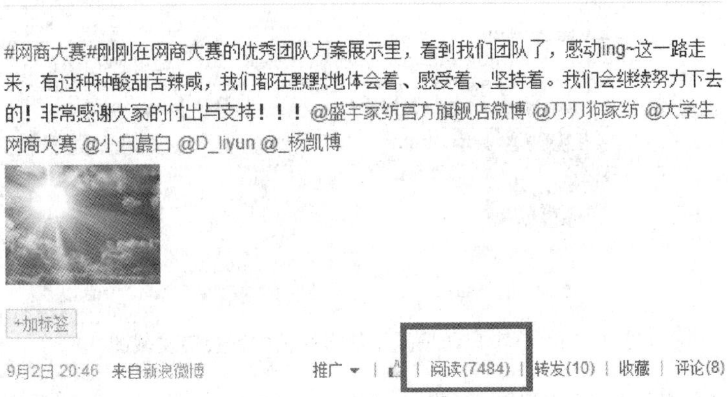

图 10-51　创业团队的参赛历程截图（1）

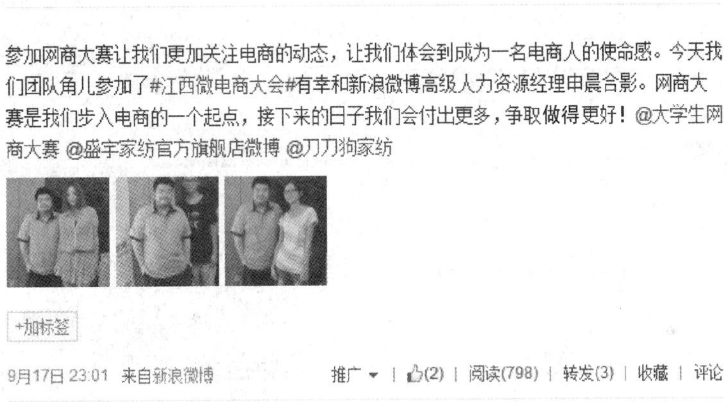

图 10-52　创业团队的参赛历程截图（2）

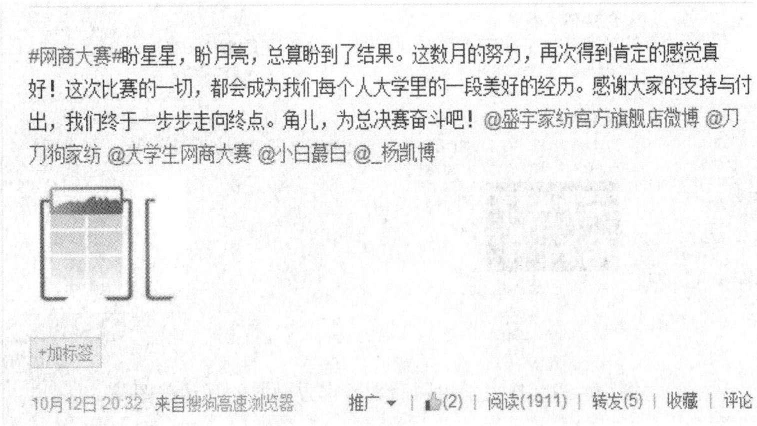

图 10-53　创业团队的参赛历程截图（3）

盛宇家纺情报站的微博被中国针棉织品交易会（简称中针会）转发截图如图 10-54 所示。

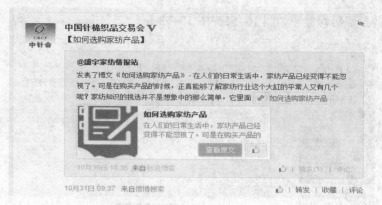

图 10-54　盛宇家纺情报站的微博被中针会转发截图

与盛宇家纺官方微博的互动截图如图 10-55 所示。

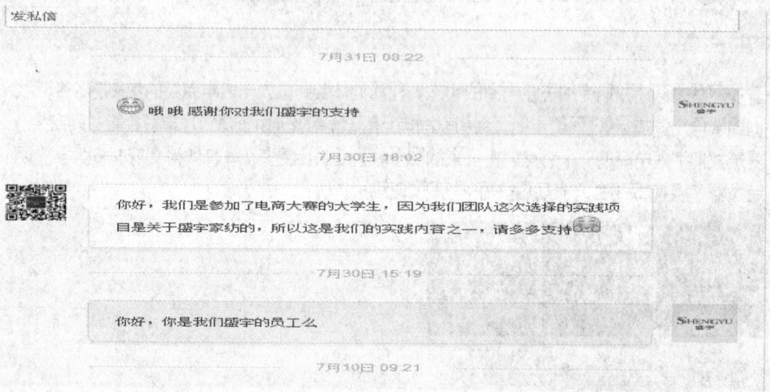

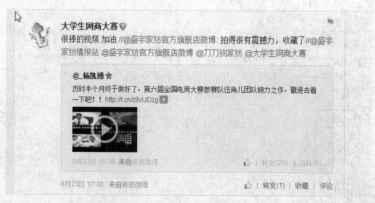

图 10-55　与盛宇家纺官方微博的互动截图

与大学生网商大赛官方微博的互动截图如图 10-56 所示。

图 10-56　与大学生网商大赛官方微博的互动截图

经过创业团队的不懈努力，盛宇家纺情报站的微博取得了一定的成果。例如在新浪微博上搜索盛宇家纺，可以看到盛宇家纺情报站微博的排名情况。

① 搜索盛宇家纺时，盛宇家纺情报站排在盛宇家纺官方旗舰店微博之后，如图 10-57 所示。

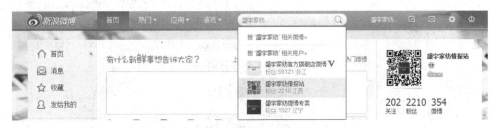

图 10-57　盛宇家纺情报站排在盛宇家纺官方旗舰店微博之后截图

② 搜索盛宇家纺时,盛宇家纺情报站的微博是精选网页截图如图 10-58 所示。

图 10-58　盛宇家纺情报站是精选网页截图

③ 在新浪微博搜索盛宇家纺时,盛宇家纺情报站排在第三位截图如图 10-59 所示。

图 10-59　盛宇家纺情报站排在第三位截图

2. 博客营销推广

创业团队在开通微博的同时也开通了与微博同名的"盛宇家纺情报站"的新浪博客,在博客中发布了一些家纺知识和与盛宇家纺相关的信息,提高大家对盛宇家纺的认识。博客的访问量为 7 330 次。

盛宇家纺情报站博客个人资料截图如图10-60所示。

图10-60　盛宇家纺情报站博客个人资料截图

盛宇家纺情报站博文目录截图如图10-61所示。

在新浪博客上搜索盛宇家纺，盛宇家纺情报站的博客处于第一位，如图10-62所示。

搜索与盛宇家纺相关的文章时，盛宇家纺情报站排在首位，如图10-63所示。

创业团队的其他文章也都排在搜索页面的第一页，如图10-64所示。

图10-61　盛宇家纺情报站博文目录截图

第 10 章 大学生创业案例精选：盛宇家纺商城

图 10-62 盛宇家纺情报站的博客处于第一位

图 10-63 盛宇家纺情报站排在首位

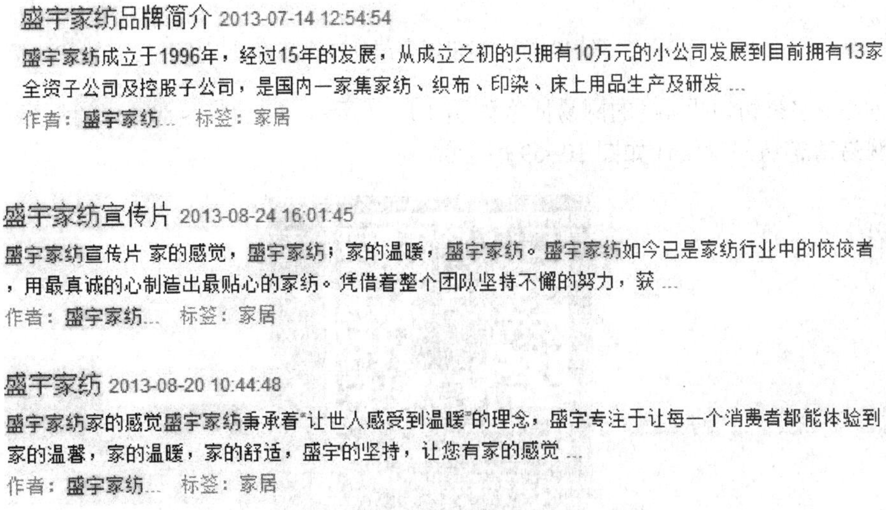

图 10-64 创业团队的其他文章排在搜索页面的第一页

创业团队还开通了和讯博客、网易博客、搜狐博客和腾讯微博。

名为“盛宇家纺”的和讯博客截图如图 10–65 所示。和讯博客部分内容展示如图 10–66 所示。

盛宇家纺(盛宇家纺)
女 江西省 南昌市

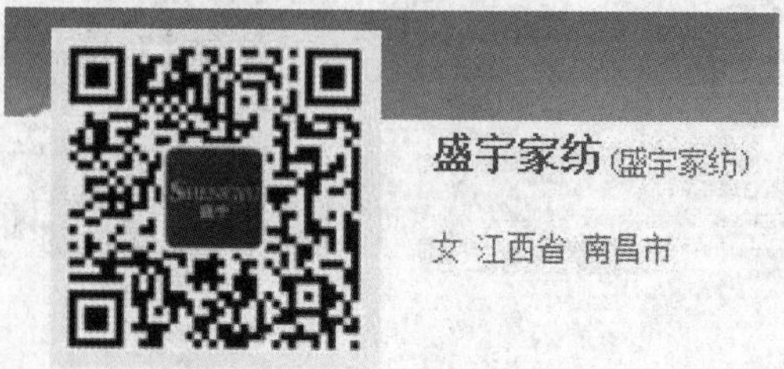

图 10–65　名为“盛宇家纺”的和讯博客

盛宇家纺 发表了文章
11-01 15:48
毛巾使用小常识
毛巾作为日常生活中不可缺少的用品。也许是太过平常的缘故，人们一般对毛巾的使用、挑选、放置等方面都显得过于随意，殊不知，如果不正确使用毛巾，会降低你的生活质量，甚至会影响到你的健康。科学试验证明，钱币、床上用纺织品、毛巾类产品是疾病传染的三大间接传播媒介。那么，毛巾在使用时要注意什么呢?毛巾使用有学问1。新毛巾不要直接使用，应该将新毛巾用水洗净后再使用。这是因为毛巾在商场陈列时，可能被很多... 继续阅读
评论(0)
盛宇家纺 发表了文章
11-01 15:33
多久洗一次床单呢
导语：据相关资料，人的一生有三分之一的时间花在睡眠上，在睡眠中身上会排出汗液等，那么床单就成为了细菌繁殖滋生的温床。如果没有及时清洗床单，那么将会影响到身体健康。那么床单多久洗一次呢？下面小编谈谈这方面的问题。 床单是床上用品中必不可少的一件床品，在我们享受床单带来舒适的同时，我们还会时不时“糟蹋”床单，这不仅不公平也许被“糟蹋”后的床单还会危害我们的身体。因此，我们要按时保持床... 继续阅读
评论(0)

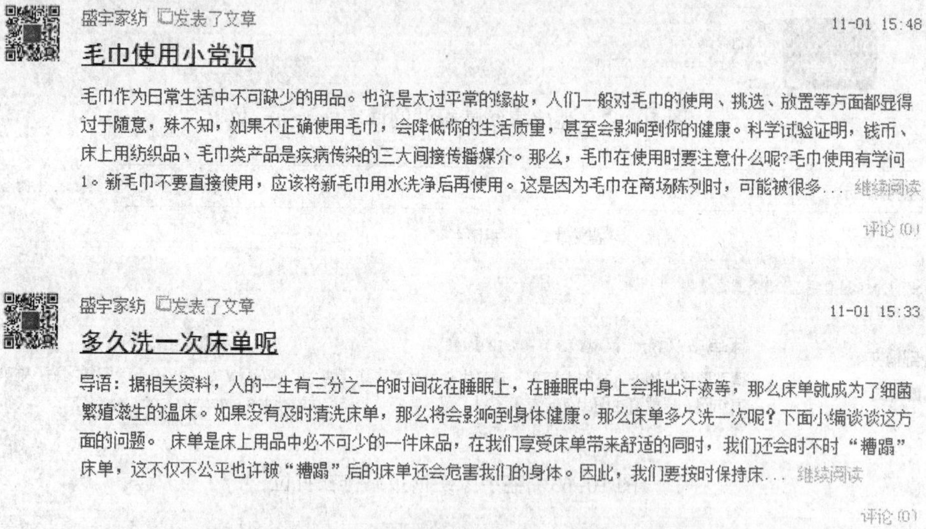

图 10–66　和讯博客部分内容展示

名为“盛宇家纺情报站”的网易博客如图 10–67 所示。网易博客部分内容展示如图 10–68 所示。网易博客访问量统计如图 10–69 所示。

盛宇家纺情报站
盛宇家纺,网商大赛,角儿

图 10–67　“盛宇家纺情报站”的网易博客

图 10-68　网易博客部分内容展示

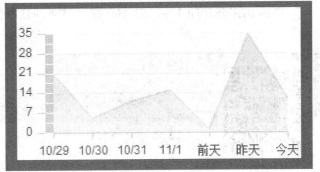

图 10-69　网易博客访问量统计

"盛宇家纺情报站"的搜狐博客如图 10-70 所示。搜狐博客部分内容展示如图 10-71 所示。

图 10-70　"盛宇家纺情报站"的搜狐博客

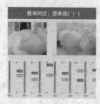

图 10–71　搜狐博客部分内容展示

"盛宇家纺情报站"的腾讯微博如图 10–72 所示。腾讯微博部分内容展示如图 10–73～图 10–74 所示。

图 10–72　"盛宇家纺情报站"的腾讯微博

图 10–73　腾讯微博部分内容展示（1）

第 10 章　大学生创业案例精选：盛宇家纺商城　　211

图 10-74　腾讯微博的部分内容展示（2）

3. 视频营销推广

创业团队在优酷、搜狐、新浪等平台投放了《盛宇家纺宣传片》视频，并取得了一定的效果。

优酷视频（排名第一）如图 10-75 所示。

图 10-75　优酷视频（排名第一）

搜狐视频（排名第一），如图 10-76 所示。

图 10-76　搜狐视频（排名第一）

百度搜索《盛宇家纺宣传片》（排名第一），如图 10-77 所示。

图 10-77　百度搜索《盛宇家纺宣传片》（排名第一）

《盛宇家纺宣传片》中部分视频如图 10-78 和图 10-79 所示。

图 10-78 《盛宇家纺宣传片》中部分视频（1）

图 10-79 《盛宇家纺宣传片》中部分视频（2）

4. 其他营销推广方式

为进一步扩大消费者对盛宇家纺的了解，创业团队除了用微博、博客和视频等平台做营销推广外，还运用了飞信、人人小站和百度产品等其他营销推广方式。

"盛宇家纺情报站"的飞信同窗如图 10-80 所示。

图 10-80 "盛宇家纺情报站"的飞信同窗

飞信同窗的部分内容展示如图 10-81 所示。

盛宇家纺情报站
发表了一篇日志 防螨小绝招
螨虫最容易在棉质家纺用品中频繁活动，是强大的人体过敏原，可引发哮喘病、支气管炎、肾炎、过敏性皮炎等疾病。为了保护家人健康，大家应该要好好学学如何除螨、防螨。妙招一：卧室被褥衣物勤洗晒。卧室是尘螨分布最多的地方之一。新买或久存的衣物要清洗、翻晒。每周用至少高于55度的热水洗一次毛毯、床垫套，可杀死螨。
2013-10-31 10:55 来自飞信同窗　　　　　删除　评论　转发　收藏

盛宇家纺情报站
【其实你是幸福的】一、早晨被闹钟吵醒，说明还活着；二、不得不从被窝里爬起来上班，说明没有失业；三、收到一些短信，搓搓麻将吃饭聚聚，说明还有朋友想咱；四、上司的话十分刺耳，说明老板在关注我；五、衣服越来越紧，说明吃得还算营养；六、很想休息但没批准，说明还有一定位置离不开你。

2013-10-31 10:52 来自飞信同窗　　　　　删除　评论　转发　收藏

图 10-81　飞信同窗的部分内容展示

"盛宇家纺情报站"的人人小站如图 10-82 所示。人人小站访问统计如图 10-83 所示。

图 10-82　"盛宇家纺情报站"的人人小站

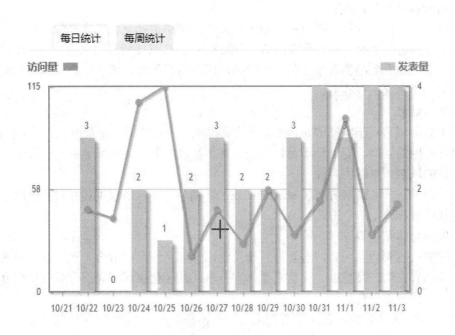

图 10-83　人人小站访问统计

百度产品上的营销推广，主要有绿色环保、家纺知识等宣传，如图 10-84 所示。

图 10-84　绿色环保、家纺知识等方面的宣传

10.7.3　导购网站

1. 建站步骤

（1）建站目的

通过第三方的形式对盛宇品牌及产品进行推广，同时引流至盛宇店铺。通过了解发现在家纺导购类网站中，单一品牌的导购很难留住用户，需要融合多方优先产品和博客交

流、社区交流等社交化的电商导购网站营销推广手段，所以创业团队决定填补这个空白，建立一个网站来满足不同人群的需求。

由于资金少，没有经验，不可能做成一个完美的家纺类社交化电商平台，但是可以利用现有的资金，构建一个家纺综合导购网站，引入各大 B2C 商城所有的家纺产品，让消费者在家纺综合导购网站看到品类最丰富的家纺产品，提升用户体验，留住用户，提高对流量的转化，从而为盛宇带来一些收益。

（2）规划域名

起一个好的域名对于网站的宣传是非常有帮助的，一般的原则是短小、上口、便于记忆，但是随着互联网的发展，好的便于记忆的域名基本都被注册了，而域名是不允许重复的，所以起一个好的域名越来越困难。

我们的网站——唯购家纺网（vshop520.com），简单上口，含义明确：只在该网站购买，是我们的最终目标。

（3）网站总体结构设计

将成熟的内容管理系统、博客管理系统及论坛管理系统高度融合，意在将该导购网站打造成一个集品牌家纺产品导购、优质文章内容分享、社区化家纺家居及行业资讯交流等为一体的综合化家纺导购平台。

在网站导购商品方面，通过打通淘宝、腾讯拍拍、各大 B2C 网站的商品数据流接口，实现无缝对接，将商品导入网站。

通过一些技术的实现，将内容管理系统 CMS 与博客管理系统 Wordpress 融合。目前网站已上线，而在社区化交流平台方面也将得到尽快完善。

（4）硬件平台搭建

任何软件都离不开硬件平台的支撑，网站系统也是如此。基于网站系统的特点及功能、流量、资金、技术等方面的考虑，选择的是服务器租赁。

（5）选择软件实现平台

网站本身的软件可以有两种方式：直接采用简单的 HTML 建立静态的网站，或者采用主流的几款内容发布系统。创业团队选择了内容发布系统进行建站。

（6）Web 页面开发

采用商业版本的内容管理系统，首先做好静态页面，然后在其上通过标签等手段产生模版，被内容管理系统调用。

（7）模板制作

在静态的 HTML 页面中把需要变化的数据连接到数据库，由后台内容管理系统管理数据库的内容，使数据库的内容能够方便快捷地显示在模板上。

（8）系统上线

模板设计完成并调试好后，将整个系统搭建在虚拟主机中。经调试修改后已于 2013 年 8 月 22 日正式上线运营。

2. 网站总体功能结构

网站总体功能反映了导购网站的系统功能模块的划分，如图 10-85 所示。

第 10 章　大学生创业案例精选：盛宇家纺商城

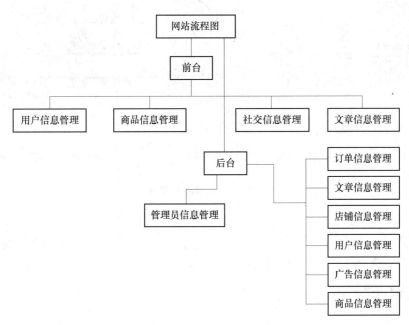

图 10-85　网站总体功能结构图

1）前台模块详细功能描述

简单地说，就是用户操作的界面，其中用户信息管理模块及订单信息管理模块是禁止匿名（未登录）用户访问的。

（1）商品信息管理模块

商品信息管理模块包括商品分类浏览、预售商品浏览、商品品牌浏览、按商品名称搜索，商品详细信息等。商品分类浏览如图 10-86 所示。按商品名称搜索如图 10-87 所示。

图 10-86　商品分类浏览

图 10-87　按商品名称搜索

(2) 文章信息管理模块

文章信息管理模块提供相关文章供用户参考学习交流，如图 10-88 所示；提供家纺知识分享和家纺品牌简介，如图 10-89 所示。

图 10-88　相关文章分享

图 10-89　家纺知识分享和家纺品牌简介

（3）用户信息管理模块

用户信息管理模块包括注册新用户、登录、用户修改密码及个人账户管理，如图 10-90 所示。

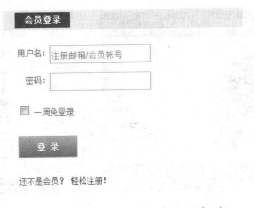

图 10-90　会员登录

（4）社交信息管理模块

社交信息管理模块除了分享网站及网站外用户喜欢的商品外，还通过微博、博客等进行社交化互动，如图 10-91～图 10-94 所示。

图 10-91　分享地带、互动社区

图 10-92　分享我喜欢的宝贝

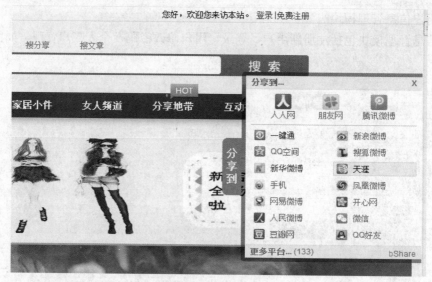

图 10-93 分享网站

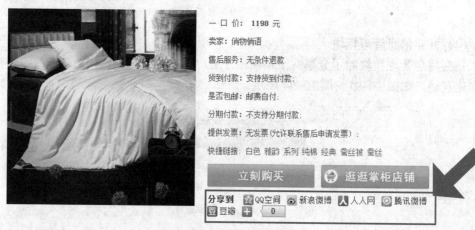

图 10-94 网站外用户喜欢的商品

2)后台模块详细功能描述

简而言之,后台模块就是管理人员管理的界面。

(1)管理员信息管理

管理员信息管理,主要指管理员登录、添加新管理员、删除管理员、修改密码、管理员日志,如图 10-95 和图 10-96 所示。

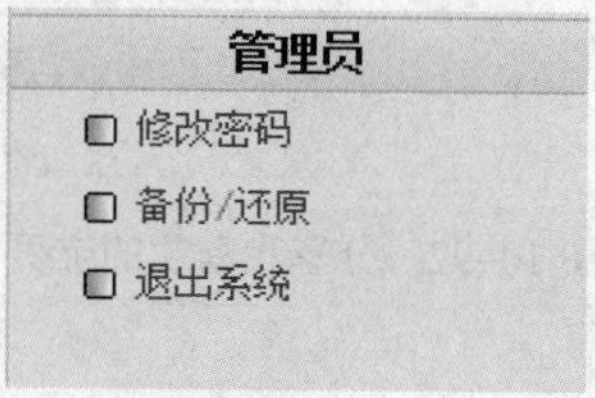

图 10-95 管理员信息管理

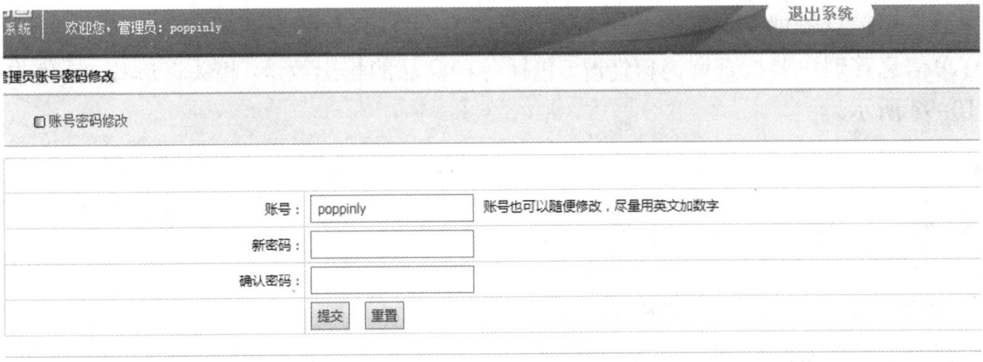

图 10-96　管理员账号密码修改

（2）商品信息管理

商品信息管理主要指商品信息的添加、修改、删除，如图 10-97 所示。

图 10-97　商品信息管理

（3）用户信息管理

用户信息管理主要指查询和管理用户信息，如图 10-98 所示。

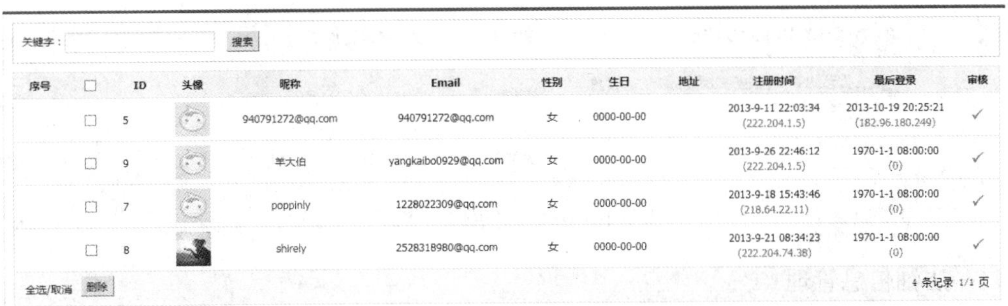

图 10-98　用户信息管理

（4）订单信息管理

订单信息管理主要指查询销售情况（包括各种商品的售出数量、相关订单数、销售收入），如图 10–99 所示。

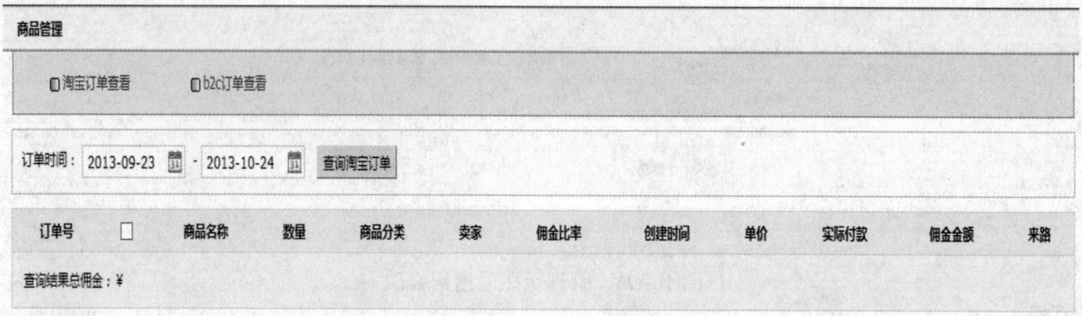

图 10–99 订单信息管理

（5）文章信息管理

文章信息管理主要指发布文章，修改文章，对文章进行分类、更新，如图 10–100 所示。

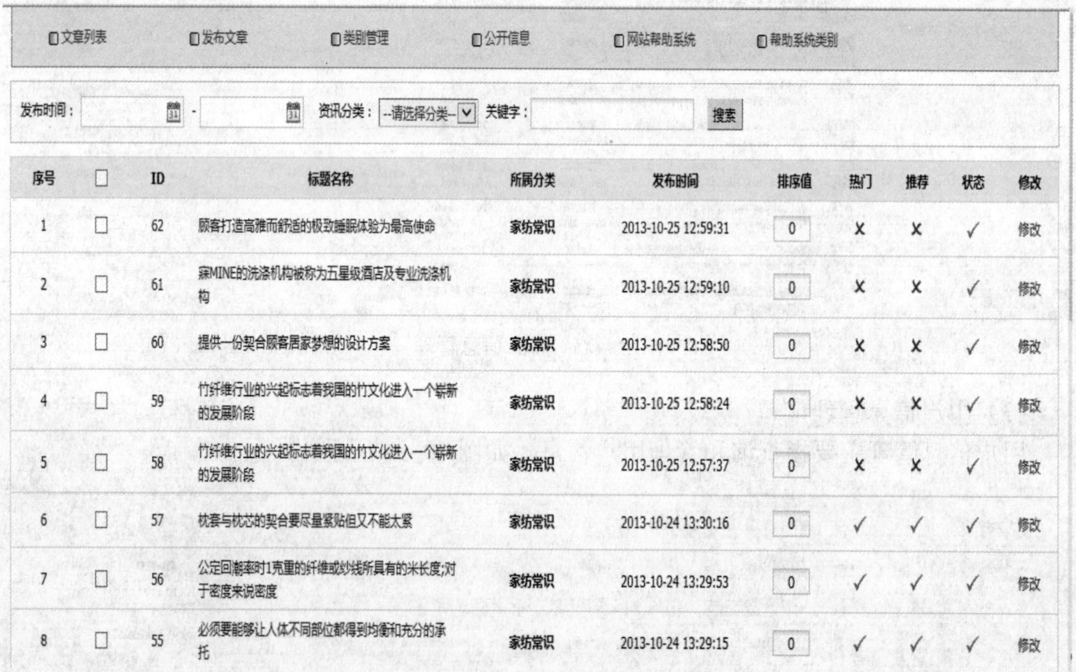

序号		ID	标题名称	所属分类	发布时间	排序值	热门	推荐	状态	修改
1	☐	62	顾客打造高雅而舒适的极致睡眠体验为最高使命	家纺常识	2013-10-25 12:59:31	0	✗	✗	✓	修改
2	☐	61	寐MINE的洗涤机构被称为五星级酒店及专业洗涤机构	家纺常识	2013-10-25 12:59:10	0	✗	✗	✓	修改
3	☐	60	提供一份契合顾客居家梦想的设计方案	家纺常识	2013-10-25 12:58:50	0	✗	✗	✓	修改
4	☐	59	竹纤维行业的兴起标志着我国的竹文化进入一个崭新的发展阶段	家纺常识	2013-10-25 12:58:24	0	✗	✗	✓	修改
5	☐	58	竹纤维行业的兴起标志着我国的竹文化进入一个崭新的发展阶段	家纺常识	2013-10-25 12:57:37	0	✗	✗	✓	修改
6	☐	57	枕套与枕芯的契合要尽量紧贴但又不能太紧	家纺常识	2013-10-24 13:30:16	0	✓	✓	✓	修改
7	☐	56	公定回潮率时1克重的纤维或纱线所具有的米长度;对于密度来说密度	家纺常识	2013-10-24 13:29:53	0	✓	✓	✓	修改
8	☐	55	必须要能够让人体不同部位都得到均衡和充分的承托	家纺常识	2013-10-24 13:29:15	0	✓	✓	✓	修改

图 10–100 文章信息管理

（6）店铺信息管理

店铺信息管理主要指添加店铺，对店铺进行分类、排名、更新等管理，如图 10–101 所示。

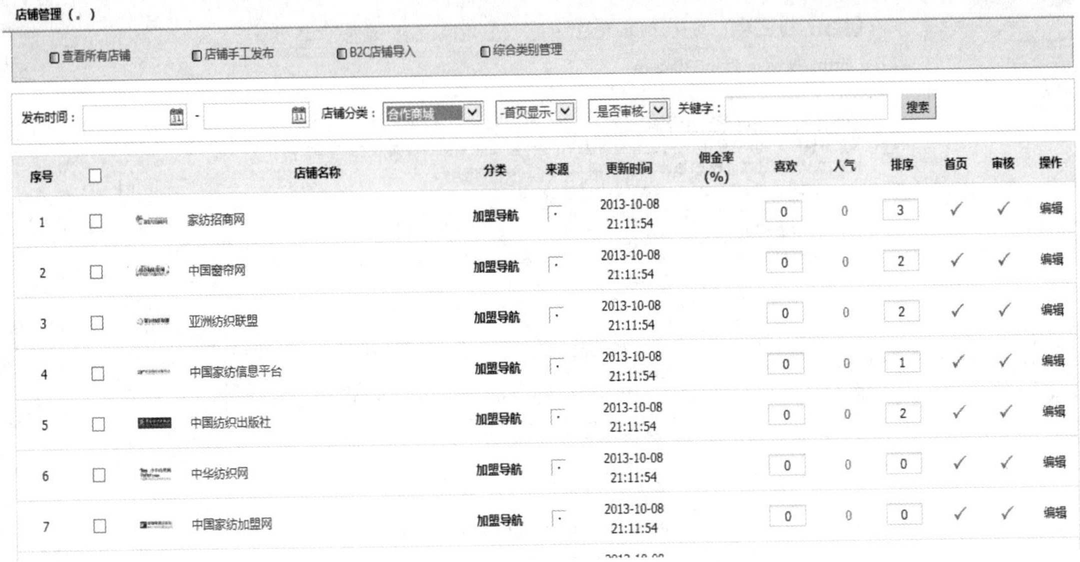

店铺管理（。）

查看所有店铺　店铺手工发布　B2C店铺导入　综合类别管理

发布时间：　-　店铺分类：合作商城　-首页显示-　-是否审核-　关键字：　搜索

序号		店铺名称	分类	来源	更新时间	佣金率(%)	喜欢	人气	排序	首页	审核	操作
1	□	家纺招商网	加盟导航		2013-10-08 21:11:54		0	0	3	✓	✓	编辑
2	□	中国窗帘网	加盟导航		2013-10-08 21:11:54		0	0	2	✓	✓	编辑
3	□	亚洲纺织联盟	加盟导航		2013-10-08 21:11:54		0	0	2	✓	✓	编辑
4	□	中国家纺信息平台	加盟导航		2013-10-08 21:11:54		0	0	1	✓	✓	编辑
5	□	中国纺织出版社	加盟导航		2013-10-08 21:11:54		0	0	2	✓	✓	编辑
6	□	中华纺织网	加盟导航		2013-10-08 21:11:54		0	0	0	✓	✓	编辑
7	□	中国家纺加盟网	加盟导航		2013-10-08 21:11:54		0	0	0	✓	✓	编辑

图 10–101　店铺信息管理

（7）广告信息管理

广告信息管理主要指添加（删除）广告位，对广告进行发布，如图 10–102 所示。

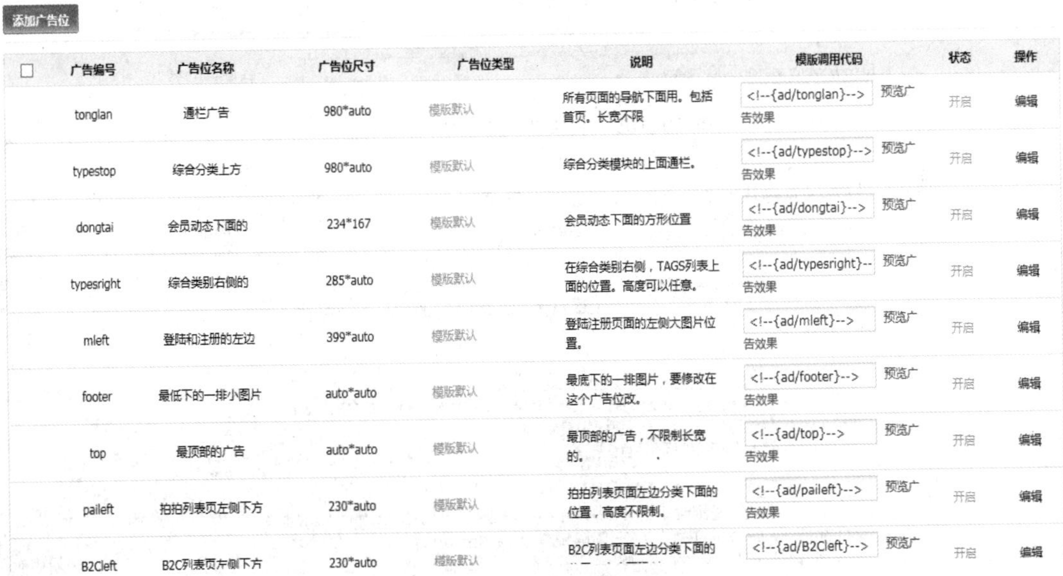

添加广告位

广告编号	广告位名称	广告位尺寸	广告位类型	说明	模版调用代码	状态	操作
tonglan	通栏广告	980*auto	模版默认	所有页面的导航下面用。包括首页，长宽不限	<!--{ad/tonglan}--> 预览广告效果	开启	编辑
typestop	综合分类上方	980*auto	模版默认	综合分类模块的上面通栏。	<!--{ad/typestop}--> 预览广告效果	开启	编辑
dongtai	会员动态下面的	234*167	模版默认	会员动态下面的方形位置	<!--{ad/dongtai}--> 预览广告效果	开启	编辑
typesright	综合类别右侧的	285*auto	模版默认	在综合类别右侧，TAGS列表上面的位置。高度可以任意。	<!--{ad/typesright}-- 预览广告效果	开启	编辑
mleft	登陆和注册的左边	399*auto	模版默认	登陆注册页面的左侧大图片位置。	<!--{ad/mleft}--> 预览广告效果	开启	编辑
footer	最低下的一排小图片	auto*auto	模版默认	最底下的一排图片，要修改在这个广告位改。	<!--{ad/footer}--> 预览广告效果	开启	编辑
top	最顶部的广告	auto*auto	模版默认	最顶部的广告，不限制长宽的。	<!--{ad/top}--> 预览广告效果	开启	编辑
paileft	拍拍列表页左侧下方	230*auto	模版默认	拍拍列表页面左边分类下面的位置，高度不限制。	<!--{ad/paileft}--> 预览广告效果	开启	编辑
B2Cleft	B2C列表页左侧下方	230*auto	模版默认	B2C列表页面左边分类下面的	<!--{ad/B2Cleft}--> 预览广	开启	编辑

图 10–102　广告信息管理

3. 实践成果

1）百度外链收录情况

在百度网页上输入 http://www.vshop520.com 可见“唯购家纺网——最专业的家纺导购/买家纺到唯购”等收录情况，如图 10–103～图 10–105 所示。

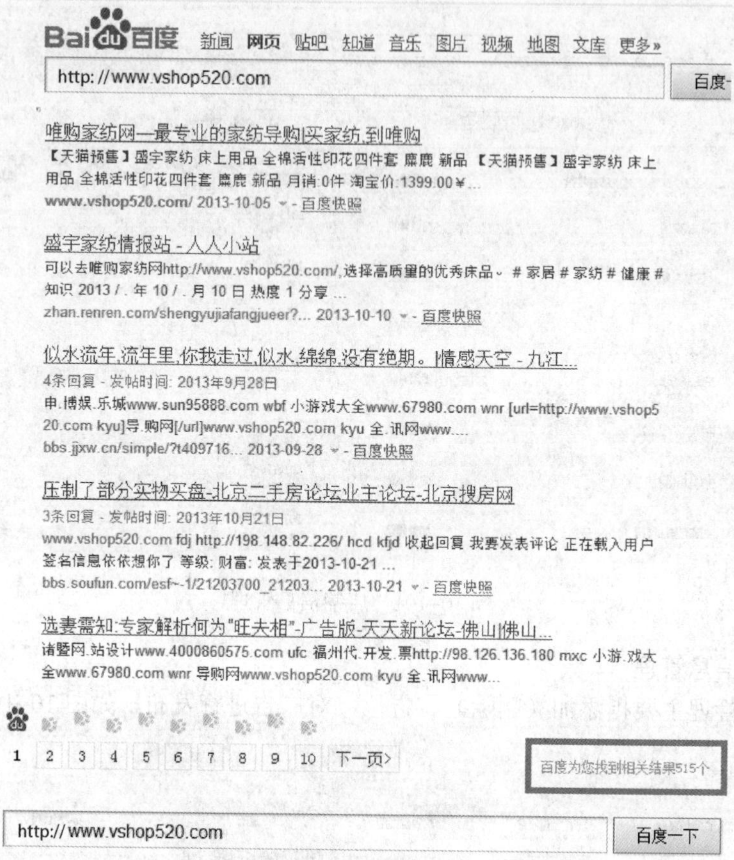

图 10-103　百度外链收录情况（1）

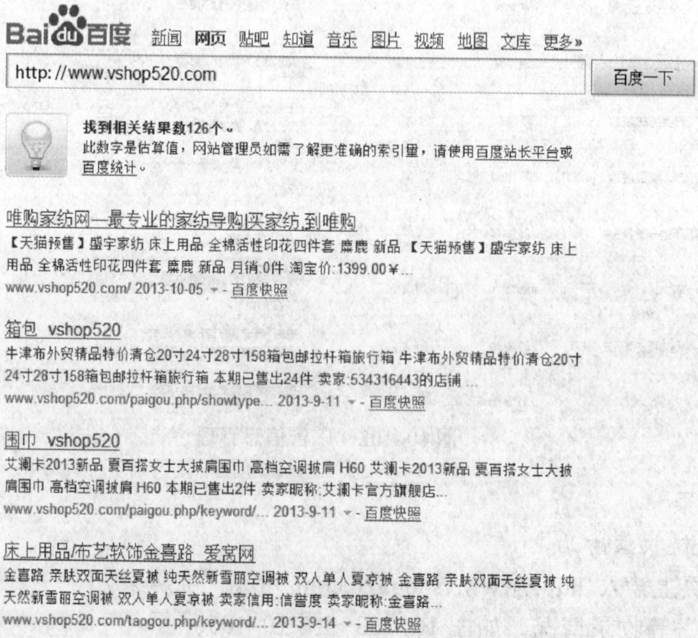

图 10-104　百度外链收录情况（2）

图 10-105　百度外链收录情况（3）

2）谷歌收录情况

在谷歌网页上输入 http://www.vshop520.com，可见唯购家纺网的相关收录情况，如图 10-106 所示。

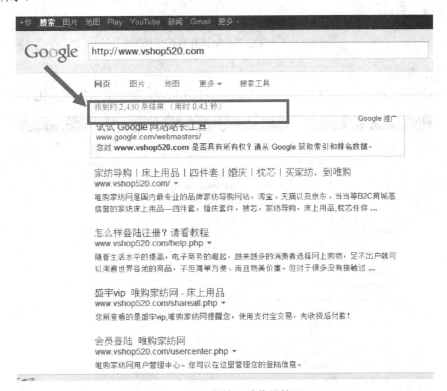

图 10-106　外链谷歌收录情况

3）网站自身优化

（1）关键词

在唯购家纺网站上建立"家纺导购，床上用品，四件套……"等关键词，如图 10-107 所示。

```
<title>家纺导购 | 床上用品 | 四件套 | 婚庆 | 枕芯 | 买家纺, 到唯购</title>
<meta name="keywords" content="家纺导购,床上用品,四件套,婚庆,枕芯,唯购" />
<meta name="description" content="唯购家纺网是国内最专业的品牌家纺导购网站,淘宝、天猫以及京东、当当等B2C商城高信誉的家纺床上用品—四件套,婚庆套件,被芯,家纺导购,床上用品,枕芯任你选;最新家纺购物资讯和家纺小知识。买家纺,到唯购！" />
```

图 10-107　关键词截图

（2）内链

在唯购家纺网站上，内链绿色环保如图10-108所示及内链"小编推荐唯购家纺网"如图10-109所示。

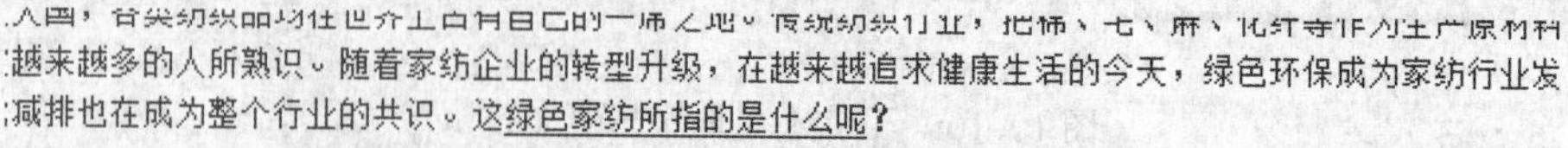

人图，各类纺织品对性也介上有自己的一席之地。传统纺织工业，把棉、毛、麻、化纤等作为生产原料，越来越多的人所熟识。随着家纺企业的转型升级，在越来越追求健康生活的今天，绿色环保成为家纺行业发展减排也在成为整个行业的共识。这绿色家纺所指的是什么呢？

图10-108　内链绿色环保

在此，小编推荐唯购家纺网（www.vshop520.com），大家可以放心的购买！

——唯购家纺网

图10-109　内链"小编推荐唯购家纺网"

（3）死链检测

在唯购家纺网站上，死链检测及优化如图10-110所示。链接测试完成如图10-111所示。

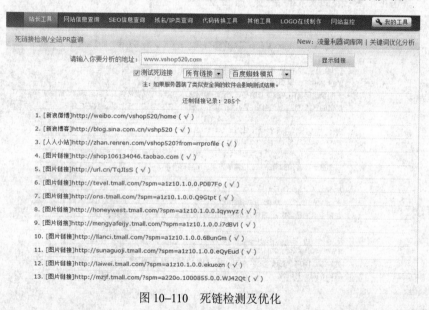

图10-110　死链检测及优化

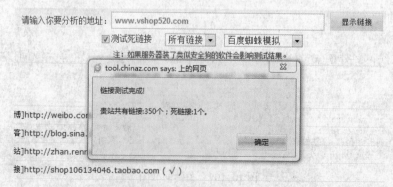

图10-111　链接测试完成

(4) 网站内容优化

网站内容优化需要在知识分享、品牌简介、文章分享等方面录入新信息，不断更新完善，如图 10-112 和图 10-113 所示。

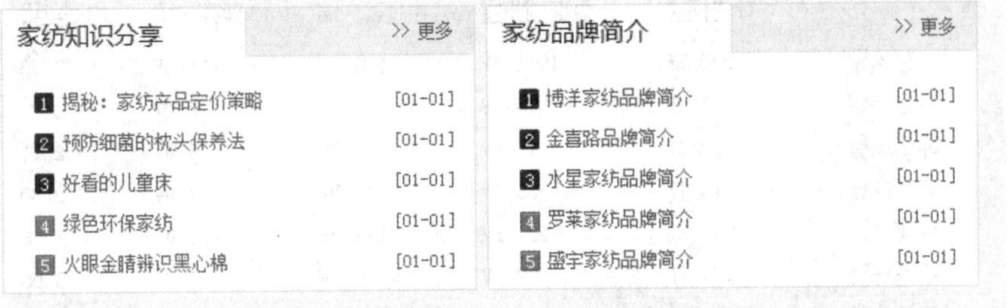

图 10-112　家纺知识、家纺品牌方面的优化

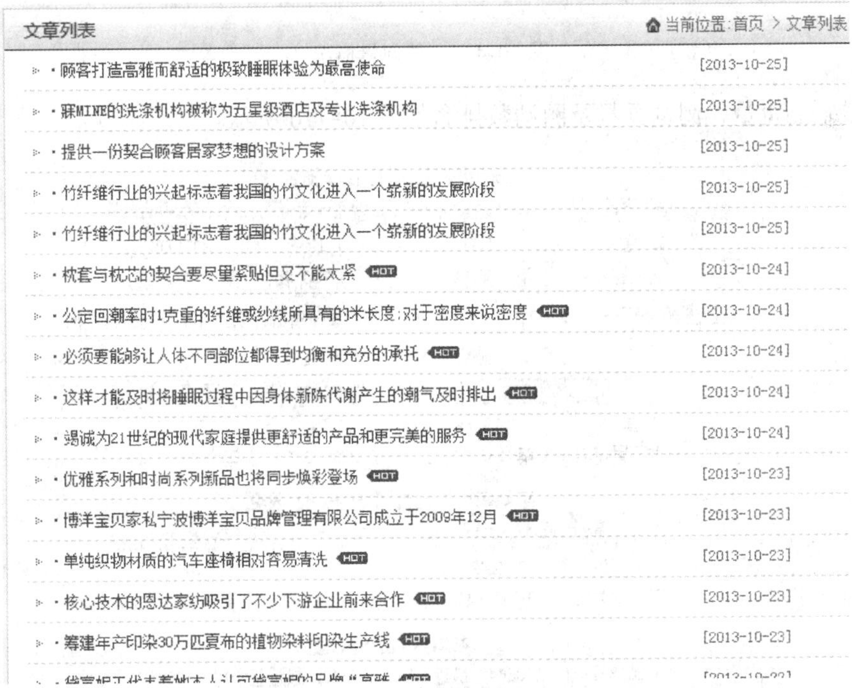

图 10-113　文章列表等内容的优化

(5) 网站概况

百度、谷歌收录如图 10-114 所示。

图 10-114　百度、谷歌收录情况

访问量概况如图 10-115 所示。

访问量概况

	IP访问量	页面浏览量	独立客户端	新客户端	人均浏览量
总流量	240 IP	1911 PV	292 UV	111 UV	7.96
今日流量	3 IP	4 PV	4 UV	2 UV	1.33
昨日流量	7 IP	19 PV	7 UV	5 UV	2.71
本月合计	10 IP	23 PV	11 UV	7 UV	2.30
今年合计	240 IP	1911 PV	292 UV	111 UV	7.96
平均每日	4 IP	32 PV	5 UV	2 UV	8.00
预计今日	4 IP	7 PV	4 UV	2 UV	1.75
历史最高	25 IP	185 PV	27 UV	22 UV	
发生在	2013-9-16	2013-9-13	2013-9-16	2013-9-16	

图 10-115　访问量概况

访问量、浏览量、浏览页数及网站数排名如图 10-116 所示。

访问量排名（独立IP排名）

	2013-11-1	最近7天	最近三个月
IP 量	7 IP	17 IP	237 IP
访问量排名	第 135198 名	第 203738 名	第 230717 名

[唯购家纺网－－vshop520.com排名回顾]　[一周流量排行榜]　[昨日流量排行榜]

浏览量排名（PV排名）

	2013-11-1	最近7天	最近三个月
PV 量	19 PV	34 PV	1907 PV
浏览量排名	第 137111 名	第 220525 名	第 165642 名

平均每个访问者浏览的页数 排名

	2013-11-1	最近7天	最近三个月
单人页数	2.71429 页	2 页	8.04641 页
页数排名	第 100458 名	第 191335 名	第 49607 名

参与排名的网站数
2013-11-1: 293664, 最近 7 日: 409545, 最近三个月: 690667
（在相应时间段内流量为 0 的网站不参与排名）

图 10-116　访问量、浏览量、浏览页数及网站数排名

4. 收入、支出状况分析

唯购家纺网站及各类平台的营销推广、运营情况如何？收支情况怎么样？2013 年 10 月—2014 年 10 月收支预算又怎么样？可以从图 10-117 和图 10-118 和表 10-4 和表 10-5 中看到。

日期	宝贝描述	数量	金额	状态	结算日期	付款金额	佣金比例		佣金
2013-11-1 10:59:04	宝贝描述：【天猫预售】博洋家纺 长绒棉贡缎床单四件套-梵古密语波斯密语 掌柜旺旺：博洋家纺旗舰店 所属店铺：博洋家纺官方旗舰店	1件	¥2178.00	订单付款	-	¥0.00	3.00%	0.00%	¥0.00
2013-10-18 13:57:32	宝贝描述：【天猫预售】博洋家纺 长绒棉贡缎床单四件套-梵古密语波斯密语 掌柜旺旺：博洋家纺旗舰店 所属店铺：博洋家纺官方旗舰店	1件	¥1998.00	订单付款	-	¥0.00	3.00%	0.00%	¥0.00
2013-10-11 00:00:40	宝贝描述：【天猫预售】盛宇家纺 床上用品新品 优质纤维 物理防螨保健枕芯 掌柜旺旺：盛宇家纺旗舰店 所属店铺：盛宇家纺官方旗舰店	1件	¥299.00	订单付款	-	¥0.00	10.00%	0.00%	¥0.00
2013-09-23 14:57:51	宝贝描述：【天猫装修节预售】盛宇家纺 四季可用 100%蚕丝被 蚕子母被芯 掌柜旺旺：盛宇家纺旗舰店 所属店铺：盛宇家纺官方旗舰店	1件	¥3460.00	订单结算	2013-10-05 13:21:50	¥859.00	18.00%	0.00%	¥197.57
2013-09-18 14:26:02	宝贝描述：盛宇家纺 全棉提花床上用品床单 四件套 花香警恋 掌柜旺旺：盛宇家纺旗舰店 所属店铺：盛宇家纺官方旗舰店	1件	¥839.00	订单结算	2013-10-04 09:10:06	¥426.61	10.00%	0.00%	¥58.66
2013-09-09 15:28:51	宝贝描述：盛宇家纺 海军学院风全棉活性四件套 卡通斜纹套件 温莎公爵 掌柜旺旺：盛宇家纺旗舰店 所属店铺：盛宇家纺官方旗舰店	1件	¥997.00	订单结算	2013-09-18 14:14:40	¥279.00	12.00%	0.00%	¥40.12
2013-09-09 15:28:51	宝贝描述：盛宇家纺 床上用品 韩式田园 床单 印花 套件全棉 三款可选 特价 掌柜旺旺：盛宇家纺旗舰店 所属店铺：盛宇家纺官方旗舰店	1件	¥479.00	订单结算	2013-09-18 14:14:40	¥189.00	10.20%	0.00%	¥23.78

图10-117 2013年9月9日—2013年11月网上销售截图

-221	虚拟主机型号升级	1年
-2.02	在线充值手续费(105907)	1年
202.02	在线充值订单(105907)	1年
-466	mysql数据库500M确认	1年
-5.05	在线充值手续费(105899)	1年
505.05	在线充值订单(105899)	1年
-50	英文国际顶级域名确认	1年
-217	实用型商务主机500M确认	1年

图10-118 收入、支出截图

表10-4 导购网站（唯购家纺网站）平台建设及运营收入预算表
（2013年10月—2014年10月）

类别	项目	费用预算	备注
网站	淘宝天猫	2万元	年度预算
	腾讯拍拍	1万元	年度预算
	各B2C	1.5万元	年度预算
其他导购方式	网站商品导购	1万元	年度预算
合计		5.5万元	年度预算

表10-5　导购网站（唯购家纺网站）平台建设及运营支出预算表（2013年10月—2014年10月）

类别	项目	费用预算金额	备注
导购网站平台建设及运营支出	网站建设费用	1 000元	年度预算
	服务器等硬件投入	2 000元	年度预算
	网站维护费	2 000元	年度预算
	百度关键词及网盟推广	1 000元	年度预算
	论坛微博等社交类推广	1 000元	年度预算
	网站合作	2 000元	年度预算
	SEO搜索引擎优化	1 000元	年度预算
合计		10 000元	年度预算

10.7.4　整合营销方案

1. 家纺在线设计——"草根设计师"

（1）活动目的

① 提升家纺商城影响力，提高用户注册量。

② 让用户了解、体验盛宇的个性化定制。

③ 发展新生代，从"小"培养客户。

（2）目标人群

19~27岁女性。

（3）活动构想

设计是很多人正在做或者想做却无法实现的事。那么可不可以有一个让所有人都能参与其中的设计活动，它可以是你在闲暇时的娱乐，也可以是你为了获得奖励而认真去做的一项比赛。

（4）执行方法

在盛宇商城增加一个活动页面，该页面上有非常简单的家纺设计界面，任何没有美术功底的人都可以用这个设计界面，把它当作模板，轻松地完成一套家纺的设计。有技术的参与者，可以不用这种设计界面，直接上传自己的作品。无论用哪种方式提交作品后，所有的作品都会在商城的活动专区展示，并且由其他在该网站注册过的用户投票。

（5）宣传途径

① 站酷等设计类网站。

② 瑞丽女性等女性较集中的平台。

③ 人人、微博、微信等免费的社交平台。

（6）奖励机制

① 凡是投票票数达到100票的设计，设计者就可以得到价值200元（原价）的盛宇家纺产品（盛宇提供一些价格相近的产品供参赛者根据自己的需要选择），达到500票可以得到价值1 000元（原价）的产品，以此类推。

② 综合盛宇家纺评委打分和获得的票数，选出设计最佳的几个产品预售，在预售期间，

售出多少产品，该产品的设计者就可以得到多少件产品的提成（例如提成是 20%，则售出一套 500 元的产品，该设计者就可以得到 100 元，售出 100 套，则该设计者即可得到 10 000 元）。

③ 随机抽取幸运参赛者，由盛宇设计师改良该幸运者设计的产品，并生产一套赠送给他。

（7）预期效果

① 至少 10 万的用户注册量。盛宇商城建成后知名度很低，通过网络宣传吸引一部分人（假设只有 1 000 人）进入网站参加这个设计小游戏。首先，每个参与者需要注册后才能参加设计，设计完成后，想要得到奖品，只需找 100 个人为你投票。而每个人投票都需要先注册，那么只要有一个人参加，就会有 100 多个人注册（1 000 个设计者×100 个投票者=100 000 个注册量）。至于原价为 200 元的奖品，平时网上售价是 100 元左右，成本大概也就几十元。平均到每个人，得到一个用户的注册信息只需花 0.5 元左右。另外，每个设计者找的 100 个投票人中可能会有一部分人也被吸引参与到设计中，他们又再找人为自己投票，那么这个活动就可以很快传播开来。

② 持久的关注度。由于这是一个奖励机制，是大家都可以参加的投票活动，那么参赛者在活动期间会经常关注商城的动态，投票活动结束后，商城还会出售该次活动中优秀的设计作品。短信或邮件告知商城所有的会员预售活动开始，由于大部分会员都是因这次设计活动而注册的，所以是什么样的作品被选为最好的？有多少人买？哪个设计师能赚多少钱？这些问题也会引起一定的关注。从宣传到活动全部结束，有三个多月的时间商城都可以得到较高的关注。

③ 获得优秀的设计作品。对于盛宇来说，这个活动不仅可以提高商城的影响力，同时可能从中得到一些优秀的设计作品，而且让每个人都能参与到设计中，这也会让消费者对这个品牌有认同感。如果这个活动初次效果较好，可以每年举办一次，把它做成盛宇的品牌活动。

说明：此次活动主要针对 19~27 岁的年轻女性，与 25~35 岁女性这一网购家纺的主力人群有些偏差。这么做的原因是：盛宇家纺虽然是中国十大家纺之一，但排名靠后，知名度低。28~35 岁的女性有一定的经济实力，会买知名度更高、更有档次的家纺，而且可能已经对某个品牌情有独钟，消费习惯不易改变。"与其改变，不如创造"。20 出头的女孩子，现在还对家纺没有什么概念。在家，家里有什么就用什么，在学校，学校发什么就用什么。但她们过两三年就会步入社会，组建自己的家庭，那个时候她们就成了购买家纺的主力军。而盛宇家纺已经先入为主，是她们最早接触到的家纺品牌。在这次活动之后，要维护好与这些潜在消费者的关系，她们选择盛宇家纺的概率也就更大些。当然，参加这次活动有 10%~20% 是 28 岁以上的女性，如果能让她们了解盛宇并且爱上盛宇当然是最好不过的了。

2. 与网易邮箱合作——"布艺信纸"

（1）活动目的

展示盛宇的产品，提高盛宇家纺知名度。

（2）初步构想

网易是中国第一大电子邮箱服务商，每天有 3 亿次发信请求，并且网易聚集了中等收入的人群，也就是目标人群。选定了这个合作伙伴，要怎么做宣传呢？互联网上的广告越来越多，如果直接在网易的广告位上植入广告，不仅投入大而且效果不一定好。那么要怎么展示盛宇呢？也许可以喧宾夺主，不直接投放广告，而是把邮件的载体变成盛宇。

(3) 执行方法

以盛宇产品的图案、面料为元素,设计出多款精美的不同花色、不种面料质地的信纸,并在信纸上融入盛宇家纺及商城网址的信息。与网易合作,在网易邮箱信纸栏里增加一项盛宇家纺布艺信纸,或时尚动感,或奢华高贵,或古香古色,或清新可爱,借助信纸展现盛宇的产品特色,如图10-119~图10-122所示。

(4) 预计效果

网易每天发送3亿封邮件,假设只有十分之一封是用信纸写信,再假设这十分之一封里,又只有十分之一用了网易最新推出的布艺信纸,那么能使用到盛宇布艺信纸的就有大约300万封邮件。也就是说,盛宇家纺的曝光率是每天300万次。假设使用信纸的300万人里,只有百分之一的人对盛宇感兴趣,那么盛宇家纺一天就能提高3万次访问量。

图 10-119 以盛宇产品的图案、面料为元素设计的信纸(1)

图 10-120 以盛宇产品的图案、面料为元素设计的信纸(2)

图 10-121　以盛宇产品的图案、面料为元素设计的信纸（3）

图 10-122　印有盛宇家纺和网址的布艺信纸

3. 因爱出发——"全家福征集"

（1）活动目的

体现品牌附加价值。

（2）活动构想

消费者买的不仅仅是产品，更是品牌的内涵。盛宇家纺的内涵是什么呢？盛宇家纺的口号是"家的感觉"，使命是"让世人感受温暖"。所以把盛宇家纺的内涵归结为两个字：家，爱。但只是这么说却无法让人们真正感受到这种精神。如果能够收集到足够多的全家福照片及照片背后的故事,并且寻找真正困难的家庭去资助他们。把这些照片和故事就放在商城首页,让每个进入网站的人不只是看到那些华丽的商品,更能感受到一种温情。

很多品牌为了扩大自己的影响力都会搞一些收集照片的活动。但对于盛宇而言,这不是一次营销活动,甚至在收集全家福的时候都可以不用盛宇的名字。因为目的很单纯,就是为了这些照片和照片背后的故事。在构思中这是一件一直要去做的事,而不仅仅是一个短暂的活动,只要盛宇这个品牌还在,那些或温馨或感动或激励或幸福的故事就在,而且它们会一直伴随着每个关注盛宇、爱盛宇的人。

(3)执行方法

① 有偿收集。想要收集到照片应该不难,但很少有人会写出照片中的故事。所以刚开始收集照片和故事应当是有偿的,而且一定要是能引起共鸣的质量高的故事。

② 有了这些故事后,就要用这些故事去打动更多的人,让他们能自发地去写自己的故事。

③ 借助明星的影响。

④ 资助贫困家庭,真正地将"家的感觉"落到实处。同时,可以把贫困家庭的遭遇放在官网上,并且告知所有的人,每上传一次全家福和故事(不含重复的),盛宇就会为这个家庭捐赠×元。

(4)预期效果

① 收集照片约1万张。

② 使盛宇真正具备"家"的内涵,打动、感染消费者,让更多的人成为盛宇的忠实拥护者。

4. 神秘的博客——"万元竞猜"

(1)活动目的

引起巨大反响,快速提高盛宇知名度及自建商城流量。

(2)活动构想

是不是可以有一个活动能引起所有人对盛宇这个品牌的关注,像"世界上最好的工作"的广告一样,用最低的成本达到最佳的宣传效果呢?

在全球金融危机的环境下,很多企业采取裁员的方式来度过危机,但是澳大利亚昆士兰旅游局却向全世界发出了"世界上最好的工作"的广告,向全世界招聘护岛人。这份工作为期6个月,可以获得11万美元。这份工作内容并不十分繁杂,通过护岛人本身的工作,对大堡礁进行探索,并通过博客将探索的成果向全世界发布。有时候护岛人还要喂鱼,通过喂鱼的活动可以欣赏大堡礁所有的1 500多种鱼类。护岛人还要兼做信差,当参与航空邮递服务时,可以很好地在空中俯瞰整个大堡礁的美景。这则广告看起来仿佛就是一个比较简单的招聘工作广告,但是实际上昆士兰旅游局通过这次成功的营销策略达到了吸引全世界人的眼光和游客的目的。

(3)实施方法

① 开通一个博客(名字不能与盛宇有任何关系),每天在博客上都有一个竞猜活动,竞猜的问题同样不能与盛宇有关。博客初期,只邀请一些女性主题的博主来参与竞猜,每天一个问题,前10位猜对的博主,均可得到500元现金奖励。得过奖金的博主不能再参与竞猜活动。活动持续10天,所以至少有100位博主得到奖金。请这些博主在他们的博客上分享他们

参与这次博客活动的心得并且告知他们的粉丝，竞猜活动在不久将对所有人开放，当然他们也可以选择不分享。

这样做的目的是：由于博客是刚开通的，没有人关注，可以先从拉动一些女性主题的知名博主参与开始，带动更多的女性（也就是目标群体）关注博客。

② 竞猜活动面向所有人展开，每天一个问题（不能与盛宇有关），猜对的前100人均可得到100元现金奖励，活动持续10天。这时我们的博客影响力已经非常巨大，而且谁也不知道这个博客的博主是做什么的，为什么要搞这种活动。这是一个神秘的博客。

③ 前两步的作用是铺垫，真正的高潮部分是万元竞猜活动。当盛宇家纺的博客已经受到关注后，在博客上发布消息，将展开一个竞猜品牌的活动，根据提供的线索，第一个猜对的人可以得到10万元现金奖励，前100位猜对的可以得到100元现金奖励，前1 000位猜对的可以得到价值50元的礼包。共10条线索，每天发布一条。线索可以是视频，也可以是文字。线索一定要相当隐晦，在活动中可以用其他品牌的广告来表现盛宇的特性。比如说，盛宇家纺与刀刀狗漫画一直在跨界合作，生产了一系列的刀刀狗儿童床品，那么线索可以是用多乐士油漆广告的一小段，因为多乐士油漆的广告有一只狗还有小孩。那么看到第一条线索的人，一定认为这是个油漆品牌。凡是参加竞猜的人只需要把自己的答案发给博主，如果第一个线索就有人猜对，那第一个猜对的人就可以获得10万元奖励。但是即便有人猜对，也不会公布出来，要等所有的线索都发布完后才公布。另外，每个人在每个阶段只能猜一次。

④ 第2天放出第2条线索，可以用德芙丝滑巧克力广告中的一段，尽享丝滑。这是因为，盛宇最近主打蚕丝被。如果在第2条线索才有人猜对，那么这个人就得到9万元现金奖励，以此类推。

⑤ 一直到第10条线索公布，奖金降到1万元，公布结果。不要直接在博客上公布结果，而是把流量引到盛宇商城上。博主发布一个网址，说明结果在这个网站上公布。这个网址打开就是盛宇商城上一个专门的活动页。页面上公布获得大奖的人。最重要的是要讲解每个线索对应着什么产品，让所有参与者都了解到盛宇的特色、盛宇的产品。

(4) 预计效果

这是一个很神秘、诱惑力很大的活动。你不知道它是不是真的，也不知道这些线索背后到底隐藏着什么，而又有一笔10万元的奖金诱惑着你，而且这是一个没有任何门槛，人人都能参与的活动，就像买彩票，不同的是它不需要你付出任何成本。所以预期的效果是在活动开始前会有许多网民探究它的真实性，活动开始后，各种线索让网民展开疯狂的讨论。答案公布时，活动达到顶峰，所有人都蜂拥到商城看结果，他们看到的不仅是获奖情况，还有盛宇的产品。活动结束后还会有一些后续的报道。

这个活动的效果是不可预计的，而成本只有26万元。（对于这个活动来说，保密性是非常重要的。）

思考题

1. 概述项目在市场调研过程中使用的具体方法和主要结论。

2. 试分析电子商务背景下项目的主要商机(市场、消费者和竞争对手)。
3. 试述大学生创业项目方案的优势和劣势。
4. 试分析项目营销方案的创新点及不足之处。
5. 试分析项目技术支持方面的亮点及不足之处。

参 考 文 献

[1] 蒂蒙斯. 创业学. 北京：华夏出版社，2002.
[2] 孙德林. 创业理论与创业技能. 北京：高等教育出版社，2008.
[3] 李琪. 电子商务概论. 北京：高等教育出版社，2004.
[4] 徐飞. 网上开店创业手册. 上海：东华大学出版社，2007.
[5] 陈敏. 大学生创业设计. 上海：上海中医药大学出版社，2007.
[6] 戴建中. 网络营销与创业. 北京：清华大学出版社，2008.
[7] 蒂蒙斯. 战略与商业机会. 北京：华夏出版社，2002.
[8] 肖克奇. 大学生就业与创业指导案例教程. 北京：北京交通大学出版社，2007.
[9] 范黎波. 项目管理. 北京：对外经济贸易大学出版社，2005.
[10] 盖卫东. 建筑工程甲方代表工作手册. 北京：化学工业出版社，2014.
[11] 本丛书编审委员会. 建筑工程施工项目管理总论. 2版. 北京：机械工业出版社，2008.
[12] 马文军. 城市开发策划. 北京：中国建筑工业出版社，2005.
[13] 王俊杰，徐风华. 项目管理学概论. 北京：中共中央党校出版社，2006.
[14] 祝海波，黄新爱，王晓晚. 市场营销战略与管理. 北京：中国经济出版社，2011.
[15] 栾港，马清梅. 市场营销学. 北京：清华大学出版社，2010.
[16] 杨卫，刘慧明. 酒店营销经理岗位培训手册. 广州：广东经济出版社，2011.
[17] 吴长顺. 营销学教程. 北京：清华大学出版社，2011.
[18] 何志毅. 战略管理案例. 北京：北京大学出版社，2001.
[19] 耿锡润. 营销管理学. 北京：中国金融出版社，2007.
[20] 周玉清. ERP理论、方法与实践. 北京：电子工业出版社，2006.
[21] 金江军. 企业信息化与现代电子商务. 北京：电子工业出版社，2004.
[22] 何喜刚. 信息化时代大学电商创业的问题与对策. 理论探讨，2011（4）.